普通高等教育"十一五"国家级规划教材
高职高专经济金融类专业工学结合规划教材

国 际 结 算

（第二版）

主　编　章安平
副主编　肖　旭　王　婧

ZHEJIANG UNIVERSITY PRESS
浙江大学出版社

内容简介

本书采用以工作过程为线索,体现工学结合、任务驱动、项目导向的项目教材编写模式,系统地介绍了国际结算的业务操作规范和基本知识。本书包括电汇业务操作、票汇和信汇业务操作、申请开证和开证操作、通知和审核信用证操作、申请改证和改证操作、制作或办理结汇单据操作、审单和不符单据处理操作、托收业务操作、银行保函业务操作等九个学习情境。每个学习情境都包括学习目标、工作项目、操作示范、知识链接和实训项目等五部分内容。本书可作为高职高专院校国际贸易、国际商务、国际金融、电子商务等专业的教学用书,也可作为国际贸易和国际结算从业人员的岗位培训证书和业务参考用书。

图书在版编目（CIP）数据

国际结算 / 章安平主编. －2版. －杭州:浙江
大学出版社,2010.6(2018.12重印)
普通高等教育"十一五"国家级规划教材. 高职高专
经济金融类专业工学结合规划教材
ISBN 978-7-308-07622-7

Ⅰ.①国… Ⅱ.①章… Ⅲ.①国际结算－高等学校:
技术学校－教材 Ⅳ.①F830.73

中国版本图书馆 CIP 数据核字（2010）第 095037 号

国际结算（第二版）

主　　编　章安平
副主编　肖　旭　王　婧

责任编辑　曾　熙
封面设计　联合视务
出版发行　浙江大学出版社
　　　　　（杭州市天目山路 148 号　邮政编码 310007）
　　　　　（网址:http://www.zjupress.com）
排　　版　杭州中大图文设计有限公司
印　　刷　浙江新华数码印务有限公司
开　　本　787mm×1092mm　1/16
印　　张　15.75
字　　数　393 千
版 印 次　2010 年 6 月第 2 版　2018 年 12 月第 10 次印刷
书　　号　ISBN 978-7-308-07622-7
定　　价　31.00 元

PREFACE

《国际结算》初版于 2004 年 6 月出版后多次重印,受到了广大读者的欢迎。然而随着国际结算惯例的更新、教育部教高〔2006〕16 号文件的出台和本书被教育部评为普通高等教育"十一五"国家级规划教材,本人和浙江大学出版社都觉得有必要对本书进行修订,以适应我国从贸易大国向贸易强国转变的需要和培养一线高素质高技能国际商务人才的需要。我们依据与国际结算业务专家组共同开发的《国际结算》课程标准,打破以知识体系为线索的传统编写模式,采用了以工作过程为线索,体现工学结合、任务驱动、项目教学的项目教材编写模式。该模式注重以学生为主体、以培养职业能力为核心目标,强调对各种国际结算业务的训练,紧紧围绕工作任务的需要来选取理论知识。

本书从国际贸易债权债务关系清算的银行和企业两个角度诠释了各种国际结算方式的操作方法和操作流程,介绍了每种结算方式完整的业务操作过程和来龙去脉。本书分为电汇业务操作、票汇和信汇业务操作、申请开证和开证操作、通知和审核信用证操作、申请改证和改证操作、制作或办理结汇单据操作、审单和不符单据处理操作、托收业务操作、银行保函业务操作等九个学习情境。每个学习情境都包括学习目标、工作项目、操作示范、知识链接和实训项目等五部分内容。每个学习情境都依据学习目标设计了一个典型的工作项目,布置相应工作任务,进行操作示范,提供知识链接,最后还提供对应的实训项目。

教师在教学时,可以先让学生以银行国际结算部职员或外贸企业职员的职业身份,自己尝试完成每个项目的工作任务;然后教师结合学生完成工作任务的情况,进行示范操作;在示范操作过程中,把相关的知识进行讲解,即进行知识链接;最后再让学生完成实训项目的操作,以进一步提升其出口业务操作能力。

本书可作为高职高专院校国际贸易、国际商务、国际金融、电子商务等专业的教学用书,也可作为国际贸易和国际结算从业人员的岗位培训证书和业务参考用书。

为了紧贴业务实际,本书中的图片、合同、单证等一般都仿照真实文件的外观样式,但涉及的原交易当事人、交易内容等关键信息均已隐去,换之以虚拟的公司机构名称地址、交易内容等。所述内容如不慎与真实生活中的人物、组织或事件有雷同之处,实属巧合,谨此声明。

本书由章安平担任主编并统稿,参加编写的人员有:章安平(导论、学习情境一、三、四、五、六、七)、肖旭(学习情境八)、王婧(学习情境九)、陈霁霞和郭颖(学习情境二)。本书在编写过程中,得到了杭州银行宁波分行国际业务部蔡红波总经理、中国农业银行浙江省分行国际业务部方回经理、浙江五金矿产进出口有限公司金文胜副总经理、浙江新大集团公司单证储运部马茂灯总经理等国际结算业务专家的大力支持,在此一并表示衷心的感谢。

由于编写时间较紧、任务重,难免出现一些疏漏和错误,真诚欢迎各界人士批评指正,以便再版时予以修正,使其日臻完善。

编者
2010 年 4 月于杭州西湖

目 录

C O N T E N T S

导　论

一、国际结算的基本概念

国际结算(International Settlement)是指通过货币的收付来清算国与国之间因各种往来而产生的债权债务关系。随着银行的产生和发展,国际结算也从双方直接结算过渡到通过银行结算。因此,现代国际结算就是指通过银行办理的国与国之间的货币收付业务。

国际结算可分为贸易结算和非贸易结算。贸易结算是指一国在进出口贸易中所发生的货币收付业务。非贸易结算是指贸易以外的各种对外收付业务,它的范围要广泛得多,既包括由侨民汇款、捐赠、援助、运输、保险、旅游所引起的货币收付业务,也包括投资、借贷等资金流动所带来的货币收付业务。与贸易结算相比,非贸易结算业务增长很快,现已超过了贸易结算量,但其所涉及的结算方式和内容都较为简单,掌握了贸易结算就不难掌握非贸易结算,所以本书以介绍贸易结算为主。

二、国际结算的基本内容

国际结算主要包括国际结算票据、国际结算方式和国际结算单据等三部分基本内容,国际结算票据主要包括汇票、支票和本票三种;国际结算方式主要包括汇款、托收、信用证和银行保函等;国际结算单据主要包括商业发票、海运提单和保险单等。

本书将以不同结算方式为主线,把国际结算票据和国际结算单据穿插其中,从企业和银行两个角度讲述具体业务操作方法和操作流程。

汇款包括电汇、信汇和票汇,从我国目前情况来看,考虑到资金汇划速度,外贸企业若采取汇款方式清算进出口贸易债权债务,绝大部分都采用电汇,较少采用票汇,极少采用信汇。因此本书将重点讲述电汇业务操作(见学习情境一),其次讲述票汇和信汇业务操作(见学习情境二),且对信汇业务只作知识介绍。

本书将按照信用证业务流程分别讲述申请开证和开证操作(见学习情境三)、通知和审核信用证操作(见学习情境四)、申请改证和改证操作(见学习情境五)、制作或办理结汇单据操作(见学习情境六)、审单和不符单据处理操作(见学习情境七)。

托收业务分为光票托收和跟单托收,跟单托收包括付款交单和承兑交单业务,本书侧重讲述跟单托收业务操作(见学习情境八),对光票托收只作知识介绍。

银行保函业务种类很多,本书侧重讲述预付款保函、履约保函和尾款保函(见学习情境九)。

三、国际结算的主要特点

最早的国际结算开始于何时已无法确定,但国际结算是随着国际贸易的发展而产生的事实却是不容置疑的。最初的国际贸易是以物物交换的方式进行的。在黄金白银充当贸易中的一般等价物并成为世界货币后,国际结算也随之产生。早期的国际结算业务都是现金结算,即靠直接运送现金到国外的方法支付贷款和清偿债务。在国际结算产生及以后相当长的一段时间里,国际结算都是以这种传统的方式进行的。可以说,现金结算、直接结算和凭货付款是传统国际结算的三个特点。

随着国际贸易的不断发展与扩大,以现金结算为主的传统国际结算已不再适应国际贸易的需求。国际结算随之逐步地发展过渡到融入票据、单据及银行信用的当代国际结算。当代国际结算具有以下三个特点。

(一)票据的产生和广泛应用,使国际结算从现金结算发展到票据结算

早期的现金结算要清点和识别真伪,远途运送费时费力,而且有风险,因此,只有在交易数少、交易量小的情况下才能应付。公元 11 世纪,当时的欧洲国际贸易中心——地中海沿岸城市,商人们为了寻求贸易的方便,开始使用"字据"来代替现金。以后又在此"字据"的基础上发展出了汇票等票据。到了 16—17 世纪,这些票据已被广泛用于国际结算领域。随着结算业务量的增加,使用票据的非现金结算方式日益显示出它的优越性。到了 18 世纪,票据的概念被普遍接受,票据就开始成为现代意义上的票据。

(二)物权的单据化,使付款方式从"凭货"付款发展到"凭单"付款

在票据发展的同时,随着贸易量的增加,商人们不再亲自驾船出海,而是委托船东运送货物,船东们为了减少风险又向保险商投保。这样,商业、航运业、保险业就分化为三个独立的行业,并出现了提单、保险单等代表物权的单据,这些单据成为转让、买卖和抵押的对象。到了 19 世纪末 20 世纪初,凭单付款的结算方式已相当完善。

(三)银行信用介入国际结算

票据和单据的产生和发展为买卖双方从直接结算过渡到通过银行账户进行转账结算提供了可能。18 世纪后期,随着银行职能的扩大,银行介入国际结算已很普遍。它们不仅仅为贸易双方提供转账服务,还为其提供进出口融资。这些服务在极大地促进国际结算和国际贸易发展的同时,也扩展了银行自身的业务,两者相互促进,慢慢就形成了当今贸易结算与融资相结合、以银行为中枢的国际结算体系。这是当代国际结算最重要的特点之一。

综合上述几点可以看出，当代国际结算是以票据、单据为基础，以银行为中枢，结算与融资相结合的国际结算体系。

四、国际结算的主要惯例

国际结算惯例是指在长期的国际结算实践中逐渐形成的一些通用的习惯、做法和普遍规则。国际结算法则和惯例的产生使国际结算更加规范化，这些惯例和法则规范了国际结算的多个环节，已成为银行业处理国际结算业务的依据。以下介绍几个主要的国际结算惯例。

(一)英国《票据法》和《日内瓦统一法》

目前最具有影响力的两大法系是以英国《票据法》(Bills of Exchange Act)为基础的英美法系和以《日内瓦统一法》为代表的欧洲大陆法系，其中《日内瓦统一法》包含两个文件：《汇票与本票统一法公约》(Convention Providing a Uniform Law for Bills of Exchange and Promissory Notes)和《支票统一法公约》(Convention Providing a Uniform Law for Cheques)。这两项法律是比较完善的票据法则。

(二)国际商会《跟单信用证统一惯例》

国际商会拟定的《跟单信用证统一惯例》(Uniform Rules and Practice for Documentary Credits, UCP600)概括了国际银行处理跟单信用证所应遵循的惯例。该惯例最新版本从2007年7月1日开始施行至今。

(三)国际商会《托收统一规则》

国际商会拟定的《托收统一规则》(Uniform Rules for Collection, URC522)，从1996年1月1日开始实行，是各国的贸易商和国际商业银行据以从事托收业务的指导性规则。

(四)国际商会《见索即付担保函统一规则》

《见索即付担保函统一规则》(Uniform Rules for Demand Guanrantees, URDG758)，是针对国际上较多的采用独立性保函所制定的，从2010年7月1日开始执行。

(五)国际商会《国际备用证惯例》

《国际备用证惯例》(International Standby Practices, ISP98)针对已被广泛使用的备用信用证而制定，从1999年1月1日开始实施。

学习情境一
电汇业务操作

学习目标

[能力目标]

能以汇款人(进口商)身份,根据进口合同制作境外汇款申请书和申请办理电汇手续;能以汇出行(进口方银行)的身份,根据境外汇款申请书,选择正确的 SWIFT 报文类型,制作 SWIFT 报文和办理电汇。

[知识目标]

掌握电汇的种类和业务操作流程,掌握境外汇款申请书的内容,熟悉 MT103 和 MT202 报文的各栏目内容,熟悉汇款的含义和种类,了解预付货款的合同登记和付款登记。

工作项目

宁波市月辉进出口有限公司与日本 Riyoto Shochu Co.，Ltd. 就进口酒精度为 25％ 的"巴"牌烧酒(Shochu),经过多轮磋商,于 2010 年 3 月 30 日达成一致意见,签订如下进口合同。

PURCHASE CONTRACT

NO.：YH2010I021 　　　　　　　　　　　　　　DATE：MARCH 30，2010

THE SELLER：RIYOTO SHOCHU CO.，LTD.

　　　　　　　NO. 35 KINOWA STREET，TOKYO，JAPAN

　　　　　　　TEL:0081-3-35058812　　FAX:0081-3-35058811

THE BUYER：NINGBO YUEHUI IMPORT AND EXPORT CO.，LTD.

　　　　　　　NO. 25 TIANHAI STREET，NINGBO，P. R. CHINA

　　　　　　　TEL:0086-574-66116890　　FAX:0086-574-66116899

This contract is made by and between the Buyer and the Seller，whereby the Buyer agrees to buy and the Seller agrees to sell the under-mentioned commodity according to the terms and conditions stipulated below:

---

1. COMMODITY & SPECIFICATION

COMMODITY & SPECIFICATION	QUANTITY	PRICE	TOTAL AMOUNT
Shochu MURA 25% 720ml	9000 bottles	CFR Shanghai JPY700/bottle	JPY6300000.
TOTAL:	9000 bottles		JPY6300000.

CONTRACT VALUE (in words): JPY SIX MILLION THREE HUNDRED THOUSAND ONLY.

2. COUNTRY OF ORIGIN AND MANUFACTURERS: Japan, Riyoto Shochu Co., Ltd.

3. TIME OF SHIPMENT: Before or on May 1, 2010

4. PORT OF SHIPMENT: Tokyo, Japan

5. PORT OF DESTINATION: Ningbo, China

6. INSURANCE: To be covered by the Buyer.

7. PACKAGE: 6 bottles packed in a carton.

8. SHIPPING MARK: YH2010I021
                    NINGBO, CHINA

On the surface of each package, the package number, measurements, gross weight, net weight, the lifting positions warnings such as "THIS SIDE UP", "HANDLE WITH CARE", "KEEP AWAY FROM MOISTURE" and the above shipping mark shall be stenciled obviously in fadeless paint.

9. TERMS OF PAYMENT:

50% of the contract value i. e. JPY3150000.-will be paid by the Buyer by T/T within 15 days after signing this contract. The remaining 50% of the contract value i. e. JPY3150000.-will be paid by T/T within 1 month after the Buyer's receipt of the contractual goods.

PAYING BANK: Bank of China,Tokyo Branch
        Address: No. 89 Queen Road Tokyo Japan.
        A/C No. 5695643
        A/C Name: Riyoto Shochu Co., Ltd.

10. DOCUMENTS:

The Seller shall mail by DHL the following shipping documents to the Buyer within 5 days after B/L date:

i. Full set of negotiable clean on board ocean Bills of Lading, marked "freight prepaid", made out to order and blank endorsed, notifying the Buyer.

ii. Invoice in quintuplicate indicating contract number and shipping mark.

iii. Packing list in quintuplicate with indication of both gross and net weights, measurements, quantity of each item.

iv. Certificate of Quality and Quantity, each in three copies, issued by the Manufacturer as specified in of Clause 12 hereof.

v. Original Certificate in three copies issued by the Manufacturer.

vi. A true copy of Fax to advise the Buyer of shipment immediately the goods are loaded on ship as specified in Clause 11 hereof.

11. SHIPPING ADVICE:

The Seller shall advise the Buyer, 15 days before the month of shipment, of the time the goods will be ready for shipment.

The Seller shall, immediately upon the completion of the loading of the goods, advise by fax the Buyer of the contract number, commodity, quantity, invoiced value, gross weight, name of vessel and the date of sailing etc.

12. INSPECTION AND CLAIMS:

After arrival of the goods at the port of destination, the Buyer shall apply to the Entry and Exit Inspection & Quarantine Bureau of the People's Republic of China (herein after called the Bureau) for a preliminary inspection of the goods in respect of their quality, quantity/weight. If any discrepancies are found by the Bureau regarding the specifications or the quantity/weight or both, except those for which either the insurance company or the shipping company is responsible, the Buyer shall, within 120 days after discharge of the goods at the port of destination, have the right either to reject the goods or to claim against the Seller on the strength of the inspection certificate issued by the Bureau.

Any and all claims shall be regarded as accepted if the Seller fails to reply within 30 days after receipt of the Buyer's claim.

13. SETTLEMENT OF CLAIMS:

In case the Seller is liable for the discrepancies and a claim is made by the Buyer within the period of claim as stipulated in Clause 12 of this contract, the Seller shall settle the claim upon the agreement of the Buyer in the following ways:

A. Agree to rejection of the goods and return the Buyer the value of the goods so rejected in the same currency as contracted herein, and bear all direct losses and expenses in connection therewith including interest accrued, banking charges, freight, insurance premium, inspection charges, storage, stevedore charges and all other necessary expenses required for the custody and protection of the rejected goods.

B. Devaluate the goods according to the degree of inferiority, extent of damage and amount of losses suffered by the Buyer.

C. Replace the defective goods with new ones, which conform to the specifications, quality as stipulated in this contract, and bear all expenses incurred and direct losses sustained by the Buyer.

14. ARBITRATION:

All disputes in connection with this contract or the execution thereof shall be settled friendly through negotiations. In case no settlement can be reached through negotiations, the case should then be submitted for arbitration to the Foreign Trade Arbitration Commission of the China Council for the Promotion of International Trade, Beijing, in accordance with the "Provisional Rules of Procedures of the Foreign Trade Arbitration Commission of the China Council for the Promotion of International Trade". The arbitration shall take place in Beijing and the decision rendered by the said Commission shall be final and binding upon both parties; neither party shall seek recourse to a law court or other authorities for revising the decision. The arbitration fee shall be borne by the losing part. Or the arbitration may be settled in the third country mutually agreed on by both parties.

This contract is made out in two original copies, one copy to be held each by the Buyer and the Seller in witness thereof.

THE SELLER:	THE BUYER:
RIYOTO SHOCHU CO., LTD.	NINGBO YUEHUI IMPORT AND EXPORT CO., LTD.
Jim White	陈月辉

任务1 进口企业根据进口合同制作汇款申请书和办理汇款手续

2010年4月8日,按照合同规定,宁波市月辉进出口有限公司外贸业务员范民指示财务工作人员杨旭,首先到国家外汇管理局网上服务平台办理预付货款的合同登记和预付登记,然后填制境外汇款申请书(见表1-1),再到账户行中国银行宁波分行国际结算部办理电汇手续,向出口商 Riyoto Shochu Co., Ltd. 电汇50％合同金额,即JPY3150000。电汇款从宁波市月辉进出口有限公司的现汇账户(No. 80020002700605234)支出,汇款费用由汇款人承担。宁波市月辉进出口有限公司的组织机构代码是63531917-1,报关经营单位代码是3301182356。假设2009年4月8日至2010年4月7日期间的一个年度内进口付汇总金额为1200万美元。

任务2 汇出行制作电汇项下SWIFT报文

中国银行宁波分行国际结算部门的工作人员吴永,须审核汇款申请书及相关单据。经查无误后根据境外汇款申请书内容以SWIFT向汇入行发出解付指示。MT103的业务编号为OR2008123741。

表1-1

境 外 汇 款 申 请 书

APPLICATION FOR FUNDS TRANSFERS(OVERSEAS)

致：
To:

日期
Date

□电汇 T/T □票汇 D/ □信汇 M/T	发报等级 Priority		□普通 Normal □加急 Urgent
申报号码 BOP Reporting No.	□□□□□ □□□□ □□ □□□□□ □□□□		
20　银行业务编号 Bank Trans. Ref. No.		收电行/付款行 Receiver/Drawn on	
32A　汇款币种及金额 Currency & Inter-bank Settlement Amount		金额大写 Amount in Words	
其中	现汇金额 Amount FX	账号 A/C No.	
	购汇金额 Amount of Purchase	账号 A/C No.	
	其他金额 Amount of Others	账号 A/C No.	
50a　汇款人名称及地址 Remitter's Name & Add.			
□对公组织机构代码 Unit Code□□□□□□□□		□对私	□个人身份证号码 Indivudual ID No. □中国居民个人 Resident Individual □中国非居民个人 Non-Resident Individual
54/56a　收款银行之代理行名称及地址 Correspondent of Ben.'s Banker Name & Add.			
57a　收款人开户银行名称及地址 Ben.'s Bank Name & Add.		收款人开户银行在其代理行账号 Ben.'s Bank A/C No.	
59a　收款人名称及地址 Ben.'s Name & Add.		收款人账号 Ben.'s A/C No.	
70　汇款附言 Remittance Information 只限 140 个字位 Not Exceeding 140 Characters		71A　　　　国内外费用承担 All Bank's Charges If Any Are to Be Bone By □汇款人 OUR □收款人 BEN □共同 SHA	
收款人常驻国家(地区)名称及代码 Ben. Resident Country/Region Name & Code		□□□	
请选择：□预付货款 Advance Payment　□货到付款 Payment against Delivery □退款 Refund　□其他 Others			最迟装运日期
交易编码 BOP Trans. Code	□□□□□□ □□□□□□	相应币种及金额 Currency & Amount		交易附言 Trans. Remark
是否为进口核销项下付款	□是□否 合同号		发票号	
外汇局批件/备案表号		报关单经营单位代码	□□□□□□□□□□	
报关单号	报关单币种及总金额		本次核注金额	

银行专用栏 For Bank Use Only	申请人签章 Applicant's Signature	银行签章 Bank's Signature
购汇汇率 Rate @	请按照贵行背页所列条款代办以上汇款 并进行申报 Please effect the upwards remittance subject to the conditions overleaf	
等值人民币 RMB Equivalent		
手续费 Comm.		
电报费 Cable Charges		核准人签字 Authorized Person
合计 Total Charges		
支付费用方式	□现金 by Cash □支票 by Check □账户 from A/C	申请人姓名 Name of Applicant 电话 Phone No.	日期 Date
核印 Sig. Ver	经办 Maker	复核 Checker

填写前请仔细阅读各联背面条款及填报说明

Please read the conditions and instructions overleaf before filling in this application

境外汇款申请书的背面条款：

条　款

1.申请人应仔细审阅本申请书所列之各项条款内容,将收款人详细内容以英文正确填写在有关栏目内。如因填写错误或字迹不清或非英文填写而引起的迟付或错付款,中国银行(以下简称"本行")不承担责任。

2.倘因下列情形而引致之任何损失,本行不承担责任。其中包括：款项交付或通知延误；书函、电报或其他文件在寄发或传送途中发生之错误、残缺、遗漏、中断或延误；代理行或同行之行为；战争、检查、封锁、政变或骚乱；本地或外国政府或其行政机构所施行之一切法律、规令、条例、管制或其他难以控制之事故。

3.对于委托解付汇款的代理行或同业银行之一切错误、疏忽或过失,本行不承担责任。

4.对此汇款要求修改汇款内容或退汇,申请人须亲自携带有效证明或文件到本行办理。待本行接到有关同业银行证实汇款已取消后方能办理退汇手续。所有因此笔汇款引起之费用,概由申请人承担。

5.请保存好客户收据以备日后查询。

CONDITIONS

1. All payment instructions should be checked carefully by the applicant in each case and fill in all the details of beneficiary's information in each proper blank space in English. Bank of China (Hereafter called "the Bank") shall not be liable for any delayed payment or incorrect payment caused by the wrong information given or unclear writing or filling in the details of beneficiary's information in other languages except of the English.

2. The Bank shall not be liable for any loss or damage due to delay in payment or in giving advice of payment, loss of items in transit or otherwise, multilation, error, omission, interruption or delay in transmission or delivery of any item, letter, telegram or cable or the actions of our correspondents, sub-agents or other agencies, or declared or undeclared war, censorship; blockade, insurrection; civil commotion; or any law, decree, regulation, control, restriction or other act of a domestic or of foreign government or other group or groups exercising governmental powers, whether de jure or de facto, or any act or event beyond our control.

3. The Bank is not liable for errors, neglects, or defaults of any correspondents, sub-agents, or other agencies.

4. Any request for amendment or cancellation has to be made by the applicant in person upon presentation of proper indentity documents, and refund can only be made by the Bank upon receipt of its correspondents' effective confirmation of the cancellation and the Bank is entitled to reimburse from the applicant for the expenses of the Bank, its correspondents and agents.

5. Please retain the customer's receipt for future enquiries.

➱ 操作示范

任务1　进口企业根据进口合同制作境外汇款申请书和办理汇款手续

第一步:宁波市月辉进出口有限公司财务工作人员杨旭到国家外汇管理局网上服务平

台办理预付货款的合同登记和预付登记。

如果外贸公司第一次办理对外付汇业务,则需持营业执照、进口合同等材料到当地外汇管理局办理登记手续。外汇管理局登记后,然后审定一个对外付汇的授信额度,如 10 万美元,则以后对外预付款项时,只要付汇金额没有超过授信额度,可以直接在网上办理付汇登记;若超过授信额度,则需要持进口合同到外汇管理局办理申请,外汇管理局同意后,由其工作人员办理网上付汇登记。对于一直经营进口业务的企业,外汇管理局一般按照申请日前的一个年度的进口付汇总金额的 10% 给予付汇授信额度。

在本业务中,因为宁波市月辉进出口有限公司 2009 年 4 月 8 日至 2010 年 4 月 7 日期间的一个年度的进口付汇总金额为 1200 万美元,所以其进口付汇的授信额度为 120 万美元。现在,宁波市月辉进出口有限公司需对外付汇金额为 3150000 日元,没有超过 120 万美元,可以自己直接在网上办理网上预付款手续,无需到外汇管理局申请办理。财务工作人员杨旭办理如下网上预付货款的合同登记和预付登记操作:

首先输入网址 http://www.safesvc.gov.cn,进入国家外汇管理局网上服务平台的登录页面(见图 1-1)。

图 1-1　登录页面

输入"企业代码"和"密码",点击"登录"按钮,则将进入"贸易信贷登记管理系统"的操作界面了。

正常情况下界面的左侧应该出现功能菜单树(见图 1-2)。

1. 办理预付货款合同登记手续

企业新签约进口合同中含预付货款条款和合同中未约定而实际发生预付货款的,应该在合同签订之日起或实际发生预付货款之日前的 15 个工作日内,登录系统办理预付货款合同登记手续。

点击左侧功能菜单中的"预付货款合同登记"选项,进入合同登记界面(见图 1-3)。

合同号、签约时间、币种、合同金额请根据签约实际情况填写。凡标记" * "的为必填项(下同)。本业务的操作,在"预付货款合同登记"栏目中分别输入:

(1)合同号。输入 YH2010I021。

(2)签约时间。输入 2010 年 3 月 30 日。

(3)币种。点击下拉菜单,选择"日元"。

图 1-2　功能菜单树页面

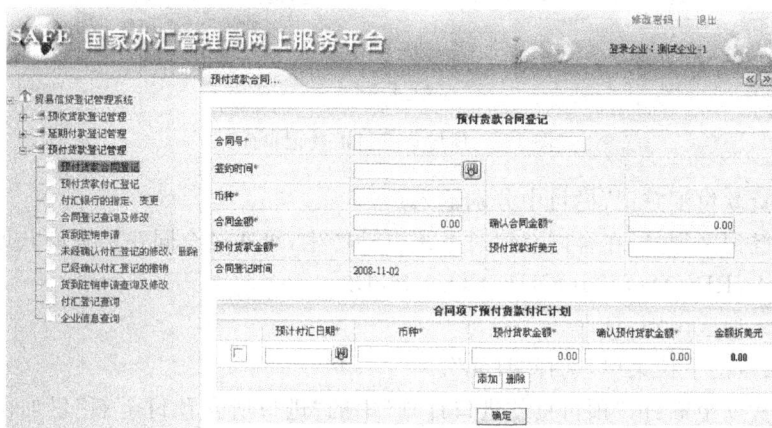

图 1-3　预付货款合同登记页面

（4）合同金额。输入 6300000。

（5）确认合同金额。重新输入一遍合同金额 6300000。

（6）预付货款金额。预付货款金额根据"合同项下预付货款付汇计划"中的预付货款金额累加得出，用户无须直接填写。

在"合同项下预付货款付汇计划"栏目中分别输入：

（1）预计付汇日期。2010 年 4 月 10 日。

（2）币种。点击下拉菜单，选择"日元"。

（3）预付货款金额。输入 3150000。

（4）确认预付货款金额。输入 3150000。

（5）金额折美元。系统提供自动折美元的计算。

预计付汇日期应晚于签约日期。预付货款付汇计划的币种应与合同签约的币种保持一致。如果合同项下预付货款付汇计划有多条，则可以选择"添加"、"删除"（需打上勾）完成增加删除记录的操作。

点击"确定"即可完成预付货款合同登记操作，并自动生成合同登记序列号，展示在弹出框中，系统会提示"保存成功"。

2.办理预付货款付汇登记手续

企业实际发生预付货款前15个工作日内,登录系统办理预付货款付汇登记手续。

点击左侧功能菜单中的"预付货款付汇登记",进入付汇登记界面(见图1-4)。

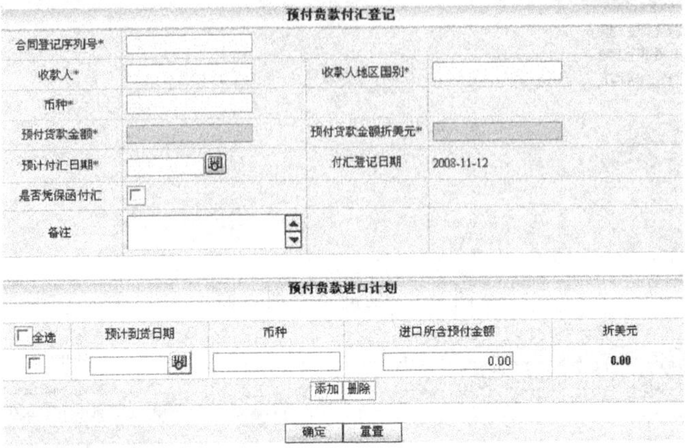

图1-4 预付货款付汇登记页面

在"预付货款付汇登记"栏目中分别输入:

(1)合同登记序列号:在合同登记时系统自动产生,可通过合同登记查询获取。

(2)收款人:RIYOTO SHOCHU CO.,LTD.。

(3)收款人地区国别:日本。

(4)币种:点击下拉菜单,选择"日元"。

(5)预付货款金额:由"预付货款进口计划"中的"进口所含预付金额"累加得出,用户无需直接填写。

(6)预付货款金额折美元:系统提供自动折美元的计算。

(7)预计付汇日期:2010年4月10日。

(8)是否凭保函付汇:用户如在"凭保函付汇"中打勾,则应在备注中填写保函号。

在"预付货款进口计划"栏目中分别输入:

(1)预计到货日期:2010年5月5日。

(2)币种:点击下拉菜单,选择"日元"。

(3)进口所含预付金额:输入3150000。

(4)折美元:系统提供自动折美元的计算。

预计到货日期应晚于预计付汇日期。币种与预付货款付汇登记的币种保持一致,不可填写。如果预付货款计划有多条,则可以选择"添加"、"删除"(需打上勾)完成增加删除记录的操作。点击"确定"完成保存工作,系统提示"保存成功"。

第二步:杨旭根据进口合同填制境外汇款申请书。

杨旭先熟悉 YH2010I021 外贸合同中涉及汇款业务的各条款内容,特别要注意支付条款:50% of the contract value i. e. JPY3150000.-will be paid by the Buyer by T/T within 15 days after signing this contract. The remaining 50% of the contract value i. e. JPY3150000.-will be paid by T/T within 1 month after the Buyer's receipt of the contractual goods.

PAYING BANK:Bank of China,Tokyo Branch

Address：No. 89 Queen Road Tokyo Japan.

A/C No. 5695643

A/C Name：Riyoto Shochu Co.，Ltd.

该笔业务支付方式是电汇,其中 50% 货款在签订合同后的 15 天内支付,50% 货款在到货后 1 个月内支付。杨旭要办理两次电汇操作,考虑两次电汇操作类似,因此本书只讲述预付款的电汇操作。以下填制境外汇款申请书：

(1)致 To:中国银行宁波分行 Bank of China，Ningbo Branch,表示向中国银行宁波分行申请汇出汇款,即中国银行宁波分行为汇出行。

(2)申请日期 Date:填写到银行办理业务的日期,即 April 10, 2010。

(3)汇款方式:根据合同要求使用电汇,即在电汇前的框里标记"×",表示选中。

(4)发电等级:可在"普通"和"加急"中选择。一般银行的 SWIFT 系统设置默认发送"普通"级别报文。由于多数银行是 24 小时接收报文,因此两个级别差别不大。一般此栏可以不填写。

(5)申报号码:根据国家外汇管理局有关申报号码的编制规则,由银行编写。

(6)20 银行业务编号:这里"20"是使用 SWIFT 发送信息时"银行业务编号"这项内容的代码,不同项目各有自己的代码,如"汇款币种及金额"的代码是 32A。这个银行业务编号留空由银行填写,是该笔业务在汇出行的业务编号。

(7)收电行/付款行:该栏目由银行填写。

(8)32A 汇款币种及金额:用国际标准组织(ISO)代码表示币种,用阿拉伯数字写出汇款的总金额。本业务的付款金额是总金额的 50%,即 JPY3150000。

(9)金额大写:填写 SAY：JAPANESE YENS THREE MILLION ONE HUNDRE-DAND FIFTY THOUSAND ONLY。

(10)其中:"现汇金额"指汇款人申请汇出的实际付款金额中,直接从外汇账户或以外币现钞支付的金额;"购汇金额"指汇款人申请汇出的实际付款金额中,向银行购买外汇直接对境外支付的金额;"其他金额"指汇款人除购汇和现汇以外对境外支付的金额,包括跨境人民币交易以及经常贸易项下交易等的金额。由于本业务从现汇账户支出,因此在这栏里的"现汇金额"下填写 JPY3150000,账号填写 80020002700605234。

(11)50a 汇款人名称及地址:进口商公司全称和地址,即汇款人预留银行印鉴或国家质量监督检验检疫总局颁发的组织机构代码证或国家外汇管理局及其分支局签发的特殊机构代码赋码通知书上的名称及地址。本业务填写 Ningbo Yuehui Import and Export Co.，Ltd. No. 25 Tianhai Street，Ningbo，P. R. China。

(12)在对公或对私业务中选择,本业务是对公,要按国家质量监督检验检疫总局颁发的组织机构代码证或国家外汇管理局及其分支局签发的特殊机构代码赋码通知书上的单位组织机构代码或特殊机构代码填写组织机构代码。本业务填写 63531917-1。

(13)54/56a 收款银行之代理行名称及地址:当汇出行和汇入行没有往来账户时,需要通过中转行划拨头寸。如果需要中转行,在没有特殊要求的情况下也可以留空,让汇出行找。本业务中,中国银行宁波分行和中国银行东京分行有往来账户,因此不需要中转行,此栏留空。

(14)57a 收款人开户银行名称及地址:收款人在出口地的开户行,一般汇出行就把该行定为汇入行。如果该开户行和汇出行没有往来账户,最好填写收款人开户银行在其中转行账号。根据合同,填写 Bank of China, Tokyo Branch, No. 89 Queen Road Tokyo Japan。

(15)59a 收款人名称及地址:出口商公司在中国银行东京分行的账号是 5695643,全称是 RIYOTO SHOCHU CO.，LTD.，地址是 NO.35 KINOWA STREET, TOKYO, JAPAN。

(16)70 汇款附言:对所汇款项的必要说明。要注意容量,这里只限 140 个字符。本业务可以填写合同号码 YH2010I021 来表明款项所指的交易内容。

(17)国内外费用承担:分三种方式,即汇款人支付、收款人支付、双方共同支付。境外清算费由对方承担时,如果汇入行与汇出行属同一家银行或有互开往来账户关系时,则款项一般可全额汇达对方;如果不是以上关系,款项将通过另一家或几家银行转至收款行,每家转汇行都会从中扣收一笔转汇费。本业务按惯例汇款费用由汇款人承担,其他汇转费用由对方承担,因此在"共同 SHA"前的框里标记"×"。

(18)收款人常驻国家(地区)名称及代码:根据银行提供的代码表(见附录1)填写。查表后可知日本代码是 392。

(19)本业务属于预付货款,因此在"预付货款"前的框里标记"×",表示选中。

(20)最迟装运日期:按合应填写 May 1, 2010。

(21)交易编码:根据本笔付款交易性质对应的"国际收支部分交易编码表"(见附录2)填写。有多种交易性质时按金额从大到小填最大的两项。本业务属于一般贸易,交易编码为 0101。

(22)相应币种及金额:根据交易编码填写,多种交易性质下第一行写最大金额的那笔,第二行填其余金额。由于只有一种交易性质,所以在第一栏填写汇款全部金额即可,即 JPY3150000。

(23)交易附言:描述交易性质,本业务填写一般贸易。

(24)选择是否为进口核销项下付款:预付货款情况下要选择是进口核销项下付款,因此在"是"前的框里标记"×",表示选中,并在后面写明合同号码 YH2010I021。

(25)外汇管理局批件/备案表号:指外汇管理局签发的,凭以对境外付款的各种批件或进口付汇备案表号。外汇报批业务由银行代理,汇款申请表和申报表合一。银行一般都在汇款业务发生后的 1 个工作日内向相关机构报批。

(26)报关单经营单位代码:填写公司的报关经营单位代码是 3301182356。

(27)报关单号:在货到付款时这栏要填写,单号、币种、金额等都按报关单内容填写,本次核注金额是这次汇款的金额。在预付货款时无须填写。

(28)银行专用栏:购汇汇率等值人民币支付费用方式,留空由银行填写。

(29)申请人签单:一般需加盖进口商的财务印鉴章,并由具体办理业务的公司人员留下签章、电话。本业务加盖宁波市月辉进出口有限公司的财务专用章,并且由联系人杨旭签字或盖章,同时写下联系电话 0574—66116890。

(30)银行签单签字:留空由银行填写。

第三步:杨旭到中国银行宁波分行办理电汇手续。

一般情况下,汇款人在完成网上付汇登记的 2 个工作日后,才能到指定付汇银行办理汇出汇款手续。

杨旭填好境外汇款申请书并检查无误后,把境外汇款申请书和费用及其他相关单据一并交给银行工作人员办理汇款业务。

填制好的境外汇款申请书见表1-2。

表 1-2

境 外 汇 款 申 请 书
APPLICATION FOR FUNDS TRANSFERS(OVERSEAS)

致:中国银行宁波市分行　　　　　　　　　　　　　　　　　日期
To:BANK OF CHINA, NINGBO BRANCH　　　　　　　　　　Date:April 10,2010

☒电汇 T/T □票汇 D/ □信汇 M/T	发报等级 Priority	☒普通 Normal □加急 Urgent
申报号码 BOP Reporting No.	□□□□□□　□□□□　□□　□□□□□　□□□□	

20	银行业务编号 Bank Trans. Ref. No.		收电行/付款行 Receiver/Drawn on	
32A	汇款币种及金额 Currency & Inter-bank Settlement Amount	JPY315000,	金额大写 Amount in Words	JAPANESE YENS THREE MIL-LION ONE HUNDRED FIFTY THOUSAND ONLY.

其中	现汇金额 Amount FX	JPY315000,	账号 A/C No.	
	购汇金额 Amount of Purchase		账号 A/C No.	
	其他金额 Amount of Others		账号 A/C No.	

50a	汇款人名称及地址 Remitter's Name & Add.	Ningbo Yuehui Import and Export Co., Ltd. No. 25 Tianhai Street, Ningbo, P. R. China

☒对公组织机构代码 Unit Code 6 3 5 3 1 9 1 7 - 1	□对私	□个人身份证号码 Indivudual ID No. □中国居民个人 Resident Individual □中国非居民个人 Non-Resident Individual

54/56a	收款银行之代理行名称及地址 Correspondent of Ben.'s Banker Name & Add.	
57a	收款人开户银行名称及地址 Ben.'s Bank Name & Add.	收款人开户银行在其代理行账号 Ben.'s Bank A/C No. Bank of China, Tokyo Branch No. 89 Queen Road Tokyo Japan
59a	收款人名称及地址 Ben.'s Name & Add.	收款人账号 Ben.'s A/C No. Riyoto Schochu Co., Ltd. No. 35 Kinowa Street, Tokyo, Japan

70	汇款附言 Remittance Information	71A	国内外费用承担
只限 140 个字位 Not Exceeding 140 Characters S/C No. YH2010I021		All Bank's Charges If Any Are to Be Bone By □汇款人 OUR □收款人 BEN ☒共同 SHA	

收款人常驻国家(地区)名称及代码 Ben. Resident Country/Region Name & Code	日本 3 9 2

请选择:☒预付货款 Advance Payment　□货到付款 Payment against Delivery □退款 Refund　　　　　　　　□其他 Others	最迟装运日期	MAY 1,2010

交易编码 BOP Trans. Code	1 0 1 0 1 0 □□□□□	相应币种及金额 Currency & Amount	JPY315000	交易附言 Trans. Remark	一般贸易

是否为进口核销项下付款	☒是□否	合同号	YH2010I021	发票号	
外汇局批件/备案表号		报关单经营单位代码		3 3 0 1 1 8 2 3 5 6	
报关单号		报关单币种及总金额		本次核注金额	

银行专用栏 For Bank Use Only	申请人签章 Applicant's Signature	银行签章 Bank's Signature
购汇汇率 Rate @	请按照贵行背页所列条款代办以上汇款	
等值人民币 RMB Equivalent	并进行申报 Please effect the upwards remit-tance subject to the conditions overleaf	
手续费 Comm.		
电报费 Cable Charges	(宁波市月辉进出口有限公司财务专用章)	
合计 Total Charges	申请人姓名　　杨旭 Name of Applicant	核准人签字 Authorized Person
支付费用方式	□现金 by Cash □支票 by Check ☒账户 from A/C	电话　　0086-574-66116890 Phone No.	日期 Date
核印 Sig. Ver	经办 Maker	复核 Checker

填写前请仔细阅读各联背面条款及填报说明
Please read the conditions and instructions overleaf before filling in this application

任务 2 汇出行制作电汇项下 SWIFT 报文

中国银行宁波分行国际结算部门的工作人员吴永,接到宁波市月辉进出口有限公司杨旭递交的境外汇款申请书及相关单据后,首先查看宁波市月辉进出口有限公司是否在外汇管理局公布的进口付汇名录中,其次查看预付货款付汇网上系统登记情况,再审核境外汇款申请书及相关单据。

经查无误后,吴永根据境外汇款申请书内容以 SWIFT 向汇入行发出解付指示。因为中国银行宁波分行和中国银行东京分行有往来账户,因此吴永只需拟写 MT103 报文(MT103 各栏目内容见表 1-5),具体栏目内容如下。

(1)20:Sender's Reference。这是汇出行编制的,在前面提到的信息中可知该笔业务编号是 OR2008123741。

(2)23B:Bank Operation Code。SWIFT 定义了"SWIFT 支付服务等级"、"优先服务等级"和"标准服务等级",并规定了五种操作类型来指示用什么样的服务来完成汇款操作,这五种操作类型用相应代码表示,在 SWIFT 中只能出现其中一种代码,五种代码是:

①CRED:指有资金划拨,但不限定服务等级。这是最常见的操作类型,目前商业银行多数往来报文都是这个类型。

②CRTS:指资金划拨仅为测试。

③SPAY:指资金划拨要根据 SWIFT 定义的"SWIFT 支付服务等级"进行。

④SPRI:指资金划拨要根据 SWIFT 定义的"优先服务等级"进行。

⑤SSTD:指资金划拨要根据 SWIFT 定义的"标准服务等级"进行。

这笔业务按常规,采用第一种类型操作,因此这栏填写"CRED"。

(3)32A:Value Date /Currency /Interbank Settled Amount。汇款日期就是汇入行接受汇款申请的日期,SWIFT 报文的日期表示方法为 YYMMDD(年月日)。本业务填写"100410"。

SWIFT 报文的金额中,货币是由三个英文字母构成的标准代码,数字不使用分格号,小数点用逗号","来表示,如 78356.90 表示为 78356,90,因为日元最小单位是 1 日元,因此没有小数,本业务金额填写"JPY3150000,"。

(4)50a:Ordering Customer。50a 在操作中有两种形式,即 a 用 A 或 K 替代:

①50A:填写汇款人账号及开户行 BIC 代码。

②50K:填写汇款人账号、名称和地址。

本业务中,汇出行掌握了汇款人的详细信息,可选择填 50K。

50K:80020002700605234

Ningbo Yuehui Import and Export Co. ,Ltd.

No. 25 Tianhai Street,Ningbo,P. R. China

(5)59a:Beneficiary Customer。59a 在操作中有两种形式:

①59A:填写收款人账号及开户行 BIC 代码。

②59:填写汇款人账号、名称和地址。

本业务境外汇款申请书中有账号、名称和地址,可选择填 59。

59:5695643

Riyoto Shochu Co.，Ltd.

No.35 Kinowa Street，Tokyo，Japan

(6)71A：Details of Charges。SWIFT 中分别用三种代码表示汇款费用支付方式：

①BEN。表示收款人支付所有汇款费用。

②OUR。表示由汇款人支付所有汇款费用。

③SHA。表示双方共同支付汇款费用,各自承担境内费用。根据境外汇款申请书,本业务填写 SHA。

(7)70：Remittance Information。本业务填写 S/C No. GW2007X01。

拟写的 MT103 报文如下：

MT103 Single Customer Credit Transfer
20 ： Sender's Reference OR2008123741
23B ： Bank Operation Code CRED
32A ： Value Date /Currency /Interbank Settled Amount 100410 JPY3150000，
50K ： Ordering Customer 80020002700605234 Ningbo Yuehui Import and Export Co.，Ltd. No. 25 Tianhai Street，Ningbo，P. R. China
59 ： Beneficiary Customer 5695643 Riyoto Shochu Co.，Ltd. No. 35 Kinowa Street，Tokyo，Japan
71A ： Details of Charges SHA
70 ： Remittance Information S/C No. GW2007X01

吴永从宁波市月辉进出口有限公司的账户 80020002700605234 扣除汇款金额和汇款手续费后,向汇入行中国银行东京分行发以上 MT103 报文,汇出汇款。

⬛ 知识链接

一、汇款

1.汇款的含义

汇款是指通过银行汇兑来实现国与国之间债权债务清偿和国际资金转移,又称国际汇兑。在汇款中,银行只提供结算服务,出口商能否安全收汇取决于进口商的信用,因而汇款业务的信用基础是商业信用。

2. 汇款的基本当事人

汇款包括汇款人(Remitter)、收款人/受益人(Payee or Beneficiary)、汇出行(Remitting Bank)和汇入行(Paying Bank)四个基本当事人。在进出口贸易中,一般情况下,汇款人是进口商,收款人/受益人是出口商,汇出行是进口地银行,汇入行是收款人的账户银行。

3. 汇款的种类

根据汇出行给汇入行采用的支付指示方式不同,汇款分为电汇、信汇和票汇等三个种类。

(1)电汇(Telegraphic Transfer,T/T)。

电汇是汇出行应汇款人申请,通过加押电报或电传指示汇入行解付一定金额给收款人的汇款方式。目前银行一般都是采用 SWIFT(Society for Worldwide Interbank Financial Telecommunication,环球银行金融电讯协会)电报操作电汇。

电汇的特点是安全、高速,适用于金额大,比较急的汇款。但由于银行不能占用资金,所以收费也较高。

(2)票汇(Remittance by Banker's Demand Draft,D/D)。

票汇是指汇出行应汇款人的申请,开出银行即期汇票(Banker's Demand Draft)交汇款人,由其自行携带出国或寄送给收款人凭票取款的汇款方式。

票汇的特点是,具有很大的灵活性,只要抬头许可,持票人取款并不固定某一人,持票人取得票据后,还可以背书转让给他人或卖给任何一家汇出行的联行或代理行,只要该行能核对汇票上签字的真实性,一般都会购入。但同时,汇票遗失和被窃的可能性也较大,所以对金额小、收款不急的汇款可以采用票汇。

(3)信汇(Mail Transfer,M/T)。

信汇是汇出行应汇款人申请,用信函指示汇入行解付一定金额给收款人的汇款方式。

信汇是传统的汇款方式,其优点是收费低廉。但因其用航邮方式来传递结算工具,所以速度比电汇要慢得多,而且信函在传递途中易被耽搁或遗失,因此只适用于一些金额不大或收款不急的汇款。

二、电汇的种类

在进出口贸易中,根据付款时间的不同,T/T 分为前 T/T 和后 T/T。

1. 前 T/T

前 T/T 是指进口商在未收到货物之前,将货款通过银行电汇给出口商的结算方式,也称为预付货款(Payment in Advance 或 Down Payment)。预付货款是对进口商而言,对出口商而言则是预收货款。前 T/T 可分为装运前 T/T、装运后见提单传真件 T/T 和混合前 T/T。

(1)装运前 T/T。是指进口商将货款通过银行汇给出口商,出口商收到款项后,根据双方签订的合约,在一定时间内将货物运交进口商的结算方式。该支付条款如"The buyer shall pay 100% of the sales proceeds to the seller in advance by T/T within 15 days after the contract date."。

(2)装运后见提单传真件 T/T。是指出口商在货物出运后把海运提单传真给进口商,待进口商支付货款后放单的结算方式。该支付条款如"The buyer shall pay 100% of the sales proceeds to the seller by T/T against the fax of B/L.".

(3)混合前 T/T。是指部分货款采用"装运前 T/T",部分货款采用"装运后见提单传真件 T/T"的结算方式。该支付条款如"The buyer shall pay 30% of the sales proceeds to the seller in advance by T/T before June 18,2009,pay the balance by T/T against the fax of B/L.".

前 T/T 对出口商很有利,因为出口商在货物所有权转移给进口商之前就得到货款,占有很大的主动权,基本没有风险。而对进口商而言则刚好相反,他不仅要承担不能按时按量按质收到货物的风险,收到货物前付出货款也造成了资金周转困难和利息损失。因此,前 T/T 通常只用于以下两种情况:

(1)进出口双方关系密切,相互了解对方资信。特别是进出口双方属于子母公司关系。

(2)出口货物是紧俏商品,在货源有限时,进口商不惜预付货款。

当预付款金额较大时,进口商往往要求出口商通过其银行开立预付款保函(见学习情境九),以防范出口商收到预付款后不履约的风险。

2.后 T/T

后 T/T,是指进口商在收到出口商发出的货物之后才按合同规定电汇支付货款的结算方式,也称为货到付款(Payment after the Arrival of the Goods)、赊销(Open Account Transaction,O/A)或延期付款(Deferred Payment Transaction)。该支付条款如"The buyer shall pay 100% of the sales proceeds to the seller by T/T within 60 days after the arrival of the goods.".

后 T/T 对进口商有利。因为货物未到或货物不符合合同规定时,进口商可不付款,进口商由此在整个交易中占据主动地位,不用担什么风险;进口商在收到货物后,有时甚至是出售货物后再付款,无偿或只要承担很小的利息即可占用出口商的资金。而出口商则要承担交易风险,还造成了一定的资金积压。

由于出口商交货后能否收到货款取决于进口商的信用,而进口商是企业公司,因而汇款的信用基础是商业信用。

三、电汇业务的基本流程

在进出口贸易中,电汇业务的基本流程(见图 1-5)一般包括如下业务环节:
①汇款人提交汇款申请书,交付款项,在申请书上说明使用电汇方式。
②汇出行受理之后,汇款人取得电汇回执。
③汇出行发出 SWIFT 报文给汇入行,委托汇入行解付汇款给收款人。
④汇入行收到 SWIFT 报文并核对密押无误后,通知收款人收款。
⑤汇入行借记汇出行账户,取出头寸,解付汇款给收款人。
⑥汇入行通知汇出行汇款解付完毕。

四、汇款人办理汇款时需提交的材料

不同电汇方式和不同电汇款项,汇款人汇款时需提交的材料有所差异。

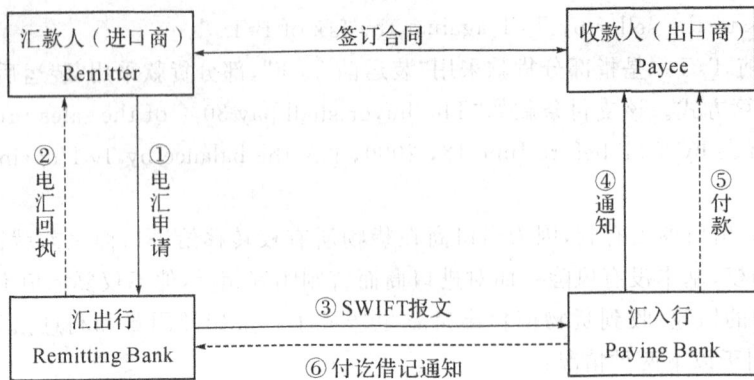

图 1-5　电汇业务基本流程

（1）预付货款（前 T/T）方式：汇款人需提交进口合同和境外汇款申请书。

（2）货到付款（后 T/T）方式：汇款人需提交进口合同、境外汇款申请书、发票、进口货物报关单、电子口岸卡、海运提单。

（3）支付出口项下佣金：汇款人需提交出口合同或佣金协议、结汇进账单。

（4）支付运输费、保险费、仓租费等贸易从属费用：汇款人需提交贸易合同、运输单据或保险费单据等。

（5）出口项下对外追赔外汇：汇款人需提交结汇进账单以及外管局冲减出口收汇核销证明和索赔协议等。

（6）支付资料费、技术费、信息费及专利权、著作权、商标、计算机软件等费用：汇款人需提交正本合同或协议发票或单位负责人签字的说明书。

五、境外汇款申请书及其审核要点

1.境外汇款申请书

境外汇款申请书是汇款人与汇出行权利责任的凭证,汇出行必须根据境外汇款申请书的各项指示操作,因此汇款人必须认真填写境外汇款申请书。各银行"境外汇款申请书"内容相似,格式不尽相同。

2.汇款申请审核要点

审核汇款申请时,汇出行应注意事项包括:

(1)申请汇出国外汇款,必须符合国家外汇管理的规定。

(2)审核资金来源。使用现汇存款账户办理汇出汇款时,汇款人填制支取凭条,先到原币存款部门核对余额和印鉴后,连同境外汇款申请书一并提交。如果汇款人的现汇存款账户为美元,汇出款项是英镑时,通过外汇交易部办理兑换;若无此机构,通过人民币汇价套汇。

(3)审核境外汇款申请书。境外汇款申请书常出现的错误有:

①收款人名称拼写错误、无账号或地址不详。

②有收款人账号,但户名与账号不符。

③汇入行城市名称遗漏或错误。

六、SWIFT 简介

SWIFT 是环球银行金融电讯协会(Society for Worldwide Interbank Financial Tele-communication)的简称,是一个国际银行同业间非营利性的国际合作组织,该组织目前在全世界拥有会员银行超过 4000 个。SWIFT 仅为全球的金融系统提供通信服务,不直接参与资金的转移处理服务。使用时必须依照 SWIFT 手册规定的标准,否则会被自动拒绝。

1. SWIFT 的特点

SWIFT 电讯具有以下三个特点:

(1)格式化和规范化。SWIFT 电讯业务的报文格式种类包括以下十大类,每种报文都以 3 位数字定义,都有规范的格式。

MT1++:客户汇款及支票	MT2++:金融机构汇款
MT3++:外汇	MT4++:托收
MT5++:证券	MT6++:重金属辛迪加贷款
MT7++:跟单信用证、保函	MT8++:旅行支票
MT9++:银行账户	MT0++:其他

(2)安全可靠。每一份电讯都得到 SWIFT 的发妥或未发妥证实,电脑对收发电序号严格控制,所有未发妥证实的均有原因分析。另外 SWIFT 可自动完成编押、核押工作,银行以 SWIFT 发出指示,不须再发电报证实书。

(3)高速度、低费用。SWIFT 的线路速度为普通电传的 48～192 倍,每份电讯的费用为普通邮件的 2/3 左右,为电传的 1/7。

2. SWIFT 银行识别代码(BIC)

每个申请加入 SWIFT 组织的银行都必须事先按照 SWIFT 组织的统一原则,制定出本行的 SWIFT 地址代码(其中银行代码可根据行名特点有若干选择),经 SWIFT 组织批准后正式生效。该代码相当于各个银行的身份证号。SWIFT 银行识别代码由以下几部分构成:

(1)银行代码(Bank Code)。由四位易于识别的银行行名字头缩写字母构成。

(2)国家代码(Country Code)。根据国际标准化组织的规定由两位字母构成。

(3)地区代码(Location Code)。由两位数字或字母构成,标明城市。

(4)分行代码(Branch Code)。由三位数字或字母构成,标明分支机构。

以下是部分中国境内银行的 SWIFT 银行代码(见表 1-3)。

表 1-3　部分中国境内银行的 SWIFT 银行代码

行名	银行识别代码	行名	银行识别代码
中国银行	BKCHCNBJ	交通银行	COMMCNBJ
中国工商银行	ICBKCNBJ	中国光大银行	EVERCNBJ
中国农业银行	ABOCCNBJ	中信银行	CIBKCNBJ
中国建设银行	PCBCCNBJ	中国投资银行	IBOCCNBJ

同时,SWIFT 还为没有加入 SWIFT 组织的银行,按照此规则编制了一种在电文中代替输入其银行全称的代码。所有此类代码均在最后三位加上"BIC"三个字母,用来区别于正式 SWIFT 会员银行的 SWIFT 地址代码。

3.适用于汇款的 SWIFT 报文种类和格式

SWIFT 报文有很多种类,每种报文都有规范的格式。适用于汇款的 SWIFT 报文种类说明见表 1-4。

表 1-4　适用于汇款的 SWIFT 报文种类

报文格式	MT 格式名称	描　　述
MT103	客户汇款	请求调拨资金
MT200	单笔金融机构头寸调拨至发报行自己的账户上	请求将发报行的头寸调拨至其他金融机构的该行账户上
MT201	多笔金融机构头寸调拨到自己的账户上	多笔 MT200
MT202	单笔普通金融机构头寸调拨	请求在金融机构之间的头寸调拨
MT203	多笔普通金融机构头寸调拨	多笔 MT202
MT204	金融市场直接借记电文	用于向 SWIFT 会员银行索款
MT205	金融机构头寸调拨执行	国内转汇请求
MT210	收款通知	通知收报行:它将收到头寸,记在发报行账户上

4.SWIFT 的容量

SWIFT 报文(Text)由一些项目(Field)组成,每一种报文格式(Message Type-MT)规定了由多少字母、多少数字或多少字符组成,这些规定的表示方法及含义如下:

n——只表示数字。

a——只表示字母。

Q——表示数字或字母。

X——表示 SWIFT 电讯汇总允许出现任何一个字符(包括 10 个数字、26 个字母、有关标点符号、空格键、回车键和跳行键)。

*——行数。

如:3n 表示最多填入 3 位数字。2a 表示必须填入 2 个字母。2 * 35X 表示所填入的内容最多 2 行,每行最多 35 个字符。

七、MT103 和 MT202

在电汇业务操作中,银行用得最多的是 MT103 和 MT202,因此下面重点介绍这两种 SWIFT 报文的情况。

1. MT103

MT103 的报文名称是客户汇款(Single Customer Credit Transfer),包括的项目情况如表 1-5 所示,表中 M 是指 Manddatory Field(必选项目),O 是指 Optional Field(可选项目)。在拟写报文时,必选项目必须要写,可选项目视实际情况而定。

表 1-5 MT103 Single Customer Credit Transfer

M/O	Tag 项目编号	Field Name 项目名称	解　释
M	20	Sender's Reference	发报行给该汇款业务的参考号
O	13C	Time Indication	要求银行借记或贷记款项的时间指示
M	23B	Bank Operation Code	银行操作代码,通过五种代码表示五种处理类型
O	23E	Instruction Code	指示的通知方式,如电话、电报等。有 13 种代码表示不同方式,可多选,但必须按特定顺序
O	26T	Transaction Type Code	交易类型代码,通过代码表示交易目的或属性
M	32A	Value Date /Currency /Inter-bank Settled Amount	结算起息日/币种/银行间清算金额
O	33B	Currency/Instructed Amount	指示币种/金额,在汇款金额没有包括对汇款人或收款人的收费,也没有汇率转换时,此金额等同 32A
O	36	Exchange Rate	汇率,以发送方币种金额为计算基数
M	50a	Ordering Customer	汇款人
O	51A	Sending Institution	发报行的 BIC 代码
O	52a	Ordering Institution	汇款人账户行
O	53a	Sender's Correspondent	发报行的分行或代理行
O	54a	Receiver's Correspondent	收报行的分行或代理行
O	55a	Third Reimbursement Institution	第三方偿付行,除汇出行的分行或代理行外的另一家银行,且是汇入行的分行
O	56a	Intermediary Institution	中间行
O	57a	Account With Institution	账户行
M	59a	Beneficiary Customer	收款人
O	70	Remittance Information	交易信息
M	71A	Details of Charges	费用承担细则
O	71F	Sender's Charges	发报行费用
O	71G	Receiver's Charges	收报行费用,若费用由汇款人承担,这里显示的金额已结清
O	72	Sender to Receiver Information	附言
O	77B	Regulatory Reporting	汇款人或收款人所在国家要求的法规信息代码
O	77T	Envelope Contents	其他汇款信息传达格式

2. MT202

MT202 的报文名称是单笔普通金融机构头寸调拨(General Financial Institution Transfer),包括的项目情况如表 1-6 所示。

表 1-6　MT202 GENERAL FINANCIAL INSTITUTION TRANSFER

M/O	Tag 项目编号	Field Name 项目名称	说　明
M	20	Transaction Reference Number	业务参考号
M	21	Related Reference	相关参考号
O	13C	Time Indication	要求银行借记或贷记款项的时间
M	32A	Value Date，Currency Code，Amount	结算起息日/币种/金额
O	52a	Ordering Institution	汇款人账户行
O	53a	Sender's Correspondent	发报行的分行或代理行
O	54a	Receiver's Correspondent	收报行的分行或代理行
O	56a	Intermediary	中间行
O	57a	Account With Institution	账户行
M	58a	Beneficiary Institution	汇入行
O	72	Sender to Receiver Information	附言

　　如果汇出行(发报行)与汇入行(收报行)之间没有直接账户往来关系,需要通过汇出行(发报行)的分行或代理行进行资金汇划,则汇出行(发报行)除了给汇入行(收报行)发MT103报文之外,还要给汇出行(发报行)的分行或代理行发MT202报文。

　　例如,Franz Holzapfel G. M. B. H. 指示 Oesterreichiche Laenderbank, Vienna 从其账户 90870376,向 H. F. Janssen 开在 Algemene Bank Nederland, Amsterdam 的账户 665-00137 支付 GBP8750.80,起息日为 2010 年 5 月 21 日。

　　Oesterreichiche Laenderbank，Vienna 发出以下两份 SWIFT(见图 1-6)。

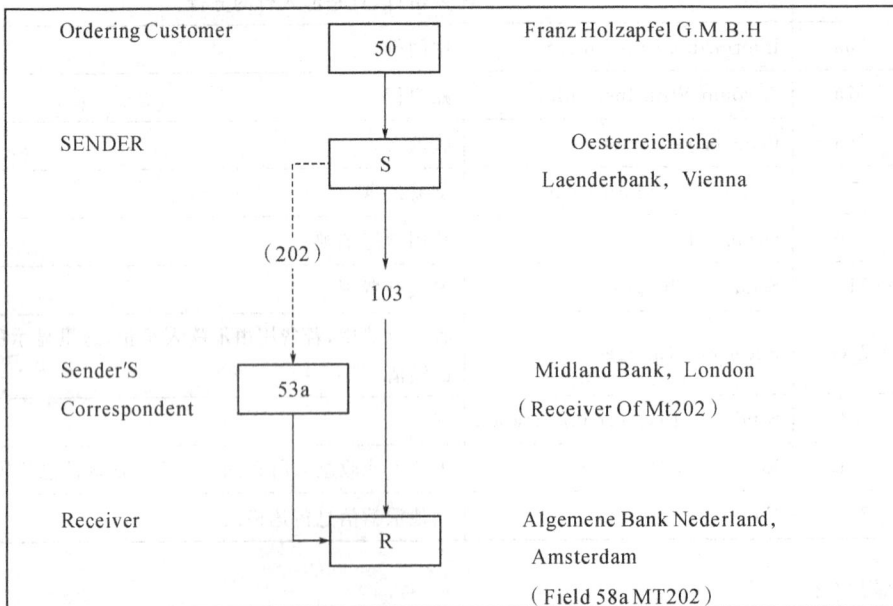

图 1-6　SWIFT 报文路线

A：给 Algemene Bank Nederland，Amsterdam 的汇款通知 MT103，编号为 890783/OLV。

B：给 Midland Bank，London 的头寸电 MT202，指示 Midland Bank，London 从发报行的账户 27379193 支付该笔款项。

MT103 报文：

MT103 Single Customer Credit Transfer
20 ： Sender's Reference
890783/ OLV
23B ： Bank Operation Code
CRED
32A ： Value Date /Currency /Interbank Settled Amount
100521GBP8750,80
50K ： Ordering Customer
90870376
Franz Holzapfel Gmbh
No. 21，Smith Street，Vienna，Austria
59 ： Beneficiary Customer
665-00137
Ledeboerstaraat 27
No. 5 Jason Street，Amsterdam，Netherland
71A ： Details of Charges
SHA

MT202 报文：

MT202 GENERAL FINANCIAL INSTITUTION TRANSFER
20 ： Transaction Reference Number
146578/905
21 ： Related Reference
890783/ OLV
32A： Value Date /Currency /Interbank Settled Amount
100521GBP8750,80
53B： Account Used Reimbursement
35645672
58A： Beneficiary Institution
ABNANL2A

实训项目

实训项目 1-1　凭提单传真件电汇业务操作

2009 年 8 月 1 日,浙江诚心进出口有限公司与香港的 T. U. M.（Pacifique）S. A. 签订如下进口非洲楝木的合同。

PURCHASE CONTRACT

CONTRACT NO.: ZJCX2009098   DATE: August 1, 2009

THE BUYER: Zhejiang Chengxin Import and Export Co., Ltd.

          36 Guchui Road, Hangzhou, China

          Tel: 0086-571-89991109   Fax: 0086-571-89991108

THE SELLER: T. U. M. (Pacifique) S. A.

          10th Floor, Tacwood Plaza, 32 Des Voeux Road, Central, Hong Kong

          Tel: 00852-2581-3001   Fax: 00852-2581-3002

This Contract is made by and between the Buyer and Seller, whereby the Buyer agrees to buy and the Seller agrees to sell the under-mentioned commodity according to the terms and conditions stipulated below:

DESCRIPTION OF GOODS	QUANTITY	UNIT PRICE	AMOUNT
Sapelli Log	200m^3	FOB Douala, Cameroon EUR395.00/m^3	EUR79000.00
Total	200m^3		EUR79000.00
Total Contract Value: SAY EURO SEVENTY NINE THOUSAND ONLY.			

PORT OF LOADING: Douala, Cameroon

PORT OF DESTINATION: Shanghai, China

SHIPMENT: Cargo should be shipped in the container not later than September 15, 2009. Partial shipment is not allowed and transshipment is allowed.

INSURANCE: Covered by the Buyer.

PAYMENT: The Buyer shall pay 100% of the contract amount to the Seller by T/T against the fax of B/L.

PAYING BANK: Bank of China (Hong Kong) Limited

      Address: 9/F Bank of China Centre, Olympian City, 11 Hoi Fai Road, West Kowloon, Hong Kong

        A/C No. 98704398274

        A/C Name: T. U. M. (Pacifique) S. A.

OTHER TERMS: (Omitted)

This contract is made in two original copies and becomes valid after signature, one copy to be held by each party.

THE SELLER: THE BUYER:

  T. U. M. (Pacifique) S. A.   ZHEJIANG CHENGXIN IMPORT & EXPORT CO., LTD.

    Kate Wang   刘诚心

任务1　进口企业根据进口合同制作汇款申请书和办理汇款手续

2009年9月23日,浙江诚心进出口有限公司外贸业务员收到香港的T.U.M. (Pacifique)S.A.关于合同ZJCX2009098项下货物的海运提单传真件,确认海运提单的真实性后,指示财务工作人员陈涛,制作汇款申请书(见表1-6)和办理汇款手续。电汇款从浙江诚心进出口有限公司在账户行中国银行浙江省分行的现汇账户(No. 80020001355890809)支出,汇款费用由汇款人承担。浙江诚心进出口有限公司的组织机构代码是3101009797,报关经营单位代码是3301211417。

由于该汇款金额没有超过外汇管理局给予的付汇授信额度,所以可以自己直接在网上办理网上预付款手续,无须到外汇管理局申请办理。

第一步:浙江诚心进出口有限公司财务工作人员陈涛到国家外汇管理局网上服务平台办理预付货款的合同登记和预付登记。

第二步:根据进口合同填制境外汇款申请书(见表1-7)。

表 1-7

境 外 汇 款 申 请 书
APPLICATION FOR FUNDS TRANSFERS(OVERSEAS)

致：　　　　　　　　　　　　　　　　　　　　　　　　　　　　　　日期
To:　　　　　　　　　　　　　　　　　　　　　　　　　　　　　　Date

□电汇 T/T □票汇 D/ □信汇 M/T	发报等级 Priority		□普通 Normal □加急 Urgent
申报号码 BOP Reporting No.	□□□□□□ □□□□ □□ □□□□□□ □□□□		
20　银行业务编号 Bank Trans. Ref. No.		收电行/付款行 Receiver/Drawn on	
32A　汇款币种及金额 Currency & Inter-bank Settlement Amount		金额大写 Amount in Words	
其 中	现汇金额 Amount FX	账号 A/C No.	
	购汇金额 Amount of Purchase	账号 A/C No.	
	其他金额 Amount of Others	账号 A/C No.	
50a　汇款人名称及地址 Remitter's Name & Add.			
□对公组织机构代码 Unit Code□□□□□□□□□		□对私	□个人身份证号码 Indivudual ID No. □中国居民个人 Resident Individual □中国非居民个人 Non-Resident Individual
54/56a　收款银行之代理行名称及地址 Correspondent of Ben.'s Banker Name & Add.			
57a　收款人开户银行名称及地址 Ben.'s Bank Name & Add.		收款人开户银行在其代理行账号 Ben.'s Bank A/C No.	
59a　收款人名称及地址 Ben.'s Name & Add.		收款人账号 Ben.'s A/C No.	
70　汇款附言 Remittance Information 只限 140 个字位 Not Exceeding 140 Characters		71A　　　　国内外费用承担 All Bank's Charges If Any Are to Be Bone By □汇款人 OUR □收款人 BEN □共同 SHA	
收款人常驻国家(地区)名称及代码 Ben. Resident Country/Region Name & Code　　□□□			
请选择：□预付货款 Advance Payment　□货到付款 Payment against Delivery 　　　　□退款 Refund　　　　　　□其他 Others			最迟装运日期
交易编码　　□□□□□□ BOP Trans. Code　□□□□□□	相应币种及金额 Currency & Amount		交易附言 Trans. Remark
是否为进口核销项下付款	□是 □否　合同号		发票号
外汇局批件/备案表号		报关单经营单位代码 □□□□□□□□□□	
报关单号	报关单币种及总金额		本次核注金额

银行专用栏 For Bank Use Only		申请人签章 Applicant's Signature	银行签章 Bank's Signature
购汇汇率 Rate @		请按照贵行背页所列条款代办以上汇款 并进行申报 Please effect the upwards re- mittance subject to the conditions over- leaf	
等值人民币 RMB Equivalent			
手续费 Comm.			
电报费 Cable Charges		申请人姓名 Name of Applicant	核准人签字 Authorized Person
合计 Total Charges			
支付费用方式	□现金 by Cash □支票 by Check □账户 from A/C	电话 Phone No.	日期 Date
核印 Sig. Ver		经办 Maker	复核 Checker

填写前请仔细阅读各联背面条款及填报说明
Please read the conditions and instructions overleaf before filling in this application

第三步：到中国银行浙江省分行办理电汇手续。

任务2 汇出行制作电汇项下SWIFT报文

中国银行浙江省分行国际结算部门的工作人员李民，须审核汇款申请书及相关单据。经查无误后根据境外汇款申请书内容以SWIFT向汇入行发出解付指示。MT103的业务编号为OT20093087。

MT103 Single Customer Credit Transfer

20   : Sender's Reference

23B : Bank Operation Code

32A : Value Date /Currency /Interbank Settled Amount

50K : Ordering Customer

59   : Beneficiary Customer

71A : Details of Charges

70   : Remittance Information

实训项目 1-2　装运前电汇业务操作

2009 年 6 月 15 日,南京丽雪进出口有限公司与日本 Mayama Corporation 签订如下进口数控刃磨机床的合同。

CONTRACT

CONTRACT NO.：LX09068　　　　　　　　　　DATE：June 15，2009

THE BUYER：Nanjing Lixue Import and Export Co.，Ltd.

　　　　　　No. 59 Renmin Rd. Nanjing，China

　　　　　　0086-25-4825478　FAX：0086-25-4825477

THE SELLER：Mayama Corporation

　　　　　　7-25-2，Niina，Mino，Osaka，Japan

　　　　　　Tel：0081-665-43-3367　Fax：0081-665-43-3369

This Contract is made by and between the Buyer and Seller，whereby the Buyer agrees to buy and the Seller agrees to sell the under-mentioned commodity according to the terms and conditions stipulated below：

1. **Description of Goods，Quantity，Unit Price and Amount**

Description of Goods	Quantity	Unit Price	Amount
HS1122 Numerically Controlled Sharpening Machine	1 set	FOB Osaka，Japan USD79000.00/set	USD79000.00
Spare Parts	1 set	USD1000.00/ set	USD1000.00
Total	2 sets		USD80000.00
Total Contract Amount in Words：U. S. DOLLARS EIGHTY THOUSAND ONLY.			

2. **Country of Origin**：Japan

3. **Port of Loading**：Osaka，Japan

4. **Port of Destination**：Shanghai，China

5. **Delivery Time**：Not later than August 15，2009

6. **Shipment**：Transshipment and partial shipment are prohibited.

7. **Packing**：The Seller shall undertake to pack the goods in rough wooden cases，meeting the quarantine requirement of China and suitable for long distance ocean transportation.

8. **Payment**：30% of the contract value payable by T/T within 10 days after the contract date，70% of the contract value payable by Letter of Credit at 90 days after sight，reaching the Seller before July 10，2009 and remaining valid for negotiation in Japan for further 10 days after the effected shipment. In case of late issuance of the L/C，the Seller shall not be liable for any delay in shipment and shall have the right to rescind the contract and /or claim for damages.

　Seller's bank：Resona Bank Osaka，Senri-Kita Branch

　　　　　Address：4-2-D2-201，Furuedai，Suita，Osaka，565-0874，Japan

　　　　　A/C No. 6843150

　　　　　A/C Name：Mayama Corporation

---

9. **Insurance**：Covered by the Buyer.

10. **Shipping Advice**：The Seller shall，within 48 hours upon completion of the loading of the goods，notify the Buyer by fax of the contract no.，name of goods，quantity，gross weight，volume，B/L no.，name of carrying vessel，date of shipment and port of destination.

11. **OTHER TERMS**：(Omitted)

This contract is made in two original copies and becomes valid after signature，one copy to be held by each party.

THE SELLER：

MAYAMA CORPORATION

MZUKI

THE BUYER：

NANJING LIXUE IMPORT AND EXPORT CO.，LTD.

章丽雪

任务1 进口企业根据进口合同制作汇款申请书和办理汇款手续

2009 年 6 月 22 日，南京丽雪进出口有限公司外贸业务员指示财务工作人员宣平，制作汇款申请书（见表 1-7）和办理汇款手续。电汇款从南京丽雪进出口有限公司账户行中国银行南京市分行的现汇账户（No. 58580057895894679）支出，汇款费用由汇款人承担。南京丽雪进出口有限公司的组织机构代码是 3403003689，报关经营单位代码是 3307680453。中国银行南京市分行与 MAYAMA CORPORATION 的账户行 Resona Bank Osaka，Senri-Kita Branch 无直接账户往来关系，因此该笔汇款需通过 Resona Bank Osaka，Senri-Kita Branch 的代理行中国银行东京分行（Bank of China，Tokyo Branch，No. 89 Queen Road Tokyo Japan）转账。

由于该汇款金额没有超过外汇管理局给予的付汇授信额度，所以可以自己直接在网上办理网上预付款手续（略），无须到外汇管理局申请办理。

第一步：南京丽雪进出口有限公司财务工作人员宣平根据进口合同填制境外汇款申请书。

见表 1-8。

表 1-8

境 外 汇 款 申 请 书
APPLICATION FOR FUNDS TRANSFERS(OVERSEAS)

致：　　　　　　　　　　　　　　　　　　　　　　　　　日期
To:　　　　　　　　　　　　　　　　　　　　　　　　　Date

□电汇 T/T □票汇 D/ □信汇 M/T	发报等级 Priority	□普通 Normal □加急 Urgent
申报号码 BOP Reporting No.	□□□□□ □□□□ □□ □□□□□ □□□□	

20 银行业务编号 Bank Trans. Ref. No.		收电行/付款行 Receiver/Drawn on	
32A 汇款币种及金额 Currency & Inter-bank Settlement Amount		金额大写 Amount in Words	
其中	现汇金额 Amount FX	账号 A/C No.	
	购汇金额 Amount of Purchase	账号 A/C No.	
	其他金额 Amount of Others	账号 A/C No.	

50a 汇款人名称及地址 Remitter's Name & Add.	
□对公组织机构代码 Unit Code□□□□□□□□□	□对私 □个人身份证号码 Indivudual ID No. □中国居民个人 Resident Individual □中国非居民个人 Non-Resident Individual

54/56a 收款银行之代理行名称及地址 Correspondent of Ben.'s Banker Name & Add.	
57a 收款人开户银行名称及地址 Ben.'s Bank Name & Add.	收款人开户银行在其代理行账号 Ben.'s Bank A/C No.
59a 收款人名称及地址 Ben.'s Name & Add.	收款人账号 Ben.'s A/C No.

70 汇款附言 Remittance Information 只限 140 个字位 Not Exceeding 140 Characters	71A 国内外费用承担 All Bank's Charges If Any Are to Be Bone By □汇款人 OUR □收款人 BEN □共同 SHA

收款人常驻国家(地区)名称及代码 Ben. Resident Country/Region Name & Code　□□□

请选择:□预付货款 Advance Payment □货到付款 Payment against Delivery □退款 Refund □其他 Others	最迟装运日期

交易编码 BOP Trans. Code □□□□□□ □□□□□□	相应币种及金额 Currency & Amount	交易附言 Trans. Remark
是否为进口核销项下付款 □是□否	合同号	发票号
外汇局批件/备案表号	报关单经营单位代码	□□□□□□□□□
报关单号	报关单币种及总金额	本次核注金额

银行专用栏 For Bank Use Only	申请人签章 Applicant's Signature	银行签章 Bank's Signature
购汇汇率 Rate @	请按照贵行背页所列条款代办以上汇款并进行申报 Please effect the upwards remittance subject to the conditions overleaf	
等值人民币 RMB Equivalent		
手续费 Comm.		
电报费 Cable Charges		核准人签字 Authorized Person
合计 Total Charges	申请人姓名 Name of Applicant 电话 Phone No.	日期 Date
支付费用方式	□现金 by Cash □支票 by Check □账户 from A/C	
核印 Sig. Ver	经办 Maker	复核 Checker

填写前请仔细阅读各联背面条款及填报说明
Please read the conditions and instructions overleaf before filling in this application

第二步,到中国银行南京市分行办理电汇手续。

任务2 汇出行制作电汇项下 SWIFT 报文

中国银行南京市分行国际结算部门的工作人员陈霞,需审核汇款申请书及相关单据。经查无误后根据境外汇款申请书内容以 SWIFT 向汇入行发出解付指示,并需制作 MT103 和 MT202 报文。其中 MT103 的业务编号为 OT20097890,MT202 的业务编号为 OU20097032。

MT103 报文:

MT103 Single Customer Credit Transfer

20　: Sender's Reference

23B : Bank Operation Code

32A : Value Date /Currency /Interbank Settled Amount

50K : Ordering Customer

59　: Beneficiary Customer

71A : Details of Charges

70　: Remittance Information

MT202 GENERAL FINANCIAL INSTITUTION TRANSFER

20 ： Transaction Reference Number

21 ： Related Reference

32A： Value Date /Currency /Interbank Settled Amount

53B： Account Used Reimbursement

58A： Beneficiary Institution

学习情境二
票汇和信汇业务操作

②

学习目标

[能力目标]

能以汇款人(进口商)的身份,根据进口合同制作境外汇款申请书和办理票汇手续;能以汇出行(进口地银行)的身份,根据境外汇款申请书制作银行汇票;能以汇款人(进口商)的身份背书银行汇票。

[知识目标]

掌握汇票的概念、要项、当事人、背书和承兑,掌握票汇的业务流程,熟悉票据的概念和特征,熟悉支票的概念、当事人和划线,了解汇票种类、票据法、本票概念和要项,了解信汇的业务流程和汇款的头寸调拨。

工作项目

2010 年 4 月 9 日,宁波市月辉进出口有限公司与韩国 Lun Industries Inc. 就进口涤纶长丝签订以下进口合同:

PURCHASE CONTRACT

CONTRACT NO.：YH2010I032   DATE：April 9，2010

THE SELLER：Lun Industries Inc.

           56-3，Kong Deok-Dong，Mapo-Gu，Seoul，Korea

           Tel：0082-2-3297-4589   Fax：0082-2-3297-4599

THE BUYER：Ningbo Yuehui Import And Export Co.，Ltd.

           No.25 Tianhai Street，Ningbo，P. R. China

           Tel：0086-574-66116890   Fax：0086-574-66116899

This Contract is made by and between the Buyer and Seller，whereby the Buyer agrees to buy and the Seller agrees to sell the under-mentioned commodity according to the terms and conditions stipulated below：

DESCRIPTION OF GOODS	QUANTITY	UNIT PRICE	AMOUNT
Polyester Filament Yarn		FOB Busan, Korea	
SI-S 75D/24F	5000kgs	USD2.00/kg	USD10000.00
SI-S 150D/48F	30000kgs	USD2.00/kg	USD60000.00
Total	35000kgs		USD70000.00

PACKING：5kgs/roll，1 roll/poly bag.

PORT OF LOADING：Busan, Korea

PORT OF DESTINATION：Ningbo，China

SHIPMENT：Not later than June 10，2010.

INSURANCE：Covered by the Buyer.

PAYMENT：The Buyer will be payed by the banker's demand draft for 100% contract value，the above-mentioned goods passing the inspectiong by the Seller before the shipment.

    Paying bank：Hanvit Bank   BIC Code：HVBKKRSE××××

      Address：450，Kongduk-dong，Mapo-ku，Seoul，Korea

      Account no：59410541642001

OTHER TERMS：（omitted）

This contract is made in two original copies and becomes valid after signature，one copy to be held by each party.

ACCEPTED AND CONFIRMED BY (SELLER)：   FOR AND ON BEHALF OF (BUYER)：

    Lun Industries Inc.   Ningbo Yuehui Import And Export Co.，Ltd.

    F. C. TIB   陈月辉

任务 1　进口企业根据进口合同制作境外汇款申请书和办理票汇手续

2010 年 5 月 13 日，宁波市月辉进出口有限公司收到韩国 Lun Industries Inc. 通知，货物即将生产完毕，计划在 5 月 28 日装运。5 月 14 日，宁波市月辉进出口有限公司财务工作人员杨旭，按照合同规定，填制境外汇款申请书，再到账户行中国银行宁波分行国际结算部（宁波市药行街 139 号）办理票汇手续。汇款从宁波市月辉进出口有限公司的现汇账户（No. 80020002700605234）支出，汇款费用由汇款人承担，汇票的收款人是宁波市月辉进出口有限公司。宁波市月辉进出口有限公司的组织机构代码是 63531917-1，报关经营单位代码是 3301182356。

任务 2　银行根据境外汇款申请书制作银行即期汇票

中国银行宁波分行国际结算部吴永在仔细核查了这份申请书内容后，制作银行即期汇票（见表 2-1）。该银行即期汇票号码为 889900675。

任务 3 进口企业背书银行即期汇票

宁波市月辉进出口有限公司从中国银行宁波分行拿到银行即期汇票后,于 5 月 20 日,派外贸业务员范民赴韩国验货。验货合格后,范民采用指示性背书方式把汇票转让给 Lun Industries Inc.,完成付款。

表 2-1   空白汇票

```
                        BILL OF EXCHANGE
No. _____  Exchange for [          ]  _____
Payable with interest @          %
At _____ sight of this FIRST of exchange (second of exchange Being Unpaid)
pay to the order of _____
the sum of SAY: [                                        ]

To: _____        For and on behalf of
    _____        _____
```

▷ 操作示范

任务 1 进口企业根据进口合同制作票汇申请书和办理票汇手续

第一步:宁波市月辉进出口有限公司财务工作人员杨旭,按照合同规定,填制境外汇款申请书(见表 2-2)。

票汇方式境外汇款申请书与电汇方式境外汇款申请书填写的主要区别在于汇款方式不同,其他栏目都类似,因此具体操作过程就不赘述。

第二步:向中国银行宁波分行国际结算部申请办理票汇手续。

任务 2 银行根据票汇申请书制作银行即期汇票

第一步:中国银行宁波分行国际结算部吴永在仔细核查了这份申请书内容后,根据境外汇款申请书内容逐项填写银行即期汇票各栏目内容。

1.“汇票”字样

由于《中华人民共和国票据法》和《日内瓦统一法》都规定“汇票”字样作为必须记载项目,用来区别其他票据,因此在中国和执行《日内瓦统一法》的国家开立的汇票中必须要有汇票字样。而英国《票据法》则未要求必须表明“汇票”字样。汇票一词在英文中有不同的表示方法,Bill of Exchange,Exchange,Draft 均可。

我国银行一般都事先印就“汇票”字样,因此,无须填写。

2.汇票编号

银行汇票一般都是由系统按先后时间顺序自动生成,本业务为 889900675。

表 2-2

境 外 汇 款 申 请 书
APPLICATION FOR FUNDS TRANSFERS(OVERSEAS)

致：中国银行宁波市分行　　　　　　　　　　　　　　　　日期
To：BANK OF CHINA，NINGBO BRANCH　　　　　　　　　Date：MAY 14,2010

□电汇 T/T ☒票汇 D/ □信汇 M/T	发报等级 Priority	□普通 Normal □加急 Urgent
申报号码 BOP Reporting No.	□□□□□ □□□□ □□ □□□□□ □□□□	

20 银行业务编号 Bank Trans. Ref. No.		收电行/付款行 Receiver/Drawn on	
32A 汇款币种及金额 Currency & Inter-bank Settlement Amount	USD7000.00	金额大写 Amount in Words	U. S. DOLLARS SEVENTY THOUSAND ONLY
其中	现汇金额 Amount FX	USD70000.00	账号 A/C No.	80020002700605234
	购汇金额 Amount of Purchase		账号 A/C No.	
	其他金额 Amount of Others		账号 A/C No.	

50a 汇款人名称及地址 Remitter's Name & Add.	NINGBO YUEHUI IMPORT AND EXPORT CO.，LTD. NO. 25 TIANHAI STREET，NINGBO，P. R. CHINA

☒对公组织机构代码 Unit Code 6 3 5 3 1 9 1 7 - 1	□对私	□个人身份证号码 Individual ID No. □中国居民个人 Resident Individual □中国非居民个人 Non-Resident Individual

54/56a 收款银行之代理行名称及地址 Correspondent of Ben.'s Banker Name & Add.	
57a 收款人开户银行名称及地址 Ben.'s Bank Name & Add.	收款人开户银行在其代理行账号 Ben.'s Bank A/C No. HANVIT BANK 450，KONGDUK-DONG，MAPO-KU，SEOUL,KOREA
59a 收款人名称及地址 Ben.'s Name & Add.	收款人账号 Ben.'s A/C No.　59410541642001 LUN INDUSTRIES INC. 56-3，KONG DEOK-DONG，MAPO-GU,SEOUL,KOREA

70 汇款附言 Remittance Information	71A 国内外费用承担
只限 140 个字位 Not Exceeding 140 Characters CONTRACT NO. YH2010I032	All Bank's Charges If Any Are to Be Bone By ☒汇款人 OUR □收款人 BEN □共同 SHA

收款人常驻国家(地区)名称及代码 Ben. Resident Country/Region Name & Code	韩国 4 1 0

请选择：☒预付货款 Advance Payment　□货到付款 Payment against Delivery □退款 Refund　□其他 Others	最迟装运日期 JUNE 10,2010

交易编码 BOP Trans. Code	1 0 1 0 1 0 □□□□□□	相应币种及金额 Currency & Amount	USD70000.00	交易附言 Trans. Remark	一般贸易
是否为进口核销项下付款	□是☒否	合同号	YH2010I032	发票号	
外汇局批件/备案表号		报关单经营单位代码		3 3 0 1 1 8 2 3 5 6	
报关单号		报关单币种及总金额		本次核注金额	

银行专用栏 For Bank Use Only	申请人签章 Applicant's Signature	银行签章 Bank's Signature
购汇汇率 Rate @	请按照贵行背页所列条款代办以上汇款 并进行申报 Please effect the upwards remittance subject to the conditions overleaf	
等值人民币 RMB Equivalent		
手续费 Comm.		
电报费 Cable Charges	(宁波市月辉进出口有限公司财务专用章)	核准人签字 Authorized Person
合计 Total Charges	申请人姓名 杨旭 Name of Applicant	
支付费用方式	□现金 by Cash □支票 by Check ☒账户 from A/C	电话 0086-574-66116890 Phone No.	日期 Date
核印 Sig. Ver	经办 Maker	复核 Checker

填写前请仔细阅读各联背面条款及填报说明
Please read the conditions and instructions overleaf before filling in this application

3.汇票小写金额(Amount in Figure)和币种

汇票是一种资金凭证(in money),必须有确定的金额(a sum certain in money),且必须以货币金额表示,不能以货物数量来表示。本业务根据合同,填写 USD70000.00。

4.出票日期(Date of Issuance)

《中华人民共和国票据法》和《日内瓦统一法》都规定出票日期为必须记载项目,因此在中国或执行《日内瓦统一法》的国家开立的汇票中必须要有出票日期,否则汇票无效。而英国《票据法》则允许汇票不记载出票日期,所以在英国开立的汇票出票时这栏可以空白,但在交付后,要由收款人补加出票日期。本业务填写 MAY 14,2010。

5.出票地点

出票地点即出票时所在的城市,这项不是必要项目,可以不写。本业务填写 NINGBO, CHINA。

6.利息条款(With Interest)

如果有利息,须规定利率。英国《票据法》规定,有利息条款而未规定利率的汇票无效。《日内瓦统一法》和《中华人民共和国票据法》都规定,如果汇票没写明利率,就按原金额付款,不加利息。本业务不计利息,因此不填。

7.付款期限(The Date of Payment)

汇票的付款期限大致可以分为两大类:即期与远期。在票汇业务中银行仅开立即期汇票。即期也叫见票即付,英文表示为 at sight 或 on demand 等。

远期又可以分为四种类型:①定日付款(at a Fixed Future Date);②出票后定期付款(at a Fixed Period After Date);③见票后定期付款(at a Fixed Period After Sight);④在其他事件发生后定期付款(at a Fixed Period After Occurrence of a Specified Event)。值得注意的是,这个事件是将来肯定会发生的(at a Determinable Future Time)。否则,该汇票无效。

本业务填写 AT SIGHT。

8.“付一不付二”与“付二不付一”条款

汇票一般是一式两份,付款人对一张汇票付款后,另一张就自动失效。即该种汇票第一张都注明“付一不付二”,第二张则注明“付二不付一”。

9.收款人名称(Name of Payee)

收款人,也称汇票的抬头,是汇票出票时记载的债权人。汇票抬头有三种:

①记名抬头或指示性抬头。是指汇票写明收款人的名称,其常见的三种表示法为 Pay to a Company,Pay to the order of a Company,Pay to a Company or order。

②限制性抬头。其常见的三种表示法为 Pay to a Company only,Pay to a Company not transferable,Pay to a Company,然后在汇票正面加注“Not Transferable”字样。

③来人抬头或无记名汇票。即汇票上未记载收款人名称。其常见的表示方法为 Pay to Bearer。《中华人民共和国票据法》和《日内瓦统一法》都禁止使用来人抬头汇票,而《英国票据法》允许使用来人抬头汇票。

在本业务中汇票的收款人是宁波市月辉进出口有限公司,也可以是 Lun Industries Inc.。如果汇票以宁波市月辉进出口有限公司为抬头,则在范民验货通过后,把汇票背书转让给 Lun Industries Inc.。如果汇票以 Lun Industries Inc. 为抬头,范民只要把汇票交付给他们既完成付款。

本业务汇票收款人填写 PAY TO THE ORDER OF NINGBO YUEHUI IMPORT

AND EXPORT CO.，LTD.。

10. 大写金额(Amount in Words)

《中华人民共和国票据法》规定,票据金额大小写必须一致,两者不一致的,票据无效。《日内瓦统一法》和英国《票据法》都规定票据大小写不一致时,以大写为准。

本业务根据境外汇款申请书,填写 U. S. DOLLARS SEVENTY THOUSAND ONLY。

11. 付款人名称(The Name of Drawee)

付款人是指接受支付命令的人,因此也叫受票人。一般情况下,汇票上除了要注明付款人的名称之外,还要写明其地址。

本业务根据境外汇款申请书,填写 HANVIT BANK 450,KONGDUK-DONG,MAPO-KU,SEOUL,KOREA。

12. 出票人签字(Signature of Drawer)

各国的票据法都规定汇票一定要由出票人签字,用以确认其对汇票的债务责任。《中华人民共和国票据法》规定票据上的签字为签名或盖章或签名加盖章。英国《票据法》规定必须手签。目前按照国际惯例,涉外票据应采用手签方式。如果汇票无出票人签字、伪造出票人签字或未经授权签字,则视为无效汇票。

本业务填写 BANK OF CHINA,NINGBO BRANCH

王蒙(Authorized Signature)

另外,在汇票制作中还需要注意的是,汇票是无条件支付的命令(an Unconditional Order),不是一个付款请求。因此如果是用请求的语气进行陈述的,汇票无效。同时,汇票的支付命令是无条件的。所谓"无条件支付的命令"是指不允许在汇票上记载付款条件,即不能以收款人身份履行某项义务。但是以下批示或说明是可以附加的:

(1)导致产生该汇票的交易说明,即出票条款(Drawn Clause),并不构成支付命令条件。

(2)如果出票人有两个或更多的账户,出票时加注"付款后借记我×××号账户"字样(该汇票为"已付汇票"),也不构成支付命令的条件。

(3)有"对价收讫"或"对价已收"说明的汇票也是有效的。

按以上步骤填制的银行汇票见表2-3。

表 2-3　　　　　　　　　　　　银行汇票

BILL OF EXCHANGE

No. 889900675，Exchange for USD70 000. 00，　　　MAY14,2010，　NINGBO，CHINA

Payable with interest @　　　　　％

At ＿＿ ＊＊＊＊＊ ＿＿ sight of this FIRST of exchange (second of exchange Being Unpaid)

pay to the order of NINGBO YUEHUI IMPORT AND EXPORT CO.，LTD.

the sum of SAY：U. S. DOLLARS SEVENTY THOUSAND ONLY

To：HANVIT BANK　　　　　　　For and on behalf of

450，KONGDUK-DONG，MAPO-KU，　　　　BANK OF CHINA,NINGBO BRANCH

SEOUL，KOREA　　　　　　　　　　　　王蒙(Authorized Signature)

第二步:核查汇票是否符合相关票据法的要求。

由于出票地点是在中国,因此该汇票应遵循《中华人民共和国票据法》的规定,吴永在制作完汇票后应核查该汇票是否包含 7 个要项,即无条件支付的命令、汇票字样、汇票金额、出票日期、收款人名称、付款人名称和出票人签字。经核查,该汇票 7 个要项齐全且内容符合《票据法》要求,因此是合法汇票。

任务3 进口企业背书银行即期汇票

宁波市月辉进出口有限公司从中国银行宁波分行拿到银行即期汇票后,于 5 月 20 日,派外贸业务员范民赴韩国验货。验货合格后,范民采用如下指示性背书方式把汇票转让给 Lun Industries Inc.,完成付款。

PAY TO THE ORDER OF LUN INDUSTRIES INC.
FOR:NINGBO YUEHUI IMPORT AND EXPORT CO., LTD.
陈月辉

▷ 知识链接

一、票据和票据法

1. 票据
(1)票据的概念:

票据(Bills)有狭义和广义之分。狭义的票据仅指以支付一定的金额为目的、用于债权债务的清偿和结算的凭证。广义的票据是指一般的商业凭证,除了狭义的票据,还包括提单、存单、保险单等票据。通常说的票据,是指狭义的票据,即汇票、本票和支票,这也是本书所研究的票据。

(2)票据的特征:

概括而言,票据的基本特征有三个,即流通转让性、无因性和要式性。

①流通转让性。流通转让(Negotiation)是票据的基本特征。一般而言,除非票据上写明"禁止转让"字样,所有票据不论采用何种形式支付票款,持票人都有权把票据流通转让给其他人。票据的转让不必通知债务人。票据所有权通过背书转让或交付转让的方式进行流通转让。根据国际上通行的做法,凡记名票据必须经背书才能交付转让;凡无记名票据,仅凭交付即可转让。

各国的票据法规都规定,票据的受让人不仅能取得票据的全部法律权利,可以用自己的名义提出诉讼,而且只要受让人是以善意支付对价获得票据的,他的权利不受前手权利缺陷的影响。这是票据权利的流通转让与一般债权转让的根本区别,也是票据的最重要的特征。这种特征使票据能被受让人接受,并使票据得以流通。

②无因性。票据是出票人签发给收款人保证由自己或由第三人付款的凭证。做出这种保证是有原因的,其原因可能是资金关系,也可能是由于其他的对价关系。这些原因是票据当事人权利义务的基础,称为票据原因。但是票据一旦做成,票据上的权利即与其原因相分离,成为独立的票据债权债务关系。对于票据受让人而言,他无须调查票据原因,只要票据记载合格,他就能享受票据权利。票据的这种特性就称为无因性。这种无因性使票据得以

流通。

③要式性。票据的成立不以当事人之间的基本关系为原因,但却非常强调它的形式和内容,所谓要式性是指票据形式必须符合法律规定,票据上面记载的必要项目必须齐全且符合规定。各国的法律对票据必须具备的形式和内容都作了详细规定,只有符合了这些规定的票据才是合格的票据,才会受到法律的保护。

(3)票据的作用:

①支付作用。票据最原始、最简单的作用是作为支付手段,代替现金使用,在结算过程中,比现金更省力、更方便和更安全。

②信用作用。票据本身并无价值,支付与其他作用的发挥,仅仅基于它是建立在信用基础上的书面凭证。出票人在票据上立下书面支付的信用保证,付款人或承兑人允诺按照票面规定履行付款义务。票据的这种信用作用促进了票据在结算中的流通转让。

③流通作用。票据可以经过背书转让,从而用以抵偿多方之间的债权债务,提高效率,促进经济发展。

④融资作用。通过用未到期的远期票据向银行贴现或再贴现,票据持票人可以凭此获得资金的融通。

2.票据法

票据法是规范票据的种类、形式、内容及当事人权利义务等事项的法律。绝大多数国家都制定了票据法,使得票据流通规则具有法律依据。目前最具有影响力的两大法系是以英国《票据法》为基础的英美法系和以《日内瓦统一法》为代表的欧洲大陆法系。

(1)英美法系:

英国在对银行长期实践经验总结的基础上,于1882年颁布实施了《票据法》(Bills of Exchange Act),1909年、1914年和1917年英国政府先后三次对此法进行了修正,现在仍适用该法。该《票据法》对汇票和本票作了规定,并将支票作为汇票的一种。1957年英国政府另行制定了《支票法》(Cheques Act,1957),作为《票据法》的补充。

美国在借鉴英国《票据法》的基础上,于1952年制定了《统一商法典》(Uniform Commercial Code)。

目前采用英国《票据法》的国家和地区有:英国、爱尔兰、澳大利亚、新西兰、中国香港、新加坡、塞浦路斯、印度、马来西亚、巴基斯坦、菲律宾、以色列、斐济和汤加等。

(2)欧洲大陆法系:

《日内瓦统一法》是欧洲大陆国家为主的30多个国家于1930年和1931年在日内瓦协议的结果,它的两个文件是《汇票与本票统一法公约》(Convention Providing a Uniform Law for Bills of Exchange and Promissory Notes)和《支票统一法公约》(Convention Providing a Uniform Law for Cheques)。由于英美未派代表参加日内瓦会议,所以世界上至今还没有统一的票据法,仍然存在英国《票据法》和《日内瓦统一法》两大票据法体系。

目前采用英国《票据法》的国家和地区有:德国、法国、意大利、荷兰、挪威、葡萄牙、西班牙、瑞典、瑞士、奥地利、比利时、丹麦、芬兰、土耳其、罗马尼亚、保加利亚、希腊、冰岛、波兰、捷克、匈牙利、卢森堡、日本、韩国、沙特阿拉伯、阿曼、泰国、印度尼西亚、约旦、黎巴嫩等。

(3)两大票据法的分歧:

两大票据法的分歧主要体现在以下几个方面。

①票据分类不同。英国《票据法》认为,支票和本票都是汇票的一种类型,1957 年的《支票法》实际上是对 1882 年的《票据法》中支票内容的补充。而《日内瓦统一法》将汇票和本票视为同一类型,对支票则视为另一类,分别订立公约。

②对票据要项的要求不同。《日内瓦统一法》明确规定票据的要项,例如汇票有 8 个要项,缺一不可。英国《票据法》对票据要项的要求与《日内瓦统一法》有所不同,例如并不要求汇票上注明汇票字样等。

③持票人的权利不同。《日内瓦统一法》认为,只要票据上的背书是连贯的,持票人就是"合法持票人"(Lawful Holder),对票据就拥有合法的权利。而英国《票据法》则强调票据的流通和信贷,特别照顾到信贷中金融业持票人的利益,把持票人分为对价持票人(Holder for Value)和正当持票人(Holder in Due Course)两种,并赋予不同权利。对价持票人的权利不能优于前手,而正当持票人的权利优于前手。

④对伪造背书的处理不同。《日内瓦统一法》认为,伪造背书的风险由丧失票据的人承担,持票人只要取得票据合乎要求,没有与作案者勾结同谋,并且不知情,就不必承担责任。而英国《票据法》则认为,背书加签名才能将票据权利转让,假签名的背书根本无效,权利没有转让,以后的人根本就未获得权利。

(4)我国的票据法:

我国于 1995 年 5 月 10 日正式公布了《中华人民共和国票据法》,该法于 1996 年 1 月 1 日起施行。我国票据法广泛采纳了国内外立法中行之有效又被普遍接受的准则,总结了我国票据使用的实践经验,制定了既符合国际标准,又适合中国国情的条款。在票据要项规定上和《日内瓦统一法》一致;在票据权利取得方面的规定,与英国《票据法》一致,要求支付对价;另外还规定了背书转让必须使用记名方式,等等。

二、汇票

1.汇票概念

(1)英国《票据法》的汇票:

汇票是由一人签发给另一人的无条件书面命令,要求受票人见票时或于未来某一规定的或可以确定的时间,将一定金额的款项支付给某一特定的人或其指定人或持票人。

(2)《中华人民共和国票据法》的汇票:

汇票是出票人签发的,委托付款人在见票时或在指定日期无条件支付确定的金额给收款人或其指定人或持票人的票据。

(3)《日内瓦统一法》的汇票:

《日内瓦统一法》对汇票未下定义,只规定了汇票应记载下列事项:①"汇票"字样,同时所用文字与该票据所用文字一致;②无条件支付一定金额的命令;③付款人名称;④付款时间;⑤付款地点;⑥收款人名称;⑦出票日期和出票地点;⑧出票人签名。

由于英国《票据法》对汇票的定义非常严谨,因而在国际上各国都广泛地引用和参照英国《票据法》对汇票所下的定义。

2.汇票要项

英国《票据法》、《日内瓦统一法》和《中华人民共和国票据法》对于汇票必要项目的规定是不同的,具体情况见表2-4。

表 2-4 三种票据法必要项目比较

票据法	英国《票据法》	《日内瓦统一法》	《中华人民共和国票据法》
必要项目	①无条件支付命令 ②确定的金额 ③付款人名称 ④收款人名称 ⑤出票人签名	①"汇票"字样 ②无条件支付命令 ③确定的金额 ④付款人名称 ⑤收款人名称 ⑥出票人签名 ⑦出票日期 ⑧出票地点 ⑨付款时间 ⑩付款地点	①"汇票"字样 ②无条件支付命令 ③确定的金额 ④付款人名称 ⑤收款人名称 ⑥出票人签名 ⑦出票日期

3. 汇票当事人

汇票有三个基本当事人,分别是出票人、付款人和收款人。在票据流通中又产生了流通当事人,如背书人和承兑人。根据当事人对汇票的权利和责任,又可分为债权人和债务人。汇票的债权人是指有权对债务人行使汇票权利的当事人,收款人和持票人均为汇票的债权人。汇票的债务人是指在汇票中承担付款责任的当事人,出票人、付款人、背书人和承兑人都是汇票的债务人。

(1)出票人(Drawer)。出票人是开出并交付汇票的人。在汇票被承兑之前,出票人是主债务人;在汇票被承兑之后,出票人变为次债务人,承兑人成为主债务人。

汇票一经签发,出票人就负有担保付款和担保承兑的责任。如果汇票遭到拒付,只要持票人对退票采取了必要的法律程序,出票人被追索时,应偿付票款给持票人。如果出票人希望免受持票人的追索,在出票时可加注"无追索权"字样。但是如此操作会影响汇票的流通性,一般也不被收款人接受。

(2)付款人(Drawee)。付款人也称受票人,是接受汇票并支付票款的人。付款人在未对汇票承兑之前,没有在汇票上签名,因此对汇票不承担法律责任,是汇票的次债务人;对汇票承兑之后,即在汇票上签名之后,付款人就要对汇票承担法律责任,从而成为汇票的主债务人。

(3)收款人(Payee)。收款人也称受款人,是收取汇票的人,是汇票的主债权人。收款人有权向付款人要求付款,若遭拒绝,有权向出票人追索票款。

(4)背书人(Endorser)。背书人是指在汇票背面签字,并将汇票交付给另一人的当事人。接受该汇票的人就被称为被背书人(Endorsee)。收款人可以通过背书成为背书人,并可以连续地进行背书来转让汇票的权利。背书人就成为其被背书人和随后的汇票权利被转让者的前手,被背书人就是背书人和其他更早的汇票权利转让者的后手。在这些背书人当中,收款人是第一背书人。背书人承担汇票的付款人付款或承兑的担保责任,一旦汇票遭拒付,后手向其追索时,应负责偿还票款,然后再向其前手追索偿还,直至到出票人。

(5)承兑人(Acceptor)。付款人同意接受(Accept)出票人的命令并在汇票正面签字,就成为承兑人。承兑人一经承兑,出票人就退居次债务人的地位,承兑人必须保证对其所承兑的文义付款,而不能以下述情况为借口拒绝向正当持票人付款:①出票人不存在;②出票人的签字是伪造的;③出票人没有签发票据的能力或授权。

(6)持票人(Holder)。持票人就是指持有汇票的当事人。持票人是票据权利的主体,享有以下权利:

①付款请求权。持票人可以享有向汇票的付款人或承兑人提示汇票要求付款的权利。

②追索权。持票人在得不到承兑或付款时,享有向其前手直至出票人要求清偿票款的权利。

③转让票据权。持票人享有依法转让其汇票的权利。

(7)正当持票人(Holder in Due Course)。正当持票人也称善意持票人(Bona fide holder),是善意地付出了对价,取得一张表面完整、合格、不过期汇票的持票人,并且未发现这张汇票曾被拒付,也未曾发现转让人在权利方面有任何缺陷。即要成为正当持票人,必须要满足以下所有条件:①汇票完整合格(Completeness and Regularity of the Bill);②不过期(Not Overdue);③未发现汇票曾被拒付(Without Notice of Previous Dishonor);④善意(Good Faith);⑤付对价(for Value);⑥未发现转让人在权利方面的缺陷(Without Notice of Any Defective Title of the Transferor)。

对于以上正当持票人的定义,《中华人民共和国票据法》和英国《票据法》是一致的。而《日内瓦统一法》不要求必须给付对价,只要满足其他五个条件,就可成为合法持票人(Lawful Holder),享有与正当持票人同样的权利。

值得注意的是,收款人是不可能成为正当持票人的,因为汇票未经过流通转让。

正当持票人的权利优于前手,不受前手权利缺陷的影响,且不受汇票当事人之间债务纠葛的影响。

4.汇票的票据行为

票据行为有狭义与广义之分。狭义的票据行为是以承担票据上的债务为目的所做的必要形式的法律行为。这类行为包括出票、背书、承兑和保证。其中出票是主票据行为,其他行为都是以出票为基础而衍生的附属票据行为。广义的票据行为还包括票据处理中专门规定的行为,如提示、付款和参加付款等。

(1)出票(issue)。出票是指出票人签发汇票并将其交付给收款人的票据行为。一个有效的出票行为包括两个动作:一是填写汇票并签字(to Draw a Draft and Sign it);二是交付给收款人(to Deliver the Draft to Payee)。这两个动作缺一不可。

出票时,出票人要特别注意票据的要式性,使出具的汇票要式齐全、合格(Completeness and Regularity)。另外汇票的出票行为一旦完成,就确立了汇票承兑前出票人的主债务人地位和收款人的债权人地位。

(2)提示(Presentation)。提示是指持票人将汇票提交付款人要求承兑或付款的行为,包括提示承兑和提示付款。

①承兑提示(Presentation for Acceptance)。持票人在汇票到期日之前,向付款人出示汇票要求付款人承诺到期付款的行为,称为提示承兑。

汇票的承兑提示是限定于人的,无论受票人在什么地方,汇票需向受票人本人提示承兑。汇票作提示承兑有双重目的:一是保留受票人作为汇票的当事人的责任;二是若汇票因不获承兑而拒付时,持票人可以立即获得对其前手的追索权。

持票人还必须在规定的时效内进行承兑提示:

《中华人民共和国票据法》规定,定日付款和出票后定期付款的汇票,持票人可以在到期日前提示承兑,也可以不提示承兑而于到期日直接请求付款;见票后定期付款的汇票,持票人应当自出票日起 1 个月之内向付款人提示承兑;见票即付的汇票,无须提示承兑。《日内瓦统一法》对见票后定期付款汇票规定的提示承兑期限为出票日起 1 年。英国《票据法》则规定为"合理时间",通常理解为半年左右。

②付款提示(Presentation for payment)。持票人向付款人出示即期汇票或已到期的远期汇票,请求其对该汇票予以付款的行为,称为付款提示。

付款提示是限定于地点的,也就是说必须在正确的地点提示汇票,而不论汇票上的受票人或承兑人是否身在该处。正确的地点是指汇票上记载的付款地点。如果没有记载,则须在受票人或承兑人的营业地或居住地提示付款。

持票人还必须在规定的时效内进行付款提示:

《中华人民共和国票据法》规定,见票即付的汇票,持票人应在出票日起 1 个月内向付款人提示付款;定日付款、出票后定期付款或已承兑的见票后定期付款的汇票,持票人应在到期日起 10 日内向付款人提示付款。《日内瓦统一法》对见票即付的汇票规定的提示付款期限为自出票日起 1 年,对 3 种远期汇票的付款提示规定为到期日及其后 2 个营业日。英国《票据法》对见票即付的汇票规定的提示付款期限为"合理时间",对 3 种远期汇票的付款提示规定为必须在到期日当天。

(3)付款(Payment)。付款是指由持票人提示,付款人或担当付款人支付票款以消除票据关系的行为。当付款人付足全部票款后,票据上的一切债权债务关系也即结束。

付款人必须正当付款(Payment in Due Course),才能免除债务,即付款时做到以下两点:

①善意付款。付款人付款必须是出于善意的,即不知道持票人权利缺陷而进行付款,否则将承担有关当事人的损失。

②鉴定背书的连续性。

(4)背书(Endorsement)。背书主要分为指示性背书、限制性背书和空白背书。

指示性背书除操作示范中提到的指示性背书格式外,还有以下另外两种表示方式:

```
    PAY TO THE ORDER OF 被背书人
        FOR 背书人
            (签字)
```

或

```
    PAY TO 被背书人 OR ORDER
        FOR 背书人
            (签字)
```

限制性背书是限制被背书人继续转让的一种背书:

```
    PAY TO 被背书人 ONLY(OR NOT NEGOTIABLE OR NOT TRANSFERABLE).
        FOR 背书人
            (签字)
```

空白背书最简单,背书人仅在汇票的背面签名,而不记载谁是被背书人,因此空白背书也称为无记名背书:

```
FOR 背书人
    (签字)
```

我国《票据法》认为空白背书无效。

(5)承兑(Acceptance)。承兑是指经持票人提示,付款人同意按出票人指示支付票款的行为。付款人在汇票上写明承兑的字样,注明日期并签名,然后将汇票返还持票人,此时承兑的程序即告完成。付款人就成为承兑人。承兑包括普通承兑和限制性承兑。

普通承兑(General Acceptance)是指汇票付款人对出票人的指示一概接受而不做任何保留。普通承兑一般包括以下内容:①承兑字样;②承兑日期;③承兑人签名。例如:

> Accepted
> 　　10 September，2010
> 　　　For ABC Company
> 　　　Jack Smith

限制性承兑(Qualified acceptance)是一种付款人对汇票到期付款加注某些保留条件的承兑,也称保留承兑。常见的类型有:

①有条件承兑(Conditional Acceptance)。有条件承兑是指承兑人付款依赖于所述条件的完成。例如:

> Accepted subject to to deduction for expenses
> 　　10 September，2010
> 　　　For ABC Company
> 　　　Jack Smith

②部分承兑(Partial Acceptance)。部分承兑是指对汇票所载金额的一部分做出承兑。例如:汇票上记载的金额为 HKD100,000.00,而做出如下承兑:

> Accepted
> 　　10 September，2010
> Payable for amount of eighty thousand HK Dollar only
> 　　　For ABC Company
> 　　　Jack Smith

③限制时间承兑(Qualified Acceptance as to Time)。限制时间承兑是指修改了付款期限。例如:汇票上载明的付款时间是承兑后 3 个月付款(Payable in Three Months),而做出如下承兑:

> Accepted
> 　　10 September，2010
> 　　Payable in six months
> 　　　For ABC Company
> 　　　Jack Smith

④限制地点承兑(Local Acceptance)。限制地点承兑是指承兑时注明只能在某一特定

指定地点付款。例如：

> Accepted
>
> 10 September，2010
>
> Payable on the counter of HSBC，Hong Kong only
>
> For ABC Company
>
> Jack Smith

值得注意的是：在某一地点付款的承兑仍然是一般性承兑,除非它表明仅在某地付款且不是别处。如上例中若无"only"限制,则成为一般性承兑。

汇票的持票人可以拒绝或接受限制性承兑。《中华人民共和国票据法》规定,付款人承兑汇票,不得附有条件；承兑附有条件的,视为拒绝承兑。

(6)保证(Guanrantee/Aval)。保证是指非票据债务人对于出票、背书、承兑、参加承兑行为所发生的债务予以担保的附属票据行为。汇票的债务若有保证,则履行更为可靠,便于流通。出票人、背书人、承兑人、参加承兑人,均可作为被保证人。保证人与被保证人所负的责任完全相同。为承兑人保证时,应负付款之责,为出票人、背书人保证,应负担保承兑及担保付款之责。

保证人应在汇票上记载保证的意旨、被保证人的姓名、保证日期和签名。

如果未记载被保证人姓名时,以付款人作为被保证人。保证人在偿付票款后,可以行使持票人的权利,即对承兑人、被保证人及其前手行使追索权。

(7)拒付(Dishonor)和拒付通知(Notice of Dishonor)。

①拒付。也称退票,包括以下四种情形：汇票被拒绝承兑；汇票到期被拒绝付款；承兑人或付款人死亡、逃匿的；承兑人或付款人被依法宣告破产的或因违法被责令终止业务活动的。

②拒付通知。拒付时,持票人必须按规定向前手作拒付通知,前手背书人再通知他的前手,一直通知到出票人。发出拒付通知是为了让前手作偿还准备,同时要注意时效,不同的票据法有不同的规定：

《中华人民共和国票据法》规定,持票人应当自收到被拒绝承兑或者被拒绝付款的有关证明之日起3日内,将被拒绝事由书面通知前手；其前手应当自收到通知之日起7日内书面通知其再前手。持票人也可以同时向各汇票债务人发出书面通知。未按照规定期限通知的,持票人仍可以行使追索权。因延期通知给其前手或者出票人造成损失的,由没有按照规定期限通知的汇票当事人承担对该损失的赔偿责任,但是所赔偿的金额以汇票金额为限。

《日内瓦统一法》规定,持票人应在做成拒绝证书后的4天内通知其前手,而前手应在接到通知后的2天内通知再前手。

英国《票据法》规定,如前手在同城,持票人必须在做成拒绝证书的第二天通知到他；若在异地,则应在第二天发出通知。前手接到通知后,也按上述规定通知再前手。

(8)追索(Recourse)。追索是指持票人在汇票遭拒付时对其前手和其他有关债务人行使请求偿还的行为。追索权与付款请求权共同构成了汇票的基本权利。

持票人要想行使追索权,需满足两个条件：①持票人所持有的汇票必须是合格的汇票,即汇票要式齐全和背书连续性合格；②持票人按照《票据法》的规定提示汇票,并在规定的时效内做成拒绝证书和付出拒绝通知,除非汇票上有免做拒绝证书的规定。

　　持票人可以按照背书顺序请求其前手偿还票款或者加上有关的费用,也可以越过其直接前手向任何一个背书人,甚至直接向出票人索偿。但是追索权必须在法律时效内行使,《中华人民共和国票据法》规定为自被拒绝承兑或被拒绝付款之日起 6 个月;《日内瓦统一法》规定为 1 年;英国《票据法》规定为 6 年。

　　5.汇票的种类

　　汇票按照不同的方式有以下不同的分类。

　　(1)按汇票出票人的不同,汇票可分为银行汇票和商业汇票。

　　①银行汇票(Banker's Draft)是指出票人为银行的汇票。

　　②商业汇票(Trader's Draft)是指出票人为个人或公司的汇票。

　　银行汇票比商业汇票更易流通转让,因为银行的信用一般都高于个人公司的信用。

　　(2)按汇票承兑人的不同,汇票可分为银行承兑汇票和商业承兑汇票。

　　①银行承兑汇票(Banker's Acceptance Bill)是指经过银行承兑远期汇票。

　　②商业承兑汇票(Trader's Acceptance Bill)是指由公司承兑的远期汇票。

　　由于银行承兑汇票是建立在银行信用基础上,而商业承兑汇票是建立在商业信用基础上,因而银行承兑汇票比商业承兑汇票更易于贴现,流通性能比商业承兑汇票好。

　　值得注意的是:银行承兑汇票不一定是银行汇票,因为银行承兑的汇票有可能是银行汇票也有可能是商业汇票。

　　(3)即期汇票和远期汇票。按汇票付款期限的不同,汇票可分为即期汇票和远期汇票。

　　①即期汇票(Sight Bill or Demand Draft)是注明即期付款的汇票,也称见票即付汇票。

　　②远期汇票(Time Bill,Usance Bill or Tenor Bill)是规定付款到期日为将来某一天或某一可以确定日期的汇票。它又可分为定日付款汇票、出票后定期付款汇票、见票后定期付款汇票和在其他事件发生后定期付款汇票四种情况。

　　(4)光票和跟单汇票。按汇票有无附属物权单据,汇票可分为光票和跟单汇票。

　　①光票(Clean Bill)是指不附带任何装运单据的汇票。由于该类汇票在市场上的流通转让全靠票面信用而不以物资作为后盾,因而只有当事人信用良好的汇票才易于流通。银行汇票多为光票。

　　②跟单汇票(Documentary Bill)是指附带装运单据的汇票。与光票相比,它除了票面信用外,还有物资作保证,流通性能更强。

　　(5)国内汇票和国际汇票。按当事人居住地的不同,汇票可分为国内汇票和国际汇票。

　　①国内汇票(Domestic Bill)是指汇票出票人、付款人和收款人的居住地都在一个国家或地区的汇票,其流通范围局限在国内。

　　②国际汇票(International Bill)是指出票人、付款人和收款人的居住地中有两个是在不同国家或地区。国际结算中使用最多的汇票是国际汇票。

三、支票和本票

　　汇票、支票和本票都是国际结算中常见的结算工具。

　　1.支票

　　支票是一种重要的结算工具。《英国票据法》对支票的定义:"简言之,支票是以银行为付款人的即期汇票。详细地说,支票是银行存款客户对其开立账户的银行签发的,授权该银行对某人或其指定的人或执票来人无条件支付一定金额的无条件书面命令。"

我国《票据法》第八十二条也对支票的含义作出了规定:"支票是出票人签发的,委托办理支票存款业务的银行或者其他金融机构在见票时无条件支付确定的金额给收款人或者持票人的票据。"

而银行在客户完成存款义务后,应该根据法定要式规定设计支票格式,并提供给存款户(出票人)使用。关于支票的法定要式,不同的法律、法规也有不同的描述。根据我国《票据法》第八十五条的规定支票必须记载下列事项:①表明"支票"的字样;②无条件支付的委托;③确定的金额;④付款人的名称;⑤出票日期;⑥出票人签章。支票上未记载前款规定事项之一的,支票无效(金额和收款人名称,经出票人授权可以补记)。第九十一条则补充说明了支票的期限性质,即"支票限于见票即付,不得另行记载付款日期"。

客户在签发支票前,必须在银行开立存款账户并存入一定金额,这是客户使用支票业务的前提,也是其必要条件。我国《票据法》规定:"支票的出票人所签发的支票金额不得超过其在付款人处实有的存款金额。出票人签发的支票金额超过其付款时在付款人处实有的存款金额的,为空头支票。禁止签发空头支票。"

(1)支票当事人。在一般的票据业务中,支票涉及三方基本当事人,即出票人、收款人与付款人。由于支票是以银行为付款人的票据,所以,我们也可以将付款人直接称为付款银行或付款行。在实际业务操作过程中,收款人可能委托银行代其收取相关票款,所以,我们经常会在支票业务中看到代收行的活动。

(2)支票的划线。支票按票面是否有划线分为非划线支票和划线支票。非划线支票(Open Cheque),又称敞口支票或现金支票,是指票面上不存在两条平行划线的支票,可以用来支取现金。划线支票(Crossed Cheque),是指票面上有两条平行划线的支票。划线支票的票款只可通过转账划拨,不能提取现金。划线支票使持票人和出票人的利益有了更大的保障,如果支票遗失或被盗,持票人或出票人可以通过代收银行找到线索,追回票款。

划线支票根据划线的形式及其含义,又分为普通划线支票和特别划线支票两种。

①普通划线支票。普通划线支票(General Crossed Cheque),是任何银行都可以代收转账的支票,常见的普通划线支票有五种划线方法:支票带有横过票面的两条平行线,中间无任何加注;在支票正面划两道平行线,中间加注"××公司"字样;在支票正面划两道平行线,中间加注"不可转让"(Not Negotiable)字样;在支票正面划两道平行线,中间写明"划收收款人账户"(A/C Payee 或 Account Payee),可委托任何银行代收;在支票正面划两道平行线,在平行线中同时加注"不可转让"(Not Negotiable)和"划收收款人账户"(A/C Payee 或 Account Payee)字样。

②特别划线支票。特别划线支票(Special Crossed Cheque),是指横过票面的两条平行划线中注明收款银行的名称,付款人只能将支票金额支付给该指定的收款银行,也可以在注明收款银行的同时加注"不可流通"字样。根据英国《票据法》,支票正面横向写上银行名称就作为特别划线,并不一定要求有两条平行线。

特别划线的持票人如果不是特别划线所指定的银行,应当将支票存入该银行,委托该银行代其收款。如果持票人就是特别划线指定的收款银行,既可以自己提示付款,也可以在已有的划线中再加上一个委托银行代其提示付款。这种做法是符合英国《票据法》的规定的。但根据《日内瓦统一票据法》规定,必须在支票上再作一次特别划线给委托银行。因为《日内瓦统一票据法》规定一次划线只能有一个银行名称,而且一张支票最多只能有两道特别划线,其中一道必须是由指定的收款银行所作的委托收款划线。

2.本票

英国《票据法》对本票的定义是:"本票是一人向另一人签发的,保证即期或定期或在可以确定的将来时间,对某人或其指定人或持票人无条件支付一定金额的书面承诺。"我国的《票据法》对本票定义则是:"本票是出票人签发的,承诺自己在见票时无条件支付确定的金额给收款人或者持票人的票据。本法所称本票,是指银行本票。"

票据的签发属于要式行为,本票的制作也不例外。本票的制作人必须依据票据法的有关规定,签发符合法定要式的本票。否则,出具的票据将不具法律效力。我国《票据法》第七十六条规定:本票必须记载下列事项:①表明"本票"的字样;②无条件支付的承诺;③确定的金额;④收款人名称;⑤出票日期;⑥出票人签章。本票未记载前款规定事项之一的,本票无效。

本票除必须记载事项外,还有些事项属于本票应记载的事项,包括本票的到期日、出票地及付款地。本票未记载到期日的,视为见票即付;未记载出票地的,视出票人的营业场所为出票地;未记载付款地的,视出票人的营业场所为付款地。

另外,下列事项属本票任意记载事项,可以根据制作人的意愿选择标不标明,包括:担保付款人;利息及利率;不能转让的记载;关于见票和提示付款期限延长或缩短的特约记载;免作拒绝证书的记载;免作拒付通知的记载;等等。

四、票汇

1.票汇业务流程

进出口贸易中,票汇方式的业务流程如图2-1。

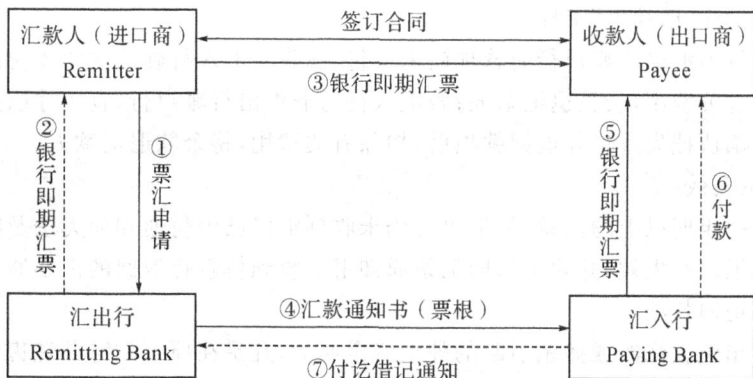

图2-1　票汇业务流程

①汇款人填具汇款申请书,交款付费给汇出行,申请书上说明使用票汇方式。

②汇出行作为出票行,开立银行即期汇票交给汇款人。

③汇款人将汇票寄收款人。

④汇出行将汇款通知书,又称票根,即汇票一式四联中的第二联寄汇入行。汇入行凭此

联与收款人提交汇票正本核对。

⑤收款人提示银行即期汇票给汇入行要求付款。

⑥汇入行借记汇出行账户,取出头寸,凭票解付汇款给收款人。

⑦汇入行将借记通知书寄汇出行,通知它汇款解付完毕。

2.票汇的结算工具

票汇的结算工具是银行即期汇票。在票汇结算方式中,银行即期汇票的收款人(Payee)是汇款的收款人,出票人是汇出行,付款人是汇入行(或称解付行),两者皆是银行。票面没有表示付款期限,就是即期,故称为银行即期汇票。如果出票行与付款行是联行,还可视为银行本票,它是可流通的票据,如经收款人背书后,可以在市场上转让流通。有时出票行想限制收款人只能凭票取款,不能转让他人,于是在汇票上做成不可流通划线,使汇票仅是支付工具。

票汇业务较多的银行,根据不同需要,使用三种即期汇票:第一是划线不可流通汇票,第二是无划线可流通汇票,第三是磁性数码汇票,便于纽约的付款行放在支票自动处理机上分类清算。

3.票汇的撤销

(1)主动撤销:

①持票人提出书面撤汇申请,交回原汇票,并在汇票上背书。

②汇出行经核对汇票上无其他背书或解付印章,且汇款人的背书与原汇款申请书上的印鉴相符后,在汇票正面加盖"注销"戳记。

③向汇入行发电/函要求注销并退回汇票通知书。汇出行收到汇入行退回的汇票通知书和头寸并扣收有关费用后,将余款退汇款人。

(2)汇票的挂失:

①原汇款人提出书面挂失申请,并提交所在单位保函。

②汇出行收到汇款人提出的书面申请后,应尽快通知汇入行挂失止付该汇票,同时在汇票卡片底账上批注"已挂失"字样。

③若汇入行为汇出行账户行而款项尚未解付,在收到汇入行确认挂失止付的通知后,即可将款项扣除有关费用,余款退汇款人;若汇入行为非汇出行账户行,且头寸已拨至付款行,在收到付款行确认挂失止付并退回款项后,扣除有关费用,将余款退汇款人。

(3)汇票的失效:

对已开出一年期以上的汇票,但汇出行仍未收到汇票已解付通知而无法及时销账的,应通知汇入行该汇票已失效,并要求退回汇票通知书。收到付款行退回的汇票通知书后,凭原汇款人的保函退回款项。

对上述汇出汇款修改或撤销引起的外汇资金回流,凡是在原汇款时办理售汇手续的,应重新办理结汇手续。

4.银行汇票的审核

客户提交汇票要求解付时,汇入行经办人员需对汇票仔细审核如下:

①汇票上的印鉴是否相符,若相符,是否有印鉴管理部门加盖的"印鉴相符"戳记。

②汇票金额是否在签字人签字权限之内。

③汇票是否在有效期内。

④汇票的付款行是否为汇入行。

⑤汇票上是否注明收款人详细名称、地址或收款人、开户银行及账号。

⑥汇票上是否注明头寸偿付条款。

⑦汇票上的货币名称是否正确,金额大小写是否一致。

⑧背书手续是否齐全。

⑨有无特殊条款。

对非汇入行为付款人的汇票按托收业务办理。

五、信汇

1. 信汇特点

信汇是指汇款人向当地银行交付款项,由银行开具信汇委托书或支付委托书,用航空邮寄交国外分行或代理行,办理付出外汇业务。信汇和电汇的区别,在于信汇需要汇出行向汇入行航寄付款委托,所以汇款速度比电汇慢,费用比电汇低廉。因信汇方式人工手续较多,目前欧洲多数银行已不再办理信汇业务。

即期外汇行情可以信汇汇率(M/T Rate)计价,但它比电汇汇率要低,因为它是用邮寄支付凭证传递汇款,汇出行收到客户交来现金,然后寄出支付委托书,需要一段时间,才能被国外的汇入行收到,凭以解付汇款。故信汇汇率低于电汇汇率的差额,相当于邮程期间的利息,有的国家按照14天邮程计算利息。

2. 信汇业务流程

在进出口贸易中,信汇方式的业务流程如图 2-2 所示。

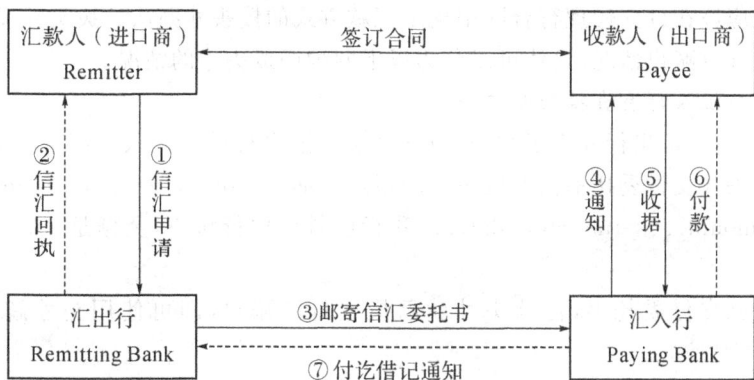

图 2-2　信汇业务流程

①汇款人填具并提交汇款申请书,交款,在申请书上说明使用信汇方式。

②汇出行同意后,汇款人取得信汇回单。

③汇出行根据申请书制作信汇委托书或支付委托书,邮寄汇入行。

④汇入行收到信汇委托书或支付委托书后,核对签字无误,通知收款人。

⑤收款人凭收据取款。

⑥汇入行借记汇出行账户取出头寸,解付汇款给收款人。

⑦汇入行将借记通知书寄汇出行,通知它汇款解付完毕。

3.信汇委托书的审核

收到国外银行寄来信汇委托书后,若经过核实属汇入汇款业务,应签收并审核以下内容:

①委托书上是否有印鉴部门加盖的"印鉴相符"戳记。

②委托书上是否有明显的"付款委托书"字样。

③委托书上的付款指示是否明确。

④币别是否正确,金额的大小写是否一致。

⑤汇款头寸调拨方式是否正常。

⑥委托书上有无"电报证实书"或"副本"字样。对有类似字样的委托书,在查明确未凭电报或正本委托书解付款项的情况下,方可视作有效委托书。如凭副本委托书解付款项,汇入行应向收款人说明"系凭副本解付,保留追索权"。

⑦委托书的发出与收到日期是否正常。如超过较长的邮寄时间,应注意仔细核对登记簿,以防重复。

上述审核中遇到疑难问题时,应及时向汇出行查询。

六、汇款的头寸调拨

汇款的偿付(Reimbursement of Remittance Cover),俗称拨头寸,指汇出行向汇入行划拨资金的行为。

汇入行要掌握"收妥头寸、解付汇款"的原则,也就是说,必须在接到国外汇款头寸报单,或者可以立即借记国外汇款行账户的通知后方可办理解付。故每笔汇款中,必须注明拨头寸指示。一般应该在订立代理行合同中规定汇款方式的拨头寸办法。拨头寸又须结合汇出行与汇入行的开设账户情况,具体可以分为以下两种调拨头寸的情况。

1.汇出行与汇入行有直接的账户关系

(1)当汇入行在汇出行开立了往来账户(来账),汇出行委托汇入行解付汇款时,汇出行应在信汇委托书或支付委托书指明拨头寸的指示。如 In cover, we have credited your a/c with us the amount..., the value date...我行已贷记你行账户,金额是×××,起息日为××月××日。

汇入行接到支付委托书,汇款头寸就已拨入自己账户,即可使用头寸解付汇款给收款人。

(2)当汇出行在汇入行开立了往来账户(往账),汇出行在委托汇入行解付汇款时,汇出行应在信汇委托书或支付委托书上批明拨头寸的指示。如 In cover, please debit our H. O. a/c with the amount...请借记我总行账户,金额为×××。

汇入行在借记该账后,应在寄给汇出行的借记报单(Debit Advice)上注明"your a/c debited"字样。汇入行接到支付委托书,即被授权凭以借记汇出行账户,拨出头寸解付给收款人,并以借记报单通知汇出行,此笔汇款业务即告完成。

2.汇出行与汇入行没有直接的账户关系

(1)汇出行与汇入行有共同账户行,即双方在同一银行开立往来账户。为了偿付解款,汇出行可以在向汇入行发出支付授权书的同时,向共同的账户行发出银行转账通知书

(Bank Transfer),请其先借记汇出行账户,再贷记汇入行账户,将款项拨付汇入行在该账户行的账户。汇入行接到汇出行的电汇拨头寸指示。如 In cover, we have authorized ×× Bank to debit our a/c and credit your a/c with them. 我行已授权××行借记我行账户并贷记贵行在该行账户。

同时也收到××银行寄来头寸贷记报单,即可使用该头寸解付给收款人。

(2)汇出行与汇入行没有共同的账户行,即双方在不同银行开立往来账户,必须通过两家以上的银行进行转账。为了偿付,汇出行可在汇款时,主动通知其账户行,将款项拨付给汇入行在其账户行的账户。同时汇出行向汇入行发出如下拨头寸指示:In cover, we have instructed ×× Bank to remit proceeds to you. 我行已指示××行向你方汇付款项。

汇入行接到汇款,使用汇来的头寸,解付给收款人。

⊳ 实训项目

实训项目 2-1　票汇业务操作

如果实训项目 1-2 的进口合同支付条款作如下更改:

Payment：30% of the contract value payable by T/T within 10 days after the contract date，70% of the contract value payable by the banker's demand draft after the goods passing the inspectiong by the Seller before the shipment.

Seller's bank：Bank of China，Tokyo Branch

　　　　　Address：No. 89 Queen Road Tokyo Japan

　　　　　A/C No. 9908765

　　　　　A/C Name：Mayama Corporation

其他进口合同条款不变。请完成以下工作任务。

任务1　进口企业根据进口合同制作票汇申请书和办理票汇手续

2009 年 6 月 22 日,南京丽雪进出口有限公司外贸业务员指示财务工作人员宣平,制作了汇款申请书并办理了合同款 30%的预付款汇款手续。

8 月 3 日,南京丽雪进出口有限公司收到日本 MAYAMA CORPORATION 知,货物计划在 8 月 12 日装运。8 月 4 日,南京丽雪进出口有限公司财务工作人员宣平,按照合同规定,填制境外汇款申请书(见表 2-5),再到账户行中国银行南京市分行国际结算部办理票汇手续。汇款从南京丽雪进出口有限公司的现汇账户(No. 58580057895894679)支出,汇款费用由汇款人承担,汇票的收款人是 MAYAMA CORPORATION。南京丽雪进出口有限公司的组织机构代码是 3403003689,报关经营单位代码是 3307680453。

表 2-5 　　　　　　　　境 外 汇 款 申 请 书
APPLICATION FOR FUNDS TRANSFERS(OVERSEAS)

致：　　　　　　　　　　　　　　　　　　　　　　　　　　　日期
To：　　　　　　　　　　　　　　　　　　　　　　　　　　　Date

□电汇 T/T □票汇 D/ □信汇 M/T	发报等级 Priority		□普通 Normal □加急 Urgent
申报号码 BOP Reporting No.	□□□□□ □□□□ □□ □□□□□ □□□□		
20　银行业务编号 Bank Trans. Ref. No.	收电行/付款行 Receiver/Drawn on		
32A　汇款币种及金额 Currency & Inter-bank Settlement Amount	金 额 大 写 Amount in Words		
其中　现汇金额 Amount FX	账号 A/C No.		
购汇金额 Amount of Purchase	账号 A/C No.		
其他金额 Amount of Others	账号 A/C No.		
50a　汇款人名称及地址 Remitter's Name & Add.			
□对公组织机构代码 Unit Code□□□□□□□□□	□对私	□个人身份证号码 Individual ID No. □中国居民个人 Resident Individual □中国非居民个人 Non-Resident Individual	
54/56a　收款银行之代理行名称及地址 Correspondent of Ben.'s Banker Name & Add.			
57a　收款人开户银行名称及地址 Ben.'s Bank Name & Add.	收款人开户银行在其代理行账号 Ben.'s Bank A/C No.		
59a　收款人名称及地址 Ben.'s Name & Add.	收款人账号 Ben.'s A/C No.		
70　汇款附言 Remittance Information 只限 140 个字位 Not Exceeding 140 Characters	71A	国内外费用承担 All Bank's Charges If Any Are to Be Bone By □汇款人 OUR □收款人 BEN □共同 SHA	
收款人常驻国家(地区)名称及代码 Ben. Resident Country/Region Name & Code		□□□	
请选择：□预付货款 Advance Payment □货到付款 Payment against Delivery □退款 Refund □其他 Others		最迟装运日期	
交易编码 □□□□□ BOP Trans. Code □□□□□	相应币种及金额 Currency & Amount		交易附言 Trans. Remark
是否为进口核销项下付款 □是□否	合同号		发票号
外汇局批件/备案表号	报关单经营单位代码	□□□□□□□□□□	
报关单号	报关单币种及总金额		本次核注金额

银行专用栏 For Bank Use Only	申请人签章 Applicant's Signature	银行签章 Bank's Signature
购汇汇率 Rate @	请按照贵行背页所列条款代办以上汇款 并进行申报 Please effect the upwards remittance subject to the conditions overleaf	
等值人民币 RMB Equivalent		
手续费 Comm.		
电报费 Cable Charges		核准人签字 Authorized Person
合计 Total Charges	申请人姓名 Name of Applicant	
支付费用方式 □现金 by Cash □支票 by Check □账户 from A/C	电话 Phone No.	日期 Date
核印 Sig. Ver	经办 Maker	复核 Checker

填写前请仔细阅读各联背面条款及填报说明
Please read the conditions and instructions overleaf before filling in this application

任务 2 银行根据票汇申请书制作银行即期汇票

中国银行南京市分行国际结算部李群在仔细检查了这份申请书内容后,制作了银行即期汇票(见表 2-6)。该银行汇票号码为 9087954。

表 2-6   空白汇票

BILL OF EXCHANGE

No. _____ Exchange for ▢▢▢▢▢▢▢▢ _____ _____

Payable with interest @   %

At _____ sight of this FIRST of exchange (second of exchange Being Unpaid)

pay to the order of _____

the sum of SAY:▢▢▢▢▢▢▢▢▢▢▢▢▢▢▢▢▢

To:_____   For and on behalf of

_____   _____

南京丽雪进出口有限公司从中国银行南京市分行拿到银行即期汇票后,5 月 6 日,派外贸业务员赴日本验货。验货合格后,汇票给 MAYAMA CORPORATION,完成付款。

实训项目 2-2 支票业务操作

请阅读以下支票,回答相关问题。

31st Jan.,2009	**Cheque** Tokyo, 31st Jan., 2009 No. 352876
	BANK OF CHINA, TOKYO
ABC Co., Ltd.	Pay to <u>ABC Co., Ltd.</u> or order the sum of U. S. Dollars five thousand only.
	For Kitty Trading Co.,
US $ 5000.00	signature
	352876 60…2386 02211125 0000450000

1.请写出该支票的三个基本当事人的名称。

2.收款人能凭该支票向付款行支取现金吗? 为什么?

学习情境三

申请开证和开证操作

③

📖 学习目标

[能力目标]

　　能以开证申请人（进口商）身份，根据外贸合同填制开证申请书并办理申请开证手续；能以开证行（进口地银行）身份，根据开证申请书制作信用证 MT700 报文。

[知识目标]

　　掌握信用证的定义、特点、当事人、业务流程、申请开证步骤以及所需要准备的材料；熟悉信用证的种类和 MT700 报文的内容。

📖 工作项目

　　2010 年 3 月 18 日，沈阳嘉豪纺织品织造有限公司与香港 ITMM Ltd. 就进口 2 台意大利产的 GGG 牌剑杆织机 Rapier Loom，签订如下进口合同：

CONTRACT

Contract No：JH10018　　　　　　　　　　**Date of Signature**：Mar. 18，2010

The Buyer：Shenyang Jiahao Fabric Weaving Co.，Ltd.

　　Address：No. 23 Nanjing Rd. Shenyang，China

The Seller：ITMM Ltd.

　　Address：No. 19 Wang Hoi Rd. Kowloon Bay，Kowloon，Hong Kong

This Contract is made by and between the Buyer and Seller，whereby the Buyer agrees to buy and the Seller agrees to sell the under-mentioned commodity according to the terms and conditions stipulated below：

1. **Description of Goods**：GGG Rapier Loom 1900mm working width

2. **Quantity**：2 sets

3. **Unit Price**：EUR40 000.00 /set FOB Genoa，Italy

4. **Total Value**：EUR80 000.00 (Say in Euro Eighty Thousand only)

5. **Country of Origin and Manufacturer**：Italy/GGGTECH

---

6. **Packing**：The Seller shall undertake to pack the goods in container with skid packing suitable for long distance ocean transportation，and be liable for any rust，damage and loss attributable to inadequate or improper protective measure taken by the Seller in regard to the packing.

7. **Shipping Mark**：

JH10018

DALIAN，CHINA

8. **Time of Shipment**：All 2 sets rapier looms will be shipped within May 31，2010，subject to the L/C opening not later than Apr. 5，2010. Partial shipment and transshipment are prohibited.

9. **Port of Shipment and Destination**：From Genoa，Italy to Dalian，China

10. **Insurance**：Shipment insurance shall be covered by the Buyer.

11. **Terms of Payment**：The Buyer shall open 100％ L/C at 90 days after sight in favor of the Seller and remaining valid for negotiation in Hong Kong for further 15 days after the effected shipment.

Advising bank：Intesa Sanpaolo S. P. A. ，Hong Kong Branch，Hong Kong，

SWIFT：IBSPHKHH××××

12. **Documents**：

a. Full set of clean on board ocean Bills of Lading marked freight to collect and made out to order，blank endorsed，and notify the Buyer

b. Invoice in quintuplicate indicating contract number

c. Packing List in quintuplicate

d. Certificate of Quality and Quantity in duplicate issued by the Manufacturer

e. Certificate of Italian Origin in 1 copy issued by Manufacturer

f. A copy of the fax to the Buyer，advising the shipment details within three working days after it is effected

Note：The Seller shall send within 10 working days one copy each of the above mentioned documents，with the exception of Item(f) of this Clause，to the Buyer.

13. **Banking Charges**：All banking charges outside the opening bank are for the Seller's account.

14. **Other Terms**：（omitted）

This contract is made in two originals，one original for each party in witness thereof.

THE BUYER：SHENYANG JIAHAO FABRIC WEAVING CO. ，LTD.

李嘉豪

THE SELLER：ITMM LTD.

NICK

任务1 进口商填写开证申请书和办理申请开证手续

2010 年 3 月 22 日，沈阳嘉豪纺织品织造有限公司外贸业务员王建需根据以上进口合同的要求填写开证申请书（空白开证申请书见表 3-1），并向其账户行中国农业银行辽宁省分行国际业务部（地址：沈阳市大东区天后宫路 224 号，邮编：110051）办理申请开证手续。要求采用 SWIFT 电报方式开证。中国农业银行辽宁省分行给予沈阳嘉豪纺织品织造有限公司的开证授信额度为 50 万美元。

表 3-1　　　　　　　　空白开证申请书

IRREVOCABLE DOCUMENTARY CREDIT APPLICATION

To：　　　　　　　　　　　　　　　　　　　　Date：

( )Issue by airmail ( )With brief advice by teletransmission ( )Issue by teletransmission ( )Issue by express	Credit No. Date and place of expiry
Applicant	Beneficiary
Advising Bank	Amount： Say：

Partial shipments ( )allowed ( )not allowed	Transshipment ( )allowed ( )not allowed	Credit available with _____ By ( )sight payment　( )acceptance 　( )negotiation　( )deferred payment at against the documents detailed herein
Loading on board： not later than： For transportation to： ( ) FOB ( ) CFR ( ) CIF ( ) other terms		( )and beneficiary's draft(s) for ____% of invoice value at _____sight drawn on _____

Documents required：(marked with ×)

1. ( )Signed commercial invoice in _____ copies indicating L/C No. and Contract No. _____.
2. ( )Full set of clean on board Bills of Lading made out to order and blank endorsed, marked "freight [ ] to collect / [ ]prepaid" notifying _____.
   ( )Airway bills/cargo receipt/copy of railway bills issued by _____ showing "freight [ ]to collect/[ ] prepaid" [ ] indicating freight amount and consigned to _____
3. ( )Insurance Policy/Certificate in ____ for ____ of the invoice value blank endorsed, covering _____
4. ( )Packing List/Weight Memo in ____ copies indicating quantity, gross and net weights of each package.
5. ( )Certificate of Quantity and/or Quality in ____ copies issued by _____ .
6. ( )Certificate of ____ Origin in ____ copies issued by _____.
7. ( )Beneficiary's certified copy of fax send to the applicant within _____ days after shipment advising L/C No. , name of vessel, date of shipment, name, quantity, weight and value of goods.
   ( )Other documents, if any

Description of goods：

Additional instructions：

1. ( )All banking charges outside the opening bank are for beneficiary's account.
2. ( )Documents must be presented within ____ days after date of shipment but within the validity of this credit
   ( )Other terms, if any

STAMP OF APPLICANT：

任务2 开证行办理开证手续

中国农业银行辽宁省分行国际业务部对沈阳嘉豪纺织品织造有限公司提交的相关材料进行审核后很快批准了开证申请。2010年3月25日,中国农业银行辽宁省分行国际业务部职员唐季须根据开证申请书填制信用证MT700报文各项内容,审核无误后通过SWIFT发送给通知行。

▷ 操作示范

任务1 进口商填写开证申请书和办理申请开证手续

第一步:根据合同和其他信息填写开证申请书。

1. 申请书抬头(To)

在申请书的抬头后面填写开证行:Agricultural Bank of China, Shenyang Branch。

2. 申请日期(Date)

本栏目填写申请日期:March 22, 2010。

3. 信用证开立方式

采用电开,即SWIFT开,在Issue by teletransmission前打"×"。

注意:根据银行开证申请书填写操作习惯,在正确选择项前要打"×",而不是打"√"。

4. 开证申请人(Applicant)

本栏目填写开证申请人,即进口合同买方的名称和地址:Shenyang Jiahao Fabric Weaving Co., Ltd. No. 23 Nanjing Rd. Shenyang, China。

5. 受益人(Beneficiary)

本栏目填写受益人,即进口合同卖方的名称和地址:ITMM Ltd. No. 19 Wang Hoi Rd. Kowloon Bay, Kowloon, Hong Kong。

6. 通知行(Advising Bank)

本栏目填写通知行名称、地址和SWIFT号码,若卖方没有提供,则由开证行指定。本业务填写:Intesa Sanpaolo S. P. A., Hong Kong Branch, SWIFT: IBSPHKHH××××。

7. 金额(Amount)

本栏目填写信用证的大小写金额:EUR80 000.00,SAY: Euros Eighty Thousand only。

8. 分批装运(Partial Shipments)

根据进口合同规定,不允许分批装运,在not allowed前打"×"。

9. 转运(Transshipment)

根据进口合同规定,不允许转运,在not allowed前打"×"。

10. 装运港(Loading on Board)

本栏目填写装运港:Genoa, Italy。

11. 目的港(For Transportation to)

本栏目填写目的港:Dalian, China。

注意:若有转运港,则在目的港后加VIA,如LONDON, U. K. VIA HONG KONG。

12. 最迟装运日期(not Later Than)

本栏目填写最迟装运日期：May 31, 2010。

13. 贸易术语

本栏目填写所采用的贸易术语，在 FOB 前打"×"。

注意：若所采用的贸易术语不是 FOB、CFR 或 CIF，则在 other terms 前打"×"，然后写上具体的贸易术语，如 CIP。

14. 指定银行和付款方式

在 Credit available with 后填写指定银行，并选择对应的付款方式。本业务根据进口合同的规定，在 Credit available with 后填写 any bank in Hong Kong，并在 negotiation 前打"×"。

15. 汇票条款

若需要出具汇票，则本栏目需填写汇票金额、期限和付款人。本业务的汇票金额填写发票金额的 100%，期限填写 at 90 days after sight。付款人填写 issuing bank。

16. 单据条款(Documents Required)

根据进口合同的要求或实际需要选择所需提供的单据。本业务选择商业发票、海运提单、装箱单、数量和质量证明、意大利原产地证、装运通知，并按照合同要求进行填写。

17. 货物描述(Description of Goods)

本栏目填写货物描述：GGG Rapier Loom 1900mm working width，2 sets，EUR40 000. 00 /set FOB Genoa，Italy。

18. 特殊条款(Additional Instructions)

(1)费用条款。选择常规费用条款：All banking charges outside the opening bank are for beneficiary's account。

(2)交单期。根据实际情况，规定装运日期后 15 天内交单：Documents must be presented within 15 days after date of shipment but within the validity of this credit。

19. 信用证效期和交单地点(Date and Place of Expiry)

交单地点一般情况下在受益人所在国，信用证效期一般是最迟装运日期加交单期，本业务填写：June 15，2010，in Hong Kong。

20. 签章

申请书内容填写准确后，对正面和背面分别进行盖章签名：

沈阳嘉豪纺织品织造有限公司

李嘉豪

填制好的开证申请书见表 3-2。

表 3-2   开证申请书

IRREVOCABLE DOCUMENTARY CREDIT APPLICATION

To：Agricultural Bank of China，Shenyang Branch   Date：March 22，2010

（ ）Issue by airmail （ ）With brief advice by teletransmission （×）Issue by teletransmission （ ）Issue by express	Credit No. Date and place of expiry June 15，2010，in Hong Kong
Applicant Shenyang Jiahao Fabric Weaving Co.，Ltd. No. 23 Nanjing Rd. Shenyang，China	Beneficiary ITMM Ltd. No. 19 Wang Hoi Rd. Kowloon Bay, Kowloon，Hong Kong
Advising Bank Intesa Sanpaolo S. P. A.，Hong Kong Branch SWIFT：IBSPHKHH××××｜	Amount：EUR80 000. 00 Say：Euros Eighty Thousand only

Partial shipments （ ）allowed （×）not allowed	Transshipment （ ）allowed （×）not allowed	Credit available with <u>any bank in Hong Kong</u> By（ ）sight payment （ ）acceptance （×）negotiation （ ）deferred payment at against the
Loading on board： Genoa，Italy not later than May 31，2010 For transportation to： Dalian，China		documents detailed herein （×）and beneficiary's draft（s）for 100% of invoice value at <u>90 days after</u> sight
（×）FOB（ ）CFR（ ）CIF（ ）other terms		drawn on <u>issuing bank</u>

Documents required：（marked with ×）

1. （×）Signed commercial invoice in __5__ copies indicating L/C No. and Contract No. <u>JH10018</u>
2. （×）Full set of clean on board Bills of Lading made out to order and blank endorsed，marked "freight [×] to collect / [ ]prepaid" notifying <u>the applicant</u>
   （ ）Airway bills/cargo receipt/copy of railway bills issued by _____ showing "freight [ ]to collect/[ ] prepaid"[ ] indicating freight amount and consigned to _____
3. （ ）Insurance Policy/Certificate in ____ for ____ of the invoice value blank endorsed，covering ____
4. （×）Packing List/Weight Memo in __5__ copies indicating quantity，gross and net weights of each package.
5. （×）Certificate of Quantity and/or Quality in 2 copies issued by <u>the Manufacturer</u>.
6. （×）Certificate of <u>Italian</u> Origin in __1__ copies issued by <u>the Manufacturer</u>.
7. （×）Beneficiary's certified copy of fax send to the applicant within <u>three working</u> days after shipment advising L/C No.，name of vessel，date of shipment，name，quantity，weight and value of goods.
   （ ）Other documents，if any

Description of goods：
GGG Rapier Loom 1900mm working width，2 sets，EUR40 000. 00 /set FOB Genoa，Italy

Additional instructions：
1. （×）All banking charges outside the opening bank are for beneficiary's account.
2. （×）Documents must be presented within __15__ days after date of shipment but within the validity of this credit
   （ ）Other terms，if any

STAMP OF APPLICANT：

沈阳嘉豪纺织品织造有限公司
李嘉豪

第二步:沈阳嘉豪纺织品织造有限公司外贸业务员王建把填写好的申请开证所需的开证申请书、合同副本以及与贷款相关文件交中国农业银行辽宁省分行国际业务部,办理申请开证手续。

任务2　开证行办理开证手续

中国农业银行辽宁省分行国际业务部对沈阳嘉豪纺织品织造有限公司提交的相关材料进行审核后很快批准了开证申请。银行审核通过后,浙江金苑进出口有限公司向银行缴纳信用证金额1.5‰的开证手续费。3月25日,中国农业银行辽宁省分行国际业务部职员唐季根据开证申请书填制以下信用证MT700报文(MT700报文各栏目内容说明见表3-3)各项内容。如果信用证内容超过MT700的容量,则需增加MT701报文(MT701报文各栏目内容说明见表3-4)。

1.“27”栏目

该栏目是合计次序。如果跟单信用证条款能够容纳在该MT700报文中,则该栏内填1/1;如该信用证由一份MT700报文和一份MT701组成,那么在MT700报文的项目中填入“1/2”,在MT701报文的项目“27”中填入“2/2”……以此类推。

本业务填写:1/1。

2.“40A”栏目

该栏目是跟单信用证类别。由于UCP600中规定信用证是不可撤销的,因此该项目有以下几种填法:IRREVOCABLE 不可撤销跟单信用证;IRREVOCABLE TRANSFERABLE 不可撤销可转让跟单信用证;IRREVOCABLE STANDBY 不可撤销备用信用证。

本业务填写:IRREVOCABLE。

3.“20”栏目

该栏目是信用证号码。信用证的号码实际上即为开证行的业务编号,一般系统自动生成。

4.“31C”栏目

该栏目是开证日期。如电文中没有此项目,那么开证日期就是开证行的发电日期。开证日期表明进口商是否根据商务合同规定的开证期限开立信用证。同时,在需要使用开证日期计算其他时间或根据开证日期来判断所提示单据的出单日期是否在开证日之后等情况时,开证日期尤为重要。

本业务填写:100325。

5.“40E”栏目

该栏目是指适用的惯例。

本业务填写:UCP LATEST VERSION。

6.“31D”栏目

该栏目是指到期日及地点。信用证的到期日是受益人向银行提交单据的最后日期,受益人必须在到期日前或当天向银行提交单据,办理付款、承兑或议付手续。逾期交单,银行可以信用证过期为由,解除所承担的义务。信用证的到期地点是受益人在效期内向银行提交单据的地点,到期地点一般在出口国家,以便受益人办理交单。

本业务填写:100615 HONG KONG。

7. "50"栏目

该栏目是指开证申请人。一般填写开证申请人的名称和地址。

本业务填写:SHENYANG JIAHAO FABRIC WEAVING CO. , LTD.

　　　　　NO. 23 NANJING RD. SHENYANG, CHINA

8. "59"栏目

该栏目是指受益人。一般填写受益人的名称和地址。

本业务填写:ITMM LTD.

　　　　　NO. 19 WANG HOI RD. KOWLOON BAY, KOWLOON, HONG KONG

9. "32B"栏目

该栏目是指信用证币别代号、金额。值得注意的是小数点用",",而不是用"."。

本业务填写:EUR80000,00。

10. "41a"栏目

该栏目是指付款方式和指定银行。当项目代号为"41A"时,银行用 SWIFT 代码表示。当项目代号为"41D"时,银行用行名地址表示。如果信用证为自由议付信用证时,该项目代号为"41D",银行用"ANY BANK IN...(地点/国名)"表示。如果该信用证为自由议付信用证,且对议付地点也无限制时,该项目代号应为"41D",银行用"ANY BANK"表示。

本业务用 41A 项目代号,内容填写:ANY BANK IN HONG KONG BY NEGOTIATION。

11. "42C"栏目

该栏目是指汇票期限。

本业务填写:AT 90 DAYS AFTER SIGHT。

12. "42a"栏目

该栏目是指汇票付款人。当项目代号为"42A"时,银行用 SWIFT 代码表示。当项目代号为"42D"时,银行用行名地址表示。

本业务填写:ABOCCNBJ110。

13. "43P"栏目

该栏目是指分批装船。

本业务填写:PROHIBITED。

14. "43T"栏目

该栏目是指转运。

本业务填写:PROHIBITED。

15. "44E"栏目

该栏目是指装运港/始发港。44E 填写海运和空运下的装运地,非海运和空运方式下的装运地用 44A 栏目。

本业务填写:GENOA, ITALY。

16. "44F"栏目

该栏目是指卸货港/目的港。44F 填写海运和空运下的卸货/目的港,非海运和空运方式下的最终目的地/交货地用 44B 栏目。

本业务填写:DALIAN, CHINA。

17."44C"栏目

该栏目是指最迟装运日期。

本业务填写：100531。

18."45A、46A、47A"栏目

该三个栏目分别是指货物和/或各种服务描述、应提交的单据、附加条件。当一份信用证由一份 MT700 报文和一至三份 MT701 报文组成时，项目"45 a"、"46 a"和"47 a"的内容只能完整得出现在某一份报文中（即在 MT700 或某一份 MT701 中），不能被分割成几部分，分别出现在几个报文中。在 MT700 报文中，"45 a"、"46 a"、"47 a"三个项目代号应分别为："45 A"、"46 A"和"47 A"，在报文 MT701 中，这三个项目的代号应分别为"45 B"、"46 B"、"47 B"。

本业务填写：略。

19."71B"栏目

该栏目是指费用。该项目的出现只表示费用由受益人负担。若报文无此项目，则表示除议付费、转让费外，其他费用均由开证申请人负担。

本业务填写：ALL BANKING CHARGES OUTSIDE THE ISSUING BANK ARE FOR ACCOUNT OF BENEFICIARY。

20."48"栏目

该栏目是指交单期。

本业务填写：DOCUMENTS MUST BE PRESENTED WITHIN 15 DAYS AFTER SHIPMENT DATE，BUT WITHIN THE VALIDITY OF THIS CREDIT。

21."49"栏目

该栏目是指保兑指示。该项目内容可能出现下列某一代码。

CONFIRM：要求收报行保兑该信用证。

MAY ADD：收报行可以对该信用证加具保兑。

WITHOUT：不要求收报行保兑该信用证。

要注意的是：即使这里显示"CONFIRM"，也还需要有收报行的确认，即明确表示对该信用证保兑，保兑才生效。

本业务填写：WITHOUT。

22."72"栏目

该栏目是指附言。

本业务填写：略。

制作好的 MT700 报文如下：

```
MT 700                    ISSUE OF A DOCUMENTARY CREDIT
SENDER:ABOCCNBJ060
            AGRICULTURE BANK OF CHINA LIAONING BRANCH
RECEIVER: IBSPHKHH××××
            INTESA SANPAOLO S. P. A., HONG KONG BRANCH
27:  SEQUENCE OF TOTAL
     1/1
40A: FORM OF DOCUMENTARY CREDIT
     IRREVOCABLE
20:  DOCUMENTARY CREDIT NUMBER
     111LC1007896
31C: DATE OF ISSUE
     100325
40E: APPLICABLE RULES
     UCP LATEST VERSION
31D: DATE AND PLACE OF EXPIRY
     100615 HONG KONG
50:  APPLICANT
     SHENYANG JIAHAO FABRIC WEAVING CO., LTD.
     NO. 23 NANJING RD. SHENYANG, CHINA
59:  BENEFICIARY
     ITMM LTD.
     NO. 19 WANG HOI RD. KOWLOON BAY, KOWLOON, HONG KONG
32B: CURRENCY CODE, AMOUNT
     EUR80000,00
41A: AVAILABLE WITH... BY...
     ANY BANK IN HONG KONG
     BY NEGOTIATION
42C: DRAFTS AT...
     AT 90 DAYS AFTER SIGHT
42A: DRAWEE
     ABOCCNBJ060
43P: PARTIAL SHIPMENTS
     PROHIBITED
43T: TRANSSHIPMENT
     PROHIBITED
44E: PORT OF LOADING/AIRPORT OF DEPARTURE
     GENOA, ITALY
44F: PORT OF DISCHARGE/AIRPORT OF DESTINATION
     DALIAN, CHINA
44C: LATEST DATE OF SHIPMENT
     100531
```

45A： DESCRIPTION OF GOODS &./OR SERVICES

GGG RAPIER LOOM 1900MM WORKING WIDTH, 2 SETS,

EUR40 000.00 /SET FOB GENOA, ITALY

46A： DOCUMENTS REQUIRED

1. SIGNED COMMERCIAL INVOICE IN 5 COPIES INDICATING L/C NO. AND CON-TRACT NO. JH10018.

2. PACKING LIST 5 COPIES INDICATING QUANTITY, GROSS AND NET WEIGHTS OF EACH PACKAGE.

3. FULL SET OF CLEAN 'ON BOARD' OCEAN BILLS OF LADING MADE OUT TO ORDER AND BLANK ENDORSED, MARKED 'FREIGHT COLLECT' AND NOTIFY APPLICANT.

4. CERTIFICATE OF QUANTITY AND QUALITY IN 2 COPIES ISSUED BY THE MAN-UFACTURER.

5. CERTIFICATE OF ITALIAN ORIGIN IN 1 COPY ISSUED BY THE MANUFACTURER

6. BENEFICIARY'S CERTIFIED COPY OF FAX SEND TO THE APPLICANT WITHIN THREE WORKING DAYS AFTER SHIPMENT ADVISING L/C NO., NAME OF VES-SEL, DATE OF SHIPMENT, NAME, QUANTITY, WEIGHT AND VALUE OF GOODS.

47A： ADDITIONAL CONDITIONS

1. A FEE OF USD50.00 OR EQUIVALENT WILL BE DEDUCTED FROM THE PRO-CEEDS FOR EACH PRESENTATION OF DISCREPANT DOCUMENTS UNDER THIS CREDIT. ACCEPTANCE OF ANY DISCREPANT DOCUMENTS THEREUNDER DOES NO WAY AMEND OUR L/C CONDITION, EACH SET OF DOCUMENTS UNDER THIS L/C BEARING SAME DISCREPANCY WILL BE DETERMINED ON A CASE-BY-CASE BASIS.

2. DOCUMENTS PRESENTED WITH DISCREPANCIES WILL BE REJECTED, WE WILL HOLD THE DOCUMENTS UNTIL WE RECEIVE A WAIVER FROM THE APPLICANT AND AGREE TO ACCEPT IT OR RECEIVE YOUR FURTHER INSTRUCTIONS PRIOR TO AGREEING TO ACCEPT A WAIVER.

3. PLS RELEASE THIS L/C TO BENEFICIARY AFTER ALL YOUR ADVISING COM-MISSIONS COLLECTED.

71B： CHARGES

ALL BANKING CHARGES OUTSIDE THE ISSUING BANK ARE FOR ACCOUNT OF BENEFICIARY.

48： PERIOD FOR PRESENTATION

DOCUMENTS MUST BE PRESENTED WITHIN 15 DAYS AFTER SHIPMENT DATE, BUT WITHIN THE VALIDITY OF THIS CREDIT.

49： CONFIRMATION INSTRUCTION

WITHOUT

78： INSTRUCTION TO PAYING/ACCEPTING/NEGOTIATING BANK

1. ALL DOCUMENTS TO BE SENT DIRECTLY TO THE AGRICULTURAL BANK OF CHI-NA, LIAONING BRANCH, INTERNATIONAL DEPT., 224 TIANHOUGONG ROAD, DA-DONG DISTRICT SHENYANG 110051, P. R. CHINA IN ONE LOT BY COURIER SERVICE.

2. WE WILL HONOUR UPON RECEIPT OF THE STIPULATED DOCUMENTS WHICH CONSTITUTE A COMPLYING PRESENTATION.

3. THIS CREDIT IS SUBJECT TO UCPDC (2007 REVISION) ICC PUBLICATION NO. 600.

审核 MT700 报文内容无误后通过 SWIFT 发送给通知行。

📂 知识链接

一、信用证定义和特点

1. 定义

根据 UCP600 规定，Credit means any arrangement，however named or described，that is irrevocable and thereby constitutes a definite undertaking of the issuing bank to honour a complying presentation. 信用证意指一项约定，无论其如何命名或描述，该约定不可撤销并因此构成开证行对于相符提示予以兑付的确定承诺。

其中，相符交单(Complying Presentation)是指与信用证条款、本惯例的相关适用条款以及国际标准银行实务一致的交单。承付（Honour）是指：①即期付款，如果信用证为即期付款信用证；②承诺延期付款并在承诺到期日付款，如果信用证为延期付款信用证；③承兑受益人开出的汇票在汇票到期日付款，如果信用证为承兑信用证。

2. 特点

(1)跟单信用证是一种银行信用，开证行承担第一性的付款责任。

在跟单信用证业务中，开证行一旦开出信用证，就承担了第一性的付款责任。只要受益人在规定的期限内交单，并做到"单单相符，单证相符"，开证行就必须毫不延误地履行付款的责任。因此，跟单信用证是一种银行信用。

(2)跟单信用证是一项独立文件，它不依附于贸易合同而存在。

根据 UCP600 规定，信用证虽然依据贸易合同开立，但一经开出，便成为独立于贸易合同之外的一项文件，不再受合同的约束。贸易合同是进出口商之间的契约，只对进出口双方有约束力，而信用证则是开证行与受益人之间的法律文件，开证行、受益人和其他参与信用证业务的银行受信用证的约束。

(3)跟单信用证业务是纯单据业务，银行处理单据而非货物、服务及其他行为。

根据 UCP600 规定，在信用证业务中，有关各方处理的是单据，而不是与单据有关的货物、服务及其他行为。银行只根据表面相符的单据付款，而对任何单据的形式、完整性、准确性、真实性以及伪造或法律效力等概不负责。所以，在单证相符的情况下，开证申请人付款后，发现货物与单据不一致，也只能由开证申请人自己凭买卖合同向受益人交涉。相反，即使货物相符，但单据与信用证规定不符，开证行也有权拒付。

二、信用证的开证形式和内容

1. 开证形式

信用证一般包括信开和电开两种基本开证形式。信开信用证是指开证行用书信格式缮制并通过邮寄方式送达通知行的信用证。目前，这种开证方式较少使用。

电开信用证是指开证行用电讯方式（SWIFT 报文）开立和通知的信用证，分为全电开信用证和简电开信用证。

(1)全电开信用证。它是以电文形式开出的完整信用证，这种信用证是有效的，可以凭以交单收款,采用 MT700/701 的 SWIFT 报文开立。

(2)简电开信用证。它是将信用证金额、有效期等主要内容用电文预先通知受益人,采用 MT705 的 SWIFT 报文开立。其目的是让受益人早日备货。但由于内容不完整,在简电开信用证中往往会注明"随寄证实书"(Mail Confirmation to Follow)。简电开信用证是无效的,受益人要注意在证实书未收到之前,千万不能仓促出货,万一证实书内容与简电开信用证有出入,有可能无法正常收款。

2.信用证内容

以 SWIFT 开信用证为例,信用证内容一般由一份 MT700 报文组成(见表 3-3)。如果信用证内容超过 MT700 报文容量时,则由一份 MT700 报文和一至三份 MT701 报文(见表3-4)组成。

表 3-3　MT700 报文内容

M/O	Tag 代号	Field Name　栏目名称	Content/options　内容
M	27	Sequence of Total　合计次序	1n/1n　1 个数字/1 个数字
M	40A	Form of Documentary Credit　跟单信用证类别	24x　24 个字
M	20	Documentary Credit Number　信用证号码	16x　16 个字
O	23	Reference to pre-advice　预告的编号	16x　16 个字
O	31C	Date of issue　开证日期	6n　6 个数字
O	40E	Applicable Rules　适用的惯例	4*35x　4 行×35 个字
M	31D	Date and place of expiry　到期日及地点	6n29x　6 个数字/29 个字
O	51a	Applicant bank　开证申请人的银行	A or D　A 或 D
M	50	Applicant　开证申请人	4*35x　4 行×35 个字
M	59	Beneficiary　受益人	[/34x] 4*35x　4 行×35 个字
M	32B	Currency code, amount　币别代码、金额	3a15n　3 个字母/15 个数字
O	39A	Percentage credit amount tolerance 信用证金额加减百分率	2n/2n　2 个数字/2 个数字
O	39B	Maximum credit amount　最高信用证金额	13x　13 个字
O	39C	Additional amounts covered　可附加金额	4*35x　4 行×35 个字
M	41a	Available with... By...　付款方式和指定银行	A or D　A 或 D
O	42C	Drafts at...　汇票期限	3*35x　3 行×35 个字
O	42a	Drawee　付款人	A or D　A 或 D
O	42M	Mixed payment details　混合付款指示	4*35x　4 行×35 个字
O	42P	Deferred payment details　延期付款指示	4*35x　4 行×35 个字
O	43P	Partial shipments　分批装运	1*35x　1 行×35 个字
O	43T	Transshipment　转运	1*35x　1 行×35 个字

M/O	Tag 代号	Field Name 栏目名称	Content/options 内容
O	44A	Place of taking in charge/ of receipt 接管地/接收地	1 * 65x 1 行×65 个字
O	44E	Port of loading/Airport of departure 装运港/始发港	1 * 65x 1 行×65 个字
O	44F	Port of discharge/Airport of destination 卸货港/目的港	1 * 65x 1 行×65 个字
O	44B	Place of final destination/of delivery 最终目的地/交货地	1 * 65x 1 行×65 个字
O	44C	Latest date of shipment 最迟装运日期	6n 6 个数字
O	44D	Shipment period 装运期间	6 * 65x 6 行×65 个字
O	45A	Description of goods and/or services 货物和/或各种服务描述	50 * 65x 50 行×65 个字
O	46A	Documents required 应提交的单据	50 * 65x 50 行×65 个字
O	47A	Additional conditions 附加条件	50 * 65x 50 行×65 个字
O	71B	Charges 费用	6 * 35x 6 行×35 个字
O	48	Period for presentation 交单期	4 * 35x 4 行×35 个字
M	49	Confirmation instructions 保兑指示	7x 7 个字
O	53a	Reimbursement bank 偿付行	A or D A 或 D
O	78	Instructions to the paying/ accepting /negotiating bank 对付款/承兑/议付行之指示	12 * 65x 12 行×65 个字
O	57a	"advise through"bank 通过……银行通知	A,B or D A,B 或 D
O	72	Sender to receiver information 附言	6 * 35x 6 行×35 个字

说明:M/O 为 Mandatory 与 Optional 的缩写,前者是指必选项目,后者为可选项目。

表 3-4 **MT 701 报文内容**

M/O	Tag	Field name	Content/Options
M	27	Sequence of Total	1n/1n
M	20	Documentary credit number	16x
O	45B	Description of Goods and/or Service	100 * 65x
O	46B	Documents Required	100 * 65x
O	47B	Additions conditional	100 * 65x

3. 发送 MT700 报文的注意事项

(1)除非另有规定,否则所开立的跟单信用证将遵循现时有效的 UCP600 条款。如果该信用证遵循这一惯例,通知行(即该报文的收报行)必须将此通知受益人或另一家通知行。

（2）除非另有规定，否则根据该报文通知给受益人或另一家通知行的跟单信用证是已生效的信用证。

（3）为避免可能产生的误解，银行名称应尽可能使用 SWIFT 名址码表示，而不要使用诸如"我们"、"你们"等代名词。

（4）通知行必须用清楚明确的方式将跟单信用证的所有详细内容通知受益人。

（5）如果要求注销跟单信用证，必须发送 MT707，而不能发送 MT792。

三、跟单信用证的当事人

1. 开证申请人

开证申请人（Applicant）又称开证人，通常是指进口商或买方。他填写开证申请书并签字，请求往来银行开出以国外出口商或卖方为受益人的信用证。

2. 开证行

开证行（Issuing Bank）是应开证申请人的请求代表申请人开出信用证的银行。一般情况下，开证行是开证申请人的账户行。若双方没有账户往来关系，信用证中往往会增加一个与开证申请人有账户往来关系的银行，即开证申请人的银行（Applicant Bank）。

3. 受益人

受益人（Beneficiary）是指信用证上所指定的有权使用信用证并获得付款的人，即出口商或卖方。受益人和开证行是信用证这份合约的缔约双方。一旦受益人接受信用证，该合约即告生效。

4. 通知行

通知行（Advising Bank）是指应开证行的委托将信用证通知指定受益人的银行，往往是出口方的银行。通知行的责任是审核信用证表面的真实性和开证行的资信状况，它的权利是收取信用证通知手续费。如果开证行或开证申请人直接把信用证寄给受益人，受益人应将信用证拿到银行，以证实信用证的真实性和开证行的资信状况，以免上当受骗。

5. 保兑行

保兑行（Confirming Bank）是指经开证行授权或应其请求而在信用证上加上它的保兑的通知行或任何其他银行。信用证一经保兑行保兑，受益人就获得开证行和保兑行的双重付款保证。保兑行与开证行一样，承担第一性付款责任。

6. 议付行

议付行（Negotiating Bank）是指由开证行指定的愿意购买该信用证项下的汇票或单据（即押汇）的银行，往往是由通知行担当议付行。

7. 付款行

付款行（Paying Bank）是开证行指定的根据信用证付款的银行。若信用证要求出具汇票，它就是汇票付款人，有时开证行自己就是付款行。付款行一旦付款，就是最终付款，对出票人和/或善意持票人不能追索。

8. 承兑行

承兑行（Accepting Bank）是承兑信用证上规定的远期汇票并在到期日付款的银行。

9.偿付行

偿付行(Reimbursing Bank)是开证行的代理人,它可以是开证行的分行,也可以是第三方银行。按照开证行给予的指示或授权,根据某一特定的信用证,它承付付款行或承兑行或议付行的索偿。如偿付行并不偿付,那么,开证行必须自行偿付。在这种情况下,开证行将对付款行或承兑行或议付行由于偿付行并不偿付而遭受的利息损失负责。

四、信用证业务流程

以议付信用证为例,信用证结算方式的业务程序,大体要经过以下几个环节:(见图6-1)

①买卖双方签订销售合同,并在合同中订明使用信用证结算方式。

②进口商按照合同规定向当地银行提出申请,还要缴纳若干押金或提供其他担保。

③开证行将信用证开给出口商所在地的分行或代理行,并请他们办理信用证通知事宜。

④通知行核对信用证上印鉴或密押无误后将信用证通知受益人。

⑤受益人将信用证与贸易合同核对无误后,立即备货装运,并取得运输单据。

⑥备齐信用证所规定的单据,在信用证有效期内向当地银行交单议付,或向信用证明确指定的议付银行交单议付。

⑦议付行将单据与信用证核对无误后,按汇票金额扣除邮程利息后付款给受益人。

⑧议付行将汇票和单据寄给开证行或其指定的银行索偿。

⑨开证行或其指定银行审核单证无误后,偿付给议付行。

⑩开证行通知进口商付款。

⑪开证申请人向开证行付款赎取单据。

⑫开证申请人凭提单向船公司提货。

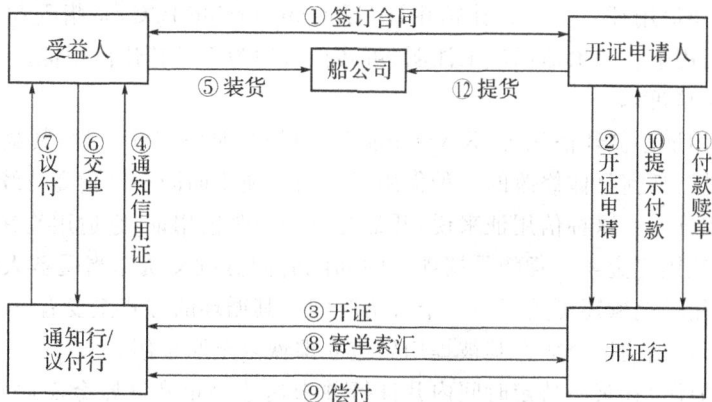

图6-1 信用证业务流程图

五、信用证种类

1.根据信用证付款方式的不同分为即期付款信用证、延期付款信用证、承兑信用证和议付信用证

(1)即期付款信用证。即期付款信用证(L/C by Sight Payment)是指开证行指定一家

银行或自己即期付款的信用证。该指定的银行称为付款行,即期付款信用证一般要求受益人递交以付款行为付款人的即期汇票。由于某些国家对汇票要征收印花税,因此即期付款信用证有时也不要求受益人递交汇票。

(2)延期付款信用证。延期付款信用证(L/C by Deferred Payment)是指开证行指定一家银行或自己进行延期付款的信用证。延期付款信用证的付款期限一般是海运提单日或交单日后一段期间(At ××× days after B/L date or the date of presentation)。延期付款信用证不要求受益人出具汇票。

(3)承兑信用证。承兑信用证(L/C by Acceptance)是指开证行指定一家银行或自己对受益人递交的远期汇票进行承兑并在到期后付款的信用证。该指定的银行称为承兑行。承兑信用证要求受益人出具远期汇票。在承兑行承兑后,受益人可以拿未到期的银行承兑汇票去一家银行进行贴现,从而获得融通资金。

(4)议付信用证。议付信用证(L/C by Negotiation)是指开证行指定一家银行购买该信用证项下的汇票或单据的信用证。该指定的银行称为议付行。议付信用证一般要求受益人出具即期或远期汇票。

另外,在实践中,还有一种同时使用两种或两种以上付款方式的信用,即混合付款信用证(L/C by Mixed Payment),如信用证部分金额采用即期付款,部分金额采用延期付款。

2.根据信用证可否转让分为可转让信用证和不可转让信用证

(1)可转让信用证。可转让信用证(Transferable L/C)是指开证行授权有关银行在受益人(即第一受益人)的要求下,可将信用证的全部或一部分金额转让给第三者(即第二受益人)使用的信用证。可转让信用证只限转让一次,如果允许分批装运,在总和不超过信用证金额的前提下,可分别转让给几个第二受益人;如果不允许分批装运,则只能转让给一个第二受益人。可转让信用证主要适用于中间商贸易。

(2)不可转让信用证。不可转让信用证(Untransferable L/C)是指受益人无权转让给其他人使用的信用证。如果信用证未注明"可转让",均为不可转让信用证。

3.其他形式信用证

(1)循环信用证。循环信用证(Revolving L/C)是按照信用证条款,其金额可以恢复至原金额而无须进行任何具体修改的一种信用证。为了便于向同一供货商持续、重复采购,往往使用循环信用证。就这种信用证来说,开证行只开一张信用证,它适用于在每一确定的日历时间,可用一笔固定金额。货物是按规定的间隔时间分批交货。当受益人提用了信用证金额,原来的信用证金额还可用于下一个日历时间。其循环的方式主要有三种:

①自动循环。信用证金额在其被提用后应立即恢复至原金额。

②半自动循环。在某一特定时间内开证行并未送达停止恢复原金额通知,信用证金额应恢复至原金额。

③非自动循环。即只是在收到开证行恢复原金额通知时应将信用证金额复原。

(2)红条款信用证。红条款信用证(Red clause L/C)又称为预支信用证(Anticipatory L/C),是指开证行授权指定银行向受益人预付全部或部分信用证金额,由开证行保证偿还利息的信用证。这是一种装船前的资金融通,意在帮助出口商生产或采购所出售的货物。

(3)背对背信用证。背对背信用证(Back to Back L/C)是指受益人要求原证的通知行或其他银行以原证为基础,另开一张内容相似的新信用证。背对背信用证通常是由于中间商为转售他人货物谋利或两国不能直接进行交易,需通过第三国商人而开立。

(4)对开信用证。对开信用证(Reciprocal L/C)是指两张信用证的开证申请人互以对方为受益人开立的信用证。两证的受益人和开证申请人对调,两证的开证行和通知行对调,两证的金额可相等也可不等,两证可同时生效也可先后生效。对开信用证适用于易货贸易、来料来件加工和补偿贸易。

六、开立信用证的程序

1. 进口商申请开立信用证

进口商在合同规定的时间向银行办理申请开立信用证手续如下:

(1)填写开证申请书。进口商根据银行规定的开证申请书格式,一般填写一式三份,一份由银行结算部门留存,一份由银行信贷部门留存,一份由开证申请人留存。填写开证申请,必须按合同条款的具体规定,写明对信用证的各项要求,内容要明确、完整,无词意不清的记载。开证申请书(Irrevocable Documentary Credit Application)的格式和内容各银行印制的都差不多,大同小异。

(2)开证申请人承诺书。开证申请书的背面是信用证开证申请人承诺书,是开证申请人对开证行的声明,用以明确双方责任,内容如下:

开证申请人承诺书

致:×××商业银行

我公司已依法办妥一切必要的进口手续,兹谨请贵行为我公司依照本申请书所列条款开立不可撤销的跟单信用证,并承诺如下:

一、同意贵行依照国际商会第_____号出版物《跟单信用证统一惯例》办理该笔信用证项下的一切事宜,并同意承担由此产生的一切责任。

二、及时提供贵行要求我公司提供的真实、有效的文件及资料,接受贵行的审查监督。

三、在贵行规定的期限内支付该信用证项下的各种款项,包括货款及贵行和有关银行的各项手续费、电讯费、杂费、利息以及国外受益人拒绝承担的有关银行费用等。

四、在贵行信用证单据通知书规定期限内,书面通知贵行办理对外付款/承兑/确认迟期付款/拒付手续。否则贵行有权自行确定对外付款/承兑/确认迟期付款/拒付,并由我公司愿承担由此引起的一切责任和后果。

五、我公司如因单证有不符之处而拟拒绝付款拒绝承兑拒绝确认迟期付款时,将在贵行单据通知书规定的期限内提出书面拒付,并附拒付理由书一式两份,一次列明所有不符点。对单据存在的不符点,贵行有独立的最终认定权和处理权。经贵行根据国际惯例审核认为不属可据以拒付的不符点的,贵行有权主动对外付款/承兑/确认迟期付款,我公司对此放弃抗辩权。

六、该信用证如需修改,由我公司向贵行提出书面申请。贵行可根据具体情况确定能否办理修改。我公司保证支付因信用证修改而产生的一切费用。

七、经贵行承兑的远期汇票或确认的迟期付款,我公司无权以任何理由要求贵行止付。

八、按上述承诺,贵行在对外付款时,有主动借记我公司在贵行的账户款项。若发生任何形式的垫付,我公司将无条件承担由此产生的债务、利息和费用等,并按贵行要求及时清偿。

九、在收到贵行开出信用证、修改书的副本之后,及时核对,如有不符之处,将在收到副本后的两个工作日内书面通知贵行。否则,视为正确无误。

十、该信用证如因邮寄、电讯传递发生遗失、延误、错漏,贵行概不负责。

十一、本申请书一律用英文填写。如由中文填写而引发的歧义,贵行概不负责。

十二、因开证申请书字迹不清或词意含混而引起的一切后果均由我公司负责。

十三、如发生争议须诉讼,同意由贵行所在地法院管辖。

十四、我公司已对开证申请书及承诺书各印就条款进行审慎研阅,对各条款含义与贵行理解一致。

同意受理

银行盖章　　　　　　　　　　　　申请人(盖章)

负责人　　　　　　　　　　　　　法定代表人

或授权代理人　　　　　　　　　　或授权代理人

　　　　　　　　　　　　　　　　　　年　　月　　日

(3)提交有关合同的副本及附件。为了最大限度地回避风险,除开证申请书外,银行还会要求开证申请人提供其他相关资料,如进口合同副本、进口许可证以及与贷款相关文件等。

2.银行审核

申请人提交申请书后,银行要对申请书进行认真的审核。因为申请书不仅是开证行对外开证的依据,也是与申请人之间明确各自权责的契约性文件。对开证申请书的审核内容是:

(1)开证申请书人的签章。

(2)受益人的名称和详细地址。

(3)信用证的种类。

(4)指示信用证的开出方式。

(5)要求受益人所提交单据的种类、份数、出单人。

(6)货物名称及其描述。

(7)起运地和目的地。

(8)货物的分批、转运条款。

(9)信用证的有效地点和有效期。

(10)对银行偿付方式的要求。

(11)对受益人的要求。

(12)特殊条款,如银行的费用由谁负担、提交单据的期限等。通过这样的审核来确保各条款之间无矛盾,同时使申请书记载的事项符合要求,使申请书记载的有关条款与购销合同保持一致。

开证行还要对申请人的资信进行审核。因为开立信用证是银行提供信用的一种形式,因此要像办理一般贷款业务一样,对申请人进行全面地了解和审查。开证行开出信用证后面临的风险主要有以下几个方面:

(1)当开证行对议付行在该信用证项下的正确议付偿付时,客户可能没有能力付款或已经破产倒闭,这时开证行只能依靠他所掌握的物权凭证,以出售货物的方式来收回货款。

(2)货物在运输中遭到破坏和灭失。开证行应注意这笔货物的保险情况,一旦客户无力付款,即向保险公司索赔。这点对银行来说显得很重要。

(3)若进口商由于所在国政策等变化没有获得进口许可证而开不出信用证或在货物到达前许可证已过期,则货物不能过关。若开证行在这笔货物上有资金利益,则后果严重。

（4）若开证行被迫出售货物，有时货物可能并无销路，或者市场行情发生变化需降价处理，这时可能发生部分损失。

银行对开证申请人一般是审核下述几个方面：

（1）经营状况、收益状况。

（2）过去经营所指定交易的历史。

（3）资金实力、作风、信誉。

（4）在同业中的地位及发展方向。

（5）可能提供或银行可能获得的保证。

另外，还要对该进口交易的合法性进行审核，并要求进口商同时提供有关的文件，如进口许可证、合同文本等。

3．开证抵押

如果以上审查通过，开证行就会要求申请人提供押金，即保证金。从理论上讲，申请人提供不动产作抵押，或以动产及财产权利作押，以及提供其他银行的保函都是可以的，但实际中多是要求以现金作押。保证金可以用现汇，也可从申请人的存款中扣除，拨入保证金账户。具体缴纳保证金的数额与申请人的资信、货物的市场销售等情况有关，有时高达90%～100%，有时仅百分之几，甚至免收。如果申请人同时也是另一份信用证的受益人，则可以要求用出口信用证项下的权益代替押金。银行如果觉得出口信用证下的收汇有把握，而且金额超过申请开立的用于进口的信用证金额，也可以接受申请人要求，以正本出口信用证作抵押。此外，如果申请人提供其他银行的有效保函，保证承担因开证而引起的各项义务，则开证行也可以免除抵押的要求，因为收取押金并非必需。

大多数要求开立跟单信用证的客户都会在一段时间内进行多笔交易，因而也将多次申请开证。若每进行一笔业务都开展一次资信调查，则手续较为繁杂。因此银行往往根据资信调查情况规定一个授信额度，此额度是免保开证的最高限额，有了授信额度之后，在授信金额范围内开证可不收保证金，超过授信额度时才收取保证金。国外保证金通常不计利息。

申请人向银行交存保证金时，应提交支票和三联进账单，支票作借方凭证，第一联进账单作回单加盖转讫章后交申请人，第二联进账单作贷方凭证，第三联进账单作贷方凭证附件。对于申请人提供抵押、质押或保函的业务，应登记备忘科目登记簿；收入的重要单据或有价单证，应专夹保管。

实训项目

实训项目 3-1　申请开立延期付款信用证和开证操作

2009年7月27日，杭州瀚森进出口有限公司与德国 iNOK GmbH 就进口1套德国产的塑料挤出机用自动重力计量系统 Automation System for Liquid Silane，签订如下进口合同。

CONTRACT

Contract No：2009-0727-01

Signing Date：July 27，2009

The Buyer：Hangzhou Highsun Import and Export Co.，Ltd.

Address：No. 888 Wen'er Rd. Hangzhou，China

The Seller：iNOK GmbH

Address：Borweg 12 A-90873 Bad Oeynhausen，Germany

This Contract is made by and between the Buyer and Seller，whereby the Buyer agrees to buy and the Seller agrees to sell the under-mentioned commodity according to the terms and conditions stipulated below：

1. Commodity and Specifications	2. Quantity	3. Unit Price	4. Total Amount
Automation system for liquid silane Saveomat A12	1 Set	CIP Hangzhou Airport US＄81000.00/Set	US＄81000.00

TOTAL VALUE：U.S. DOLLARS EIGHTY-ONE THOUSAND ONLY.

5. **Country of Origin and Manufacturer**：iNOK GmbH，Germany

6. **Delivery Time**：Delivery in 6 weeks upon receipt of L/C opened by the Buyer. Partial shipment and transshipment are not allowed.

7. **Port of Shipment**：Main European Airport

8. **Port of Destination**：Hangzhou Airport，China

9. **Packing**：Strong wooden case(s) or container(s) suitable for long distance airfreight. The Seller shall be liable for any damage to the goods on account of improper packing. The wooden packing should have IPPC mark.

10. **Shipping Mark**：The Seller shall mark on each package with fadeless paint the package number，gross weight，measurement and the wordings：

"KEEP AWAY FROM MOISTURE"

"HANDLE WITH CARE"

"THIS SIDE UP"

11. **Payment**：100％ contract value payable against irrevocable deferred payment L/C at 120 days after B/L date to be opened with：

DZ Bank AG，Hannover，Germany

Account number：**140980**

Bank code：**25050000**

Swift code：**GENODEFF250**

12. **Insurance**：To be covered by the Seller for 110％ of invoice value covering All Risks in favor of the Buyer.

13. **Documents**：

a. Signed Commercial Invoice in quintuplicate indicating the L/C no. and contract no.

b. Packing List in triplicate indicating quantity，gross and net weight of each package.

c. Insurance Policy/Certificate in full set for 110％ of the invoce value showing claims payable in China in the same currency of the invoice，blank endorsed，covering All Risks.

d. Guarantee of Quality in 3 originals issued by the Seller.

e. Certificate of Origin in 3 originals issued by Manufacturer

f. The Seller's certified copy or fax dispatched to the Buyer within 3 days after shipment advising the L/C no. , name of goods, quantity, weight and value of goods, name of airplane,contract no. , airport of departure, date of shipment.

g. The Seller's Certificate certified the Seller had faxed full set of documents to the Buyer within 72 hours after shipment.

14. Other Terms：(omitted)

This contract is made in two originals, one original for each party in witness thereof.

THE BUYER：HANGZHOU HIGHSUN IMPORT AND EXPORT CO. , LTD.

石梅

THE SELLER：iNOK GmbH

BETTY

任务 1 进口商填写开证申请书和办理申请开证手续

2009 年 8 月 3 日,杭州瀚森进出口有限公司外贸业务员李惠需根据以上进口合同的要求填写以下开证申请书(空白开证申请书见表 3-5),并向其账户行中国农业银行浙江省分行国际业务部办理申请开证手续。要求采用 SWIFT 电报方式开证,交单期为装运日期后15 天内。中国农业银行浙江省分行给予杭州瀚森进出口有限公司的开证授信额度为 100万美元。

表 3-5 空白开证申请书
IRREVOCABLE DOCUMENTARY CREDIT APPLICATION

To: Date：

( )Issue by airmail ( )With brief advice by teletransmission ( )Issue by teletransmission ( )Issue by express	Credit No. Date and place of expiry
Applicant	Beneficiary
Advising Bank	Amount： Say：

Partial shipments ( )allowed ( )not allowed	Transshipment ( )allowed ( )not allowed	Credit available with _____ By ( )sight payment ( )acceptance ( )negotiation ( )deferred payment at against the documents detailed herein ( )and beneficiary's draft(s) for ____% of invoice value at _____ sight drawn on _____
Loading on board： not later than For transportation to：		
( )FOB ( )CFR ( )CIF ( )other terms		

Documents required：（marked with ×）

1. （　）Signed commercial invoice in ＿＿ copies indicating L/C No. and Contract No. ＿＿.
2. （　）Full set of clean on board Bills of Lading made out to order and blank endorsed，marked "freight
〔　〕to collect / 〔　〕prepaid" notifying ＿＿＿.

（　）Airway bills/cargo receipt/copy of railway bills issued by ＿＿＿＿＿＿showing "freight 〔　〕to
collect/〔　〕prepaid" 〔　〕indicating freight amount and consigned to ＿＿＿＿

3. （　）Insurance Policy/Certificate in 　　for 　　of the invoice value blank endorsed，covering ＿＿＿
4. （　）Packing List/Weight Memo in 　　copies indicating quantity，gross and net weights of each package.
5. （　）Certificate of Quantity and/or Quality in ＿＿ copies issued by ＿＿＿＿.
6. （　）Certificate of ＿＿ Origin in ＿＿ copies issued by ＿＿＿＿.
7. （　）Beneficiary's certified copy of fax send to the applicant within ＿＿＿＿＿ days after shipment
advising L/C No.，name of vessel，date of shipment，name，quantity，weight and value of goods.

（　）Other documents，if any

Description of goods：

Additional instructions：

1. （　）All banking charges outside the opening bank are for beneficiary's account.
2. （　）Documents must be presented within ＿＿ days after date of shipment but within the validity of
this credit

（　）Other terms，if any

STAMP OF APPLICANT：

任务 2　开证行办理开证手续

中国农业银行浙江省分行国际业务部对杭州瀚森进出口有限公司提交的相关材料进行审核后很快批准了开证申请。2009 年 8 月 6 日，中国农业银行浙江省分行国际业务部职员洪天须根据开证申请书填制信用证以下 MT700 报文各项内容，审核无误后通过 SWIFT 发送给通知行。

MT 700　　　　　　　　　　ISSUE OF A DOCUMENTARY CREDIT

SENDER　：ABOCCNBJ110

　　　　　　　AGRICULTURE BANK OF CHINA ZHEJIANG BRANCH

RECEIVER：GENODEFF250

　　　　　　DZ BANK AG，HANNOVER，GERMANY

27：　SEQUENCE OF TOTAL

40A：FORM OF DOCUMENTARY CREDIT

20： DOCUMENTARY CREDIT NUMBER
111LC10070053

31C：DATE OF ISSUE

40E：APPLICABLE RULES

31D：DATE AND PLACE OF EXPIRY

50： APPLICANT

59： BENEFICIARY

32B：CURRENCY CODE，AMOUNT

41A：AVAILABLE WITH...BY...

42P：DEFERRED PAYMENT DETAILS

43P：PARTIAL SHIPMENTS

43T：TRANSSHIPMENT

44E：PORT OF LOADING/AIRPORT OF DEPARTURE

44F：PORT OF DISCHARGE/AIRPORT OF DESTINATION

44C：LATEST DATE OF SHIPMENT

45A：DESCRIPTION OF GOODS &/OR SERVICES

46A：DOCUMENTS REQUIRED

> 47A: ADDITIONAL CONDITIONS
>
> 1. A FEE OF USD50.00 OR EQUIVALENT WILL BE DEDUCTED FROM THE PRO-CEEDS FOR EACH PRESENTATION OF DISCREPANT DOCUMENTS UNDER THIS CREDIT. ACCEPTANCE OF ANY DISCREPANT DOCUMENTS THEREUNDER DOES NO WAY AMEND OUR L/C CONDITION, EACH SET OF DOCUMENTS UNDER THIS L/C BEARING SAME DISCREPANCY WILL BE DETERMINED ON A CASE-BY-CASE BASIS.
>
> 2. DOCUMENTS PRESENTED WITH DISCREPANCIES WILL BE REJECTED. WE WILL HOLD THE DOCUMENTS UNTIL WE RECEIVE A WAIVER FROM THE APPLICANT AND AGREE TO ACCEPT IT OR RECEIVE YOUR FURTHER INSTRUCTIONS PRIOR TO AGREEING TO ACCEPT A WAIVER.
>
> 3. PLS RELEASE THIS L/C TO BENEFICIARY AFTER ALL YOUR ADVISING COMMISSIONS COLLECTED.
>
> 71B: CHARGES
>
> ALL BANKING CHARGES OUTSIDE THE ISSUING BANK ARE FOR ACCOUNT OF BENEFICIARY.
>
> 48: PERIOD FOR PRESENTATION
>
> 49: CONFIRMATION INSTRUCTION
>
> WITHOUT
>
> 78: INSTRUCTION TO PAYING/ACCEPTING/NEGOTIATING BANK
>
> 1. ALL DOCUMENTS TO BE SENT DIRECTLY TO THE AGRICULTURAL BANK OF CHINA, ZHEJIANG BRANCH, INTERNATIONAL DEPT., 30 QINGCHUN ROAD, HANGZHOU, P.R. CHINA IN ONE LOT BY COURIER SERVICE.
>
> 2. WE WILL HONOUR UPON RECEIPT OF THE STIPULATED DOCUMENTS WHICH CONSTITUTE A COMPLYING PRESENTATION.
>
> 3. THIS CREDIT IS SUBJECT TO UCPDC (2007 REVISION) ICC PUBLICATION NO. 600.

实训项目 3-2　申请开立议付信用证和开证操作

上接实训项目 1-2。

任务 1　进口商填写开证申请书和办理申请开证手续

2009 年 7 月 6 日,南京丽雪进出口有限公司外贸业务员任畅需根据进口合同的要求填写以下开证申请书(空白开证申请书见表 3-6),并向其账户行中国银行江苏省分行国际业务部办理申请开证手续。要求采用 SWIFT 电报方式开证。中国银行江苏省分行给予南京丽雪进出口有限公司的开证授信额度为 120 万美元。

表 3-6　　　　　　　　　　　空白开证申请书
IRREVOCABLE DOCUMENTARY CREDIT APPLICATION

To：　　　　　　　　　　　　　　　　　　　Date：

( )Issue by airmail ( )With brief advice by teletransmission ( )Issue by teletransmission ( )Issue by express	Credit No. Date and place of expiry
Applicant	Beneficiary
Advising Bank	Amount： Say：

Partial shipments ( )allowed ( )not allowed	Transshipment ( )allowed ( )not allowed	Credit available with ＿＿＿＿＿＿＿＿＿＿ By ( )sight payment　( )acceptance 　( )negotiation　　( )deferred payment at
Loading on board： not later than For transportation to： ( )FOB ( )CFR ( )CIF ( )other terms		against the documents detailed herein ( ) and beneficiary's draft(s) for ＿＿＿% of invoice value at ＿＿＿＿＿＿＿sight drawn on ＿＿＿＿＿＿＿＿＿

Documents required：(marked with ×)
1. ( )Signed commercial invoice in ＿＿ copies indicating L/C No. and Contract No. ＿＿.
2. ( )Full set of clean on board Bills of Lading made out to order and blank endorsed, marked "freight 〔 〕 to collect / 〔 〕prepaid" notifying ＿＿＿.
　( )Airway bills/cargo receipt/copy of railway bills issued by ＿＿＿＿ showing "freight 〔 〕to collect/〔 〕 prepaid" 〔 〕 indicating freight amount and consigned to ＿＿＿
3. ( )Insurance Policy/Certificate in ＿＿ for ＿＿ of the invoice value blank endorsed, covering ＿＿
4. ( )Packing List/Weight Memo in ＿＿ copies indicating quantity, gross and net weights of each package.
5. ( )Certificate of Quantity and/or Quality in ＿＿ copies issued by ＿＿＿.
6. ( )Certificate of ＿＿ Origin in ＿＿ copies issued by ＿＿＿.
7. ( )Beneficiary's certified copy of fax send to the applicant within ＿＿＿＿ days after shipment advising L/C No., name of vessel, date of shipment, name, quantity, weight and value of goods.
　( )Other documents, if any

Description of goods：

Additional instructions：
1. ( )All banking charges outside the opening bank are for beneficiary's account.
2. ( )Documents must be presented within ＿＿ days after date of shipment but within the validity of this credit
　( )Other terms, if any

STAMP OF APPLICANT：

任务 2　开证行办理开证手续

　　中国银行江苏省分行国际业务部对南京丽雪进出口有限公司提交的相关材料进行审核后很快批准了开证申请。2009 年 7 月 9 日，中国银行江苏省分行国际业务部职员田天须根据开证申请书填制信用证以下 MT700 报文各项内容，审核无误后通过 SWIFT 发送给通知行。

MT 700	ISSUE OF A DOCUMENTARY CREDIT
SENDER　:BKCHCNBJ940	
	BANK OF CHINA JIANGSU BRANCH
RECEIVER:DIWAJPJT222	
	RESONA BANK OSAKA，SENRI-KITA BRANCH
27:	SEQUENCE OF TOTAL
40A:	FORM OF DOCUMENTARY CREDIT
20:	DOCUMENTARY CREDIT NUMBER
	111LC10070053
31C:	DATE OF ISSUE
40E:	APPLICABLE RULES
31D:	DATE AND PLACE OF EXPIRY
50:	APPLICANT
59:	BENEFICIARY
32B:	CURRENCY CODE，AMOUNT
41A:	AVAILABLE WITH…BY…
42C:	DRAFTS AT…
42A:	DRAWEE
43P:	PARTIAL SHIPMENTS
43T:	TRANSSHIPMENT

44E: PORT OF LOADING/AIRPORT OF DEPARTURE

44F: PORT OF DISCHARGE/AIRPORT OF DESTINATION

44C: LATEST DATE OF SHIPMENT

45A: DESCRIPTION OF GOODS &./OR SERVICES

46A: DOCUMENTS REQUIRED

47A: ADDITIONAL CONDITIONS

1. A FEE OF USD50.00 OR EQUIVALENT WILL BE DEDUCTED FROM THE PRO-CEEDS FOR EACH PRESENTATION OF DISCREPANT DOCUMENTS UNDER THIS CREDIT. ACCEPTANCE OF ANY DISCREPANT DOCUMENTS THEREUNDER DOES NO WAY AMEND OUR L/C CONDITION, EACH SET OF DOCUMENTS UNDER THIS L/C BEARING SAME DISCREPANCY WILL BE DETERMINED ON A CASE-BY-CASE BASIS.

2. DOCUMENTS PRESENTED WITH DISCREPANCIES WILL BE REJECTED. WE WILL HOLD THE DOCUMENTS UNTIL WE RECEIVE A WAIVER FROM THE APPLICANT AND AGREE TO ACCEPT IT OR RECEIVE YOUR FURTHER INSTRUCTIONS PRIOR TO AGREEING TO ACCEPT A WAIVER.

3. PLS RELEASE THIS L/C TO BENEFICIARY AFTER ALL YOUR ADVISING COMMIS-SIONS COLLECTED.

71B: CHARGES

ALL BANKING CHARGES OUTSIDE THE ISSUING BANK ARE FOR ACCOUNT OF BENEFICIARY.

48: PERIOD FOR PRESENTATION

49: CONFIRMATION INSTRUCTION

WITHOUT

78: INSTRUCTION TO PAYING/ACCEPTING/NEGOTIATING BANK

1. ALL DOCUMENTS TO BE SENT DIRECTLY TO BANK OF CHINA, JIANGSU BRANCH, INTERNATIONAL DEPT., 148 ZHONGSHAN SOUTH ROAD, NANJING, P. R. CHINA IN ONE LOT BY COURIER SERVICE.

2. WE WILL HONOUR UPON RECEIPT OF THE STIPULATED DOCUMENTS WHICH CONSTITUTE A COMPLYING PRESENTATION.

3. THIS CREDIT IS SUBJECT TO UCPDC (2007 REVISION) ICC PUBLICATION NO. 600.

学习情境四
通知和审核信用证操作

4

⇨ **学习目标**

[能力目标]

能以通知行身份根据信用证制作信用证通知书给受益人；能以受益人（出口商）身份根据合同审核信用证，找出不合理条款并提出修改意见。

[知识目标]

掌握审证的依据、步骤和要点，熟悉通知行在通知信用证时应注意的事项。

⇨ **工作项目**

2010 年 3 月 25 日，中国银行浙江省分行国际业务部职员夏明收到中国银行伦敦分行（Bank of China, London Branch）开来的如下信用证：

MT 700		ISSUE OF A DOCUMENTARY CREDIT
SENDER		BANK OF CHINA, LONDON BRANCH, U. K.
RECEIVER		BANK OF CHINA, ZHEJIANG BRANCH, CHINA
SEQUENCE OF TOTAL	27：	1 / 1
FORM OF DOC. CREDIT	40A：	IRREVOCABLE
DOC. CREDIT NUMBER	20：	LC-520-046704
DATE OF ISSUE	31C：	100325
APPLICABLE RULES	40E：	UCP LATEST VERSION
DATE AND PLACE OF EXPIRY.	31D：	DATE 100430 PLACE IN U. K.
APPLICANT	50：	RAM TRADING CO. , LTD.
		9 SMITH STREET, LITTLEBOROUGH, OL15, 8QF, U. K.
BENEFICIARY	59：	ZHEJIANG LIFAN DOWN PRODUCTS CO. , LTD.
		6 YILE ROAD, HANGZHOU, P. R. CHINA

AMOUNT	32B:	CURRENCY GBP AMOUNT 28445.48
AVAILABLE WITH/BY	41D:	ANY BANK IN CHINA,
		BY NEGOTIATION
DRAFTS AT ...	42C:	60 DAYS AFTER SIGHT
DRAWEE	42A:	BANK OF CHINA, LONDON BRANCH
PARTIAL SHIPMENT	43P:	PROHIBITED
TRANSSHIPMENT	43T:	ALLOWED
PORT OF LOADING/	44E:	CHINESE MAIN PORT
AIRPORT OF DEPARTURE		
PORT OF DISCHARGE	44F:	SOUTHAMPTON, U.K.
LATEST DATE OF SHIPMENT	44C:	100425
DESCRIPTION OF GOODS	45A:	WHITE DUCK FEATHER AND DOWN DUVET, AS
AND/OR SERVICES.		PER S/C NO. LD20100318

ART. NO.   QUANTITY UNIT PRICE   AMOUNT

A001 KING 225×220CM 828PCS   GBP18.34/PC GBP15185.52

A002 KING 225×220CM 644PCS   GBP 20.59/PC GBP13259.96

AT CIF SOUTHAMPTON, U.K.

DOCUMENTS REQUIRED	46A:	+COMMERCIAL INVOICE SIGNED IN TRIPLICATE.

+PACKING LIST IN TRIPLICATE.

+ORIGINAL GSP FORM A CERTIFICATE OF CHINESE ORIGIN PLUS TWO COPIES CERTIFIED BY CCPIT.

+FULL SET (3/3) OF CLEAN 'ON BOARD' OCEAN BILLS OF LADING MADE OUT TO APPLICANT MARKED FREIGHT PREPAID AND NOTIFY APPLICANT.

+INSURANCE POLICY/CERTIFICATE IN DUPLICATE ENDORSED IN BLANK FOR 150% INVOICE VALUE, COVERING ALL RISKS OF CIC OF PICC (1/1/1981) INCL. WAREHOUSE TO WAREHOUSE AND I. O. P AND SHOWING THE CLAIMING CURRENCY IS THE SAME AS THE CURRENCY OF CREDIT.

ADDITIONAL CONDITION	47A:	+ DOCUMENTS DATED PRIOR TO THE DATE OF THIS CREDIT ARE NOT ACCEPTABLE.

+THE NUMBER AND THE DATE OF THIS CREDIT AND THE NAME OF ISSUING BANK MUST BE QUOTED ON ALL DOCUMENTS.

+TRANSSHIPMENT ALLOWED AT HONGKONG ONLY.

+ SHORT FORM/CHARTER PARTY/THIRD PARTY BILLS OF LADING ARE NOT ACCEPTABLE.

+SHIPMENT MUST BE EFFECTED BY 1×40' FULL CONTAINER LOAD. B/L TO SHOW EVIDENCE OF THIS EFFECT IS REQUIRED.

		+ ALL PRESENTATIONS CONTAINING DISCREPAN-CIES WILL ATTRACT A DISCREPANCY FEE OF USD60.00 PLUS TELEX COSTS OR OTHER CURRENCY EQUIVALENT. THIS CHARGE WILL BE DEDUCTED FROM THE BILL AMOUNT WHETHER OR NOT WE ELECT TO CONSULT THE APPLICANT FOR A WAIVER
CHARGES	71B:	ALL CHARGES AND COMMISSIONS ARE FOR ACCOUNT OF BENEFICIARY INCLUDING REIMBURSING FEE.
PERIOD FOR PRESENTA-TION	48:	WITHIN 5 DAYS AFTER THE DATE OF SHIPMENT, BUT WITHIN THE VALIDITY OF THIS CREDIT.
CONFIRMATION INSTRUC-TION	49:	WITHOUT
REIMBURSING BANK	53A:	HSBC BANK PLC,NEW YORK
INFORMATION TO PRE-SENTING BANK	78:	ALL DOCUMENTS ARE TO BE REMITTED IN ONE LOT BY COURIER TO BANK OF CHINA, LONDON BRANCH, 90 CANNON STREET, LONDON EC4N 6HA U.K.

任务 1   通知行制作信用证通知书

夏明须核对信用证的真实性,然后填制信用证通知书(表 4-1),通知受益人。

表 4-1   信用证通知书

中 国 银 行 股份有限公司浙江省分行
BANK OF CHINA LIMITED
ZHEJIANG BRANCH
ADDRESS: 321 FENGQI ROAD, HANGZHOU   ED09
CABLE:6892   信用证通知书
TELEX:35019 BOCHZ CN **NOTIFICATION OF DOCUMENTARY CREDIT**
SWIFT: BKCH CNBJ910
FAX:85010842   / /

To: 致		WHEN CORRESPONDING AD91005305427 PLEASE QUTOTE REF. NO.	
ISSUING BANK 开证行		TRANSMITTED TO US THROUGH 传递行 REF. NO. REIM. BANK	
L/C NO.信用证号	DATED 开证日期 / /	AMOUNT 金额	EXPIRY PLACE 有效地

EXPIRY DATE 效期 / /	TENOR 期限	CHARGE 未付费用 RMB200.00	CHARGE BE 费用承担人
RECEIVED VIA 来证方式	信用证是否有效	TEST/SIGN 印押是否相符	CONFIRM 我行是否保兑

DEAR SIRS,迳启者:

WE HAVE PLEASURE IN ADVISING YOU THAT WE HAVE RECEIVED FROM BANK OF CHINA,HAMBURG BRANCH A(N) LETTER OF CREDIT, CONTENTS OF WHICH ARE AS PER ATTACHED SHEET(S). THIS ADVICE AND THE ATTACHED SHEET(S) MUST AC-COMPANY THE RELATIVE DOCUMENTS WHEN PRESENTED FOR NEGOTIATION.

兹通知贵司,我行收到自上述银行信用证一份,现随附通知,贵司交单时,请将本通知书及信用证一并提示。

REMARK 备注:

PLEASE NOTE THAT THIS ADVICE DOES NOT CONSTITUTE OUR CONFIRMATION OF THE ABOVE L/C NOR DOES IT CONVEY ANY ENGAGEMENT OR OBLIGATION ON OUR PART. 限制中行议付

THIS L/C CINSISTS OF TWO SHEETS, INCLUDING THE COVERING LETTER AND AT-TACHMENT(S).

本信用证连同面函及附件共 2 纸。

IF YOU FIND ANY TERMS AND CONDITIONS IN THE L/C WHICH YOU ARE UNABLE TO COMPLY WITH AND OR AND ERRORS, IT IS SUGGESTED THAT YOU CONTACT APPLI-CANT DIRECTLY FOR NECESSARY

AMENDMENT(S) SO AS TO AVOID ANY DIFFICULTIES WHICH MAY ARISE WHEN DOCU-MENTS ARE PRESENES.

如本信用证中有无法办到的条款及/或错误,请迳与开证申请人联系,进行必要的修改,以排除交单时可能发生的问题。

THIS L/C IS ADVISED SUBJECT TO ICC UCP PUBLICATION NO.600.

本信用证之通知系遵循国际商会跟单信用证统一惯例第 600 号出版物办理。

YOURS FAITHFULLY,

FOR **BANK OF CHINA**,**ZHEJIANG**

任务 2 受益人审核信用证

2010 年 3 月 25 日,浙江立方羽绒制品有限公司外贸单证员牛峰收到了中国银行浙江省分行国际业务部的信用证通知书和信用证后,根据以下与英国的 RAM 贸易有限公司签订的鸭绒被出口销售合同,审核该信用证,找出问题条款并提出修改意见。

SALES CONTRACT

NO.：LD20100318   DATE：MAR. 15，2010

THE SELLER：ZHEJIANG LIFANG DOWN PRODUCTS CO.，LTD.

      6 YILE ROAD，HANGZHOU，P. R. CHINA

      TEL：0086-571-89810080   FAX：0086-571-89810087

THE BUYER：RAM TRADING CO.，LTD.

      9 SMITH STREET，LITTLEBOROUGH，OL15，8QF，U. K.

      TEL：0044-845-6012288   FAX：0044-845-6012289

This Contract is made by and between the Buyer and Seller, whereby the Buyer agrees to buy and the Seller agrees to sell the under-mentioned commodity according to the terms and conditions stipulated below：

Commodity & specification	Quantity	Unit price	Amount
White Duck Feather And Down Duvet		CIF Southampton，U. K.	
A001 King 225×220CM	828pcs	USD18. 34/pc	USD15185. 52
A002 King 225×220CM	644pcs	USD20. 59/pc	USD13259. 96
TOTAL	1472pcs		USD28445. 48

TOTAL CONTRACT VALUE：SAY U. S. DOLLARS TWENTY EIGHT THOUSAND FOUR HUNDRED FORTY FIVE AND CENTS FORTY EIGHT ONLY.

More or less 5% of the quantity and the amount are allowed.

PACKING：4 pcs/ctn.

MARKS：Shipping mark includes RAM，S/C no.，article no.，port of destination and carton no.

TIME OF SHIPMENT ：

Within 60 days upon receipt of the L/C which accord with relevant clauses of this Contract.

PORT OF LOADING AND DESTINATION：

From Shanghai，China to Southampton，U. K.

Transshipment is allowed and partial shipment is prohibited.

INSURANCE：To be effected by the seller for 110% of invoice value covering All Risks as per CIC of PICC dated 01/01/1981.

TERMS OF PAYMENT：By irrevocable Letter of Credit at 30 days after sight，reaching the seller not later than Apr. 5，2010 and remaining valid for negotiation in China for further 15 days after the effected shipment. In case of late arrival of the L/C，the seller shall not be liable for any delay in shipment and shall have the right to rescind the contract and /or claim for damages.

DOCUMENTS：

+Signed Commercial Invoice in triplicate.

+Full set of clean on board ocean Bill of Lading marked "freight prepaid" made out to order of shipper blank endorsed notifying the applicant.

+Insurance Policy in duplicate endorsed in blank.

＋Packing List in triplicate.

＋Original GSP Form A Certificate of Origin plus two copies certified by CCPIT.

OTHER TERMS：Omitted

This contract is made in two original copies and becomes valid after signature，one copy to be held by each party.

Signed by：

    THE SELLER：   **THE BUYER**：

ZHEJIANG LIFANG DOWN PRODUCTS CO.，LTD.   RAM TRADING CO.，LTD

               叶子   Annie Jodan

▷ 操作示范

任务1　通知行制作信用证通知书

第一步：核对信用证的真实性。

根据 UCP600 第 9 条规定："通过通知信用证或修改，通知行即表明其认为信用证或修改的表面真实性得到满足，且通知准确地反映了所收到的信用证或修改的条款及条件。"因此，通知行收到开证行发来的信用证时，对于信开信用证，核对其签章和密押是否正确，对于电开信用证，则核对密押是否正确，以确认此证确实是本行应通知的，并从表面上辨别其真伪。

本信用证由于是通过 SWIFT 系统发送的 MT700 格式报文，系统自动核押，因此是正本信用证。同时通知行应根据电开信用证副本登记"信用证通知登记簿"。在这里对电开信用证、修改书等核对无误后要注明"正本"字样，复印联注明"副本"字样。

假如查证后密押不符的，应立即向开证行查询，若本行与开证行无密押关系，可经第三家有密押关系的代理行加押证实。对信开信用证及修改通知书，以及授权书等，签章不符的，应及时将该信用证寄退开证行重开信用证；密押不符的，应在一个工作日之内查询开证行。

对于密押未查实的信用证或修改事项，可一面向开证行核实，一面通知受益人，注明"押未核，仅供参考"（As we are unable to verify the　signature/test keys appearing on this credit，we merely pass it to you without any responsibility or engagement.）。

第二步：制作信用证通知书给受益人。

夏明作为通知行工作人员，要在通知书中填制他所在的部门和银行地址，并根据信用证 L/C No. LC-520-046704 的内容在通知书中填好信用证相关信息。制作好的通知书见表 4-2。

表 4-2   信用证通知书

中 国 银 行 股份有限公司浙江省分行
BANK OF CHINA LIMITED

ZHEJIANG BRANCH

ADDRESS: 321 FENGQI ROAD, HANGZHOU   ED09

CABLE:6892   信用证通知书

TELEX:35019 BOCHZ CN   **NOTIFICATION OF DOCUMENTARY CREDIT**

SWIFT: BKCH CNBJ910

FAX:85010842   2010/03/25

To: 致 ZHEJIANG LIFANG DOWN PRODUCTS CO. , LTD.	WHEN CORRESPONDING AD91005305427 PLEASE QUTOTE REF. NO
ISSUING BANK 开证行 BANK OF CHINA, LONDON BRANCH	TRANSMITTED TO US THROUGH 传递行 REF. NO. REIM. BANK

L/C NO. 信用证号 LC-520-046704	DATED 开证日期 2010/03/25	AMOUNT 金额 GBP28445.48	EXPIRY PLACE 有效地 U. K.
EXPIRY DATE 效期 2010/04/30	TENOR 期限 60 DAYS	CHARGE 未付费用 RMB200.00	CHARGE BE 费用承担人 LIFANG
RECEIVED VIA 来证方式 SWIFT	信用证是否有效 VALID	TEST/SIGN 印押是否相符 YES	CONFIRM 我行是否保兑 NO

DEAR SIRS,逐启者:

WE HAVE PLEASURE IN ADVISING YOU THAT WE HAVE RECEIVED FROM BANK OF CHINA, HAMBURG BRANCH A(N) LETTER OF CREDIT, CONTENTS OF WHICH ARE AS PER ATTACHED SHEET(S). THIS ADVICE AND THE ATTACHED SHEET(S) MUST ACCOMPANY THE RELATIVE DOCUMENTS WHEN PRESENTED FOR NEGOTIATION.

兹通知贵司,我行收到自上述银行信用证一份,现随附通知,贵司交单时,请将本通知书及信用证一并提示。

REMARK 备注:

PLEASE NOTE THAT THIS ADVICE DOES NOT CONSTITUTE OUR CONFIRMATION OF THE ABOVE L/C NOR DOES IT CONVEY ANY ENGAGEMENT OR OBLIGATION ON OUR PART. 限制中行议付

THIS L/C CINSISTS OF TWO SHEETS, INCLUDING THE COVERING LETTER AND ATTACHMENT(S).

本信用证连同面函及附件共 2 纸。

IF YOU FIND ANY TERMS AND CONDITIONS IN THE L/C WHICH YOU ARE UNABLE TO COMPLY WITH AND OR AND ERRORS, IT IS SUGGESTED THAT YOU CONTACT APPLICANT DIRECTLY FOR NECESSARY

AMENDMENT(S) SO AS TO AVOID ANY DIFFICULTIES WHICH MAY ARISE WHEN DOCUMENTS ARE PRESENES.

如本信用证中有无法办到的条款及/或错误,请迳与开证申请人联系,进行必要的修改,以排除交单时可能发生的问题。

THIS L/C IS ADVISED SUBJECT TO ICC UCP PUBLICATION NO. 600.

本信用证之通知系遵循国际商会跟单信用证统一惯例第 600 号出版物办理。

YOURS FAITHFULLY,

FOR **BANK OF CHINA, ZHEJIANG**

任务2 受益人审核信用证

第一步:读懂 LD20100318 外贸合同条款。

浙江立方羽绒制品有限公司外贸单证员牛峰拿出 LD20100318 外贸合同,先熟悉外贸合同各条款内容。对于一些特殊的外贸合同条款,外贸单证员要特别注意,如该外贸合同提到的增减条款:"More or less 5% of the quantity and the amount are allowed."。

第二步:根据 LD20100318 外贸合同,审核 LC-520-046704 信用证找出问题条款。

首先,对照外贸合同条款,逐条审核信用证各条款。审核之后发现如下不符的情况:

(1)信用证规定交单地点在英国,容易造成受益人迟交单,对受益人不利。

(2)信用证中受益人名称"LIFAN"错误,正确的是"LIFANG"。

(3)信用证中的单价与金额货币单位错误,不是英镑而是美元。

(4)信用证中汇票的付款期限"AT 60 DAYS AFTER SIGHT"错误,正确的是"AT 30 DAYS AFTER SIGHT"。

(5)信用证中装运港为"CHINESE MAIN PORT",与合同中的"SHANGHAI, CHINA"不一致。

(6)信用证规定只能在香港转运,这与合同规定不符。

(7)信用证中最迟装运日期 2010 年 4 月 25 日错误,根据合同应该为开证日期后的 60 天,因为开证日期为 2010 年 3 月 25 日,所以最迟装运日期应该是 2010 年 5 月 25 日。若最迟装运日期为 2010 年 4 月 25 日,就很有可能过装运期。

(8)信用证保险单据条款中投保金额比例"150% INVOICE VALUE"错误,正确的是"110% INVOICE VALUE"。

(9)信用证海运提单条款中提单抬头"TO APPLICANT"对受益人非常不利,应该为"TO ORDER"。

(10)信用证交单期"WITHIN 5 DAYS AFTER THE DATE OF SHIPMENT"错误,根据合同,应该为"WITHIN 15 DAYS AFTER THE DATE OF SHIPMENT"。

(11)根据以上关于最迟装运日期和交单期的错误,信用证效期也随之错误,正确的应该为 2008 年 5 月 10 日。

(12)信用证费用条款"ALL CHARGES AND COMMISSIONS ARE FOR ACCOUNT

OF BENEFICIARY INCLUDING REIMBURSING FEE. "不合理,因为开证行费用包括偿付费用理应由开证申请人承担。

其次,核对外贸合同,有无信用证漏开的外贸合同条款。

通过仔细核对,信用证漏开了一个重要的外贸合同条款:"MORE OR LESS 5% OF QUANTITY OF GOODS AND CREDIT AMOUNT IS ALLOWED. "这对于受益人来讲,非常不利,大大限制了操作的弹性。

最后,列出信用证中如下问题条款:

---

1. 信用证规定交单地点在英国,对受益人不利。
2. 信用证中受益人名称"LIFAN"错误,正确的是"LIFANG"。
3. 信用证中的单价与金额货币单位错误,不是英镑而是美元。
4. 信用证中汇票的付款期限"AT 60 DAYS AFTER SIGHT"错误,正确的是"AT 30 DAYS AFTER SIGHT"。
5. 信用证中装运港为"CHINESE MAIN PORT",与合同中的"SHANGHAI, CHINA"不一致。
6. 信用证规定只能在香港转运,这与合同规定不符。
7. 信用证中最迟装运日期 2010 年 4 月 25 日错误,根据合同应该为开证日期后的 60 天,因为开证日期为 2010 年 3 月 25 日,所以最迟装运日期应该是 2010 年 5 月 25 日。
8. 信用证保险单据条款中投保金额比例"150% INVOICE VALUE"错误,正确的是"110% INVOICE VALUE"。
9. 信用证海运提单条款中提单抬头"TO APPLICANT"对受益人非常不利,应该为"TO ORDER"。
10. 信用证交单期"WITHIN 5 DAYS AFTER THE DATE OF SHIPMENT"错误,根据合同,应该为"WITHIN 15 DAYS AFTER THE DATE OF SHIPMENT"。
11. 根据以上关于最迟装运日期和交单期的错误,信用证效期也随之错误,正确的应该为 2010 年 6 月 10 日。
12. 信用证费用条款"ALL CHARGES AND COMMISSIONS ARE FOR ACCOUNT OF BENEFICIARYIN-CLUDING REIMBURSING FEE. "不合理。因为开证行费用包括偿付费用理应由开证申请人承担。
13. 信用证漏开了一个重要的外贸合同条款:"MORE OR LESS 5% OF QUANTITY OF GOODS AND CREDIT AMOUNT IS ALLOWED. "这对于受益人来讲,非常不利,大大限制了操作的弹性。

第三步:对信用证的问题条款提出修改意见。

外贸单证员遵循"利己不损人"原则,对于以上审核出来的问题条款,分别按 5 种常见的处理原则处理如下:

▲对我方有利,又不影响对方利益,一般不改。

问题条款:"信用证中装运港为'CHINESE MAIN PORT',与合同中的'SHANGHAI, CHINA'不一致。"信用证的装运港是中国主港,包括上海港,增加了受益人可选择的范围,对我方有利,又不影响对方的利益。

▲对我方有利,但会严重影响对方利益,一定要改。

问题条款:"信用证中的单价与金额货币单位错误,不是英镑而是美元。"若不改,我方会增加收入,对方就会遭受损失。作为一名合格的外贸单证员一定要有诚信的品质,千万不要做"贪小便宜吃大亏"的事。

▲对我方不利,但是在不增加或基本不增加成本的情况下可以完成,可以不改。

问题条款:"信用证规定只能在香港转运,这与合同规定不符。"尽管我方在选择运输路线上缺少弹性,但不影响正常的托运操作,也基本不影响运费,因此可以不改。

▲对我方不利,又要在较大地增加成本的情况下完成,若对方愿意承担成本,则不改;否则,要改。

问题条款:

(1)信用证中汇票的付款期限"AT 60 DAYS AFTER SIGHT"错误,正确的是"AT 30 DAYS AFTER SIGHT"。

(2)信用证保险单据条款中投保金额比例"150％ INVOICE VALUE"错误,正确的是"110％ INVOICE VALUE"。

▲对我方不利,若不改会严重影响安全收汇,则坚决要改。

问题条款:

(1)信用证规定交单地点在英国,容易造成受益人迟交单,对受益人不利。

(2)信用证中受益人名称"LIFAN"错误,正确的是"LIFANG"。这是潜在的危险,一旦双方发生纠纷,就可能成为我方败诉的原因。

(3)信用证中最迟装运日期2010年4月25日错误,根据合同应该为开证日期后的60天,因为开证日期为2010年3月25日,所以最迟装运日期应该是2010年5月25日。若最迟装运日期为2010年4月25日,就很有可能过装运期。

(4)信用证海运提单条款中提单抬头"TO APPLICANT"对受益人非常不利,应该为"TO ORDER"。

(5)信用证交单期"WITHIN 5 DAYS AFTER THE DATE OF SHIPMENT"错误,根据合同,应该为"WITHIN 15 DAYS AFTER THE DATE OF SHIPMENT"。

(6)根据以上关于最迟装运日期和交单期的错误,信用证效期也随之错误,正确的应该为2010年6月10日。

(7)信用证费用条款"ALL CHARGES AND COMMISSIONS ARE FOR ACCOUNT OF BENEFICIARY INCLUDING REIMBURSING FEE."不合理,因为开证行费用包括偿付费用理应由开证申请人承担。

(8)信用证漏开了一个重要的外贸合同条款:"MORE OR LESS 5％ OF QUANTITY OF GOODS AND CREDIT AMOUNT IS ALLOWED."这对于受益人来讲,非常不利,大大限制了操作的弹性。

▲最后,外贸单证员牛峰向外贸业务员金利提出的修改意见为:

1. 信用证规定效期和交单地点分别由2010年4月30日和英国改为2010年6月10日和中国。

2. 信用证中受益人名称"LIFAN"错误,正确的是"LIFANG"。

3. 信用证中的单价与金额货币单位错误,不是英镑而是美元。

4. 信用证中汇票的付款期限"AT 60 DAYS AFTER SIGHT"错误,正确的是"AT 30 DAYS AFTER SIGHT"。

5. 信用证中最迟装运日期2010年4月25日错误,根据合同应该为开证日期后的60天,因为开证日期为2010年3月25日,所以最迟装运日期应该是2010年5月25日;因此,修改时,最迟装运日期要改为信用证修改日期后的60天。

6. 信用证保险单据条款中投保金额比例"150％ INVOICE VALUE"错误,正确的是"110％ INVOICE VALUE"。

7.信用证海运提单条款中提单抬头"TO APPLICANT"对受益人非常不利,应该为"TO ORDER"。

8.信用证交单期"WITHIN 5 DAYS AFTER THE DATE OF SHIPMENT"错误,根据合同,应该为"WITHIN 15 DAYS AFTER THE DATE OF SHIPMENT"。

9.信用证费用条款"ALL CHARGES AND COMMISSIONS ARE FOR ACCOUNT OF BENEFICIARY INCLUDING REIMBURSING FEE."不合理。应改为"ALL CHARGES AND COMMISSIONS OUT OF U. K. ARE FOR ACCOUNT OF BENEFICIARY EXCLUDING REIMBURSING FEE."

10.信用证漏开了一个重要的外贸合同条款:"MORE OR LESS 5% OF QUANTITY OF GOODS AND CREDIT AMOUNT IS ALLOWED."这对于受益人来讲,非常不利,大大限制了操作的弹性。应增加该条款。

▷ 知识链接

一、银行审证

若通知行被指定为付款行或议付行,需要从以下几方面对信用证审核。

1.开证银行资信的审查

这是能否安全收汇的基础,可以说是银行审证工作中最重要的一环,开证银行的资信、态度主要取决于下列各点:

(1)资产规模的大小。国际上对银行的排队一般都是以资产总额为依据的。由于资产是由资本加负债构成的,因此,有时也可以把资本的大小作为根据,或者以资产与资本的比例高低为根据。

(2)银行分支机构的多寡。大银行往往分支机构较多、规模较大、实力雄厚。

(3)历史的长短。历史长的银行,一般资力雄厚,地位比较稳固,抗风险能力强。

(4)往来关系的好坏,业务的多少,过去是否发生过不愉快的事情,作风如何,等等。

(5)开证行国家或地区风险的审核。对经济金融形势动荡的、政局不稳定、战争动乱、外汇管制严重或被制裁国家开出的信用证,要提醒受益人注意防范风险。

银行要做好资信的调查,主要靠平时资料的积累,搜集银行的各种报表及报纸杂志的消息评论等都是必要的,并做好记录、分类、整理,以便在发生情况时作出正确的判断。

2.索汇路线的审查

信用证的索汇路线必须正常、合理,应是国际贸易通常所采用的方式,对索汇路线迂回、环节过多的,应与开证行联系进行修改。偿付条款不得前后矛盾。

3.审查信用证中有否软条款的内容

该业务虽然本不包括在银行审核业务范围内,但目前多数银行都义务帮客户审核信用证中的软条款,减轻客户的审证压力。

二、通知信用证时应注意的问题

1.关于 Acknowlegement of L/C

通知行收到信用证,经以上手续通知给受益人后,有时应开证行的要求需复函确认收妥,寄回开证行。这种确认收妥的回函称作 Acknowlegement of L/C,通常以这样的语句表示:"we hereby acknowlege receipt of the captioned L/C which was advised to the Benefiary on——(日期)under Ref No。"但与 Confirmation of L/C 是两回事,因通知行只负责通知,其任务是原原本本地把 L/C 通知给受益人,通知行在其通知书上往往要写明:Without any responsibility or obligation on the part of this Bank(通知行)以及 Please note that letter is merely an advice and does not confirmation of this credit on the part of this Bank.

2.重复开证,通知和出运

重复的原因可能属于通知行,也可能是受益人。属于通知行常见的情况是:

(1)误将电报证实书视为另一信用证,忽略了"Cable Confirmation"两个词。

(2)将现在收到的副本误作另一信用证通知,实际上前一次所寄正本已通知。

(3)以简电当全电,在正式生效的完整条款的信用证到达时,再一次通知。

在重复通知的情形下,往往在金额、货名及合同号码方面是一致的。所以,若加强检查,一般是能避免重复的。开证行有时因发现有问题,来电或来函要求注销。通知行若已收到信用证,经受益人同意后应将信用证退回注销。如注销通知先到,也应通知受益人。如通知行不将注销事宜进行通知,致使受益人照常出运,则一旦发生拒付,通知行应负一定责任。

3.信用证的正副本内容必须一致

开证行在往来业务函电交涉中若规定了偿付、寄单的具体内容以及其他特殊要求,通知行应将函电附于信用证正本一起通知受益人,同时复印一份作为留底保存在信用证副本上。凡来证表明附有合同、订单及与出运有关的附件,也应连同正本信用证一并通知受益人,同时在信用证副本内批注正本附有×××附件。对于信用证项下的修改通知书,除正本通知受益人外,副本均应按修改日期的先后顺序附于信用证的副本之后,以保证信用证内容的完整性。对外交涉的其他函电也应在副本卷内存档,以备查考。

4.第二通知行

根据 UCP600:通知行可以利用另一家银行的服务("第二通知行")向受益人通知信用证及其修改。通过通知信用证或修改,第二通知行即表明其认为所收到的通知的表面真实性得到满足,且通知准确地反映了所收到的信用证或修改的条款及条件。

要注意的是,如一家银行利用另一家通知行或第二通知行的服务将信用证通知给受益人,它也必须利用同一家银行的服务通知修改书。

如果一家被要求通知信用证或修改,但不能确定信用证、修改或通知的表面真实性,就必须不延误地告知向其发出该指示的银行。如果通知行或第二通知行仍决定通知信用证或修改,则必须告知受益人或第二通知行其未能核实信用证、修改或通知的表面真实性。

(三)审核信用证

外贸单证员主要审核信用证的内容,即信用证条款。而信用证的真实性和开证行的资信状况由通知行来审核。

1.审证依据

(1)外贸合同。

信用证是依据外贸合同开立的,所以其条款应与外贸合同的条款相符。卖方若不能履行信用证条款,就无法凭信用证兑款,更不能援用外贸合同的条款,将信用证条款予以补充

GUO JI JIE SUAN
国际结算

或变更。因此,审查信用证条款是否与外贸合同的条款相符,是外贸单证员收到信用证后首先要做的工作。

(2)UCP600。

外贸单证员审核信用证时,应遵循 UCP600 的规定来确定是否可以接受信用证的某些条款。例如,关于信用证的转让,UCP600 第 38 条 b 款规定,可转让信用证系指特别注明"可转让"(Transferable)字样的信用证。若信用证没有注明"可转让"(Transferable)字样,则视为不可转让信用证。

(3)业务实际情况。

对于外贸合同中未作规定或无法根据 UCP600 来做出判断的信用证条款,外贸单证员应根据业务实际情况来审核。这里的业务实际情况,是指信用证条款对安全收汇的影响程度、进口国的法令和法规以及开证申请人的商业习惯等。

2.审证步骤

见图 4-1。

第一步: 熟悉外贸合同各条款内容

第二步: 对照外贸合同条款,按照可操作性原则,逐条审核信用证各条款

第三步: 核对外贸合同,有无信用证漏开的外贸合同条款

第四步: 列出信用证中的不符条款

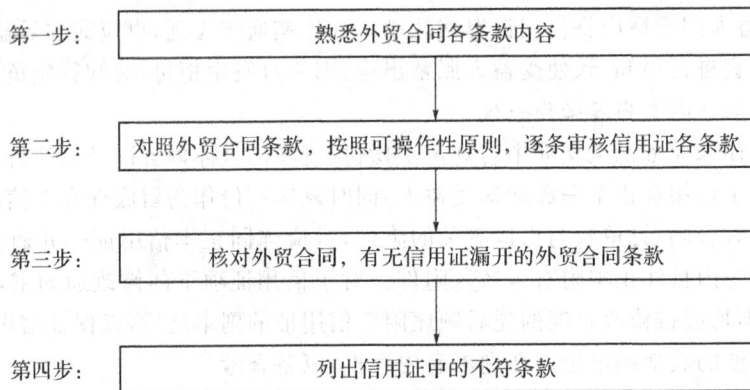

图 4-1 信用证审核步骤

3.审证要点

(1)开证申请人和受益人的名称。

开证申请人和受益人的名称是出口单证中必不可少的,若信用证开错应及时修改,以免影响安全收汇。

(2)信用证金额。

信用证金额的币别与数额必须与外贸合同相符。若信用证列有商品数量或单价的,应计算总值是否正确。若外贸合同订有商品数量的"溢短装"条款时,信用证金额也应规定相应的机动幅度。若所开的信用证金额已扣除佣金,则不能在信用证上再出现"议付行内扣佣金"词句。

(3)货物描述。

审核信用证中货物的名称、货号、规格、包装、合同号码、订单号码等内容是否与外贸合同完全一致。

(4)信用证截止日。

按 UCP600 第 6 条 d 款的规定,信用证必须规定一个交单的截止日。信用证规定付款、承兑或议付的截止日,即信用证截止日,信用证一般同时也规定交单地点,它包括出口地、进

口地和第三国等三种情况。出口地交单对出口商最有利,进口地交单和第三国交单对出口商都不利,因为交单地点均在国外,容易产生迟交单和寄丢单的风险。为此,出口商应争取在出口地交单,若争取不到,应预先估计单据的邮寄时间,提前交单,以防逾期。

(5)交单期。

信用证还应规定一个运输单据出单日期后必须提交符合信用证条款的单据的特定期限,即"交单期"。若信用证无此期限的规定,按 UCP600 第 14 条 c 款规定,如果单据中包含一份或多份受第 19、20、21、22、23、24 或 25 条规制的正本运输单据,则须由受益人或其代表在不迟于本惯例所指的发运日之后的 21 个日历日内交单,但是在任何情况下都不得迟于信用证的截止日。

(6)装运期。

装运期是指卖方将货物装上运往目的地(港)的运输工具或交付给承运人的日期。若信用证中未规定装运期,则最迟装运期与信用证截止日为同一天,即通常所称的"双到期"。在实际业务操作中,应将装运期提前一定的时间(一般在信用证截止日的前 10 天),以便有合理时间来制单结汇。

(7)运输条款。

信用证运输条款中的装运港(地)和目的港(地)应与外贸合同相符,交货地点也必须与价格条款相一致。

若来证指定运输方式、运输工具或运输路线以及要求承运人出具船龄或船籍证明,应及时与承运人联系。

若信用证中未注明可否转运及/或分批,则视为允许转运及/或分批。对于分期支款或分期装运,UCP600 第 32 条规定,如信用证规定在指定的时间段内分期支款或分期装运,任何一期未按信用证规定期限装运时,信用证对该期及以后各期均告失效。

(8)保险条款。

若来证要求的投保险别或投保金额超出了外贸合同的规定,除非信用证上表明由此而产生的超保费用由开证申请人承担并允许在信用证项下支取,否则应予修改。若保险加成过高,还需征得保险公司同意,否则应予修改。

(9)单据条款。

要仔细审核信用证中的单据条款,特别要注意一些软条款,如商业发票经买方复签生效、1/3 正本提单直接寄给买方等。

(10)银行费用条款。

一般情况下,出口方银行费用由受益人承担,进口方银行的费用由开证申请人承担。关于银行费用承担,进出口双方应在谈判时加以明确。

⤵ 实训项目

实训项目 4-1　通知和审核即期信用证操作

2010 年 4 月 28 日,中国银行福建省分行国际业务部国际业务部职员孙俊项收到中国银行纽约分行开来的如下信用证:

```
MT 700                              ISSUE OF A DOCUMENTARY CREDIT
SEQUENCE OF TOTAL         27 :   1 / 1
FORM OF DOC. CREDIT      40A:   IRREVOCABLE
DOC. CREDIT NUMBER       20 :   980625
DATE OF ISSUE            31C:   100428
APPLICABLE RULES         40E:   UCP LATEST VERSION
DATE AND PLACE OF        31D:   DATE 100915 PLACE IN U. S. A.
EXPIRY.
APPLICANT                50 :   SHERRY FOOTWEAR INC.
                                NO. 1 CAT RD. , NEW YORK, U. S. A.
BENEFICIARY              59 :   FUJIAN HUAXING I/E CO. , LTD.
                                NO. 5 RENMIN RD. , FUZHOU, P. R. CHINA
AMOUNT                   32B:   CURRENCY USD AMOUNT 102144. 00
AVAILABLE WITH/BY        41D:   ANY BANK IN CHINA,
                                BY NEGOTIATION
DRAFTS AT ...            42C:   30 DAYS AFTER SIGHT
DRAWEE                   42A:   BANK OF CHINA, NEW YORK
TRANSSHIPMENT            43T:   ALLOWED
PORT OF LOADING/ AIR-    44E:   XIAMEN, CHINA
PORT OF DEPARTURE
PORT OF DISCHARGE        44F:   NEW YORK, U. S. A.
SHIPMENT PERIOD          44D:   2400PAIRS OF ARTICLE NO. 5001 AND 2400PAIRS OF AR-
                                TICLE NO. 5002 SHIPPED IN JUN. 2010; 2400PAIRS OF
                                ARTICLE NO. 5001 AND 2400PAIRS OF ARTICLE NO. 5002
                                SHIPPED IN AUG. 2010
DESCRIPTION OF GOODS     45A:   PAC BOOTS AS PER ORDER NO. 8778
AND/OR SERVICES.
                                ART. NO.   QUANTITY    UNIT PRICE       AMOUNT
                                5001       4800PAIRS   USD14. 80/PAIR   USD71040. 00
                                5002       4800PAIRS   USD15. 60/PAIR   USD74880. 00
                                AT FOB SHANGHAI
DOCUMENTS REQUIRED       46A:   +SIGNED IN INK INVOICE IN QUADRUPLICATE.
                                +FULL SET OF CLEAN ON BOARD OCEAN BILL OF LAD-
                                ING MARKED "FREIGHT COLLECT" MADE OUT TO OR-
                                DER OF ISSUING BANK BLANK ENDORSED NOTIFYING
                                THE APPLICANT.
                                +PACKING LIST IN QUADRUPLICATE.
                                + CERTIFICATE OF CHINESE ORIGIN CERTIFIED BY
                                CHAMBER OF COMMERCE OR CCPIT.
                                +SHIPPING ADVICE SHOWING THE NAME OF THE CAR-
                                RYING VESSEL, DATE OF SHIPMENT, MARKS, QUANTI-
                                TY, NET WEIGHT AND GROSS WEIGHT OF THE SHIP-
                                MENT TO APPLICANT WITHIN 1 DAY AFTER THE DATE
                                OF BILL OF LADING.
```

ADDITIONAL CONDITION 47A：	＋ALL DOCUMENTS MUST INDICATE THE NUMBER OF THIS CREDIT. ＋ALL PRESENTATIONS CONTAINING DISCREPANCIES WILL ATTRACT A DISCREPANCY FEE OF USD50.00 PLUS TELEX COSTS OR OTHER CURRENCY EQUIVALENT. THIS CHARGE WILL BE DEDUCTED FROM THE BILL A-MOUNT WHETHER OR NOT WE ELECT TO CONSULT THE APPLICANT FOR A WAIVER
CHARGES 71B：	ALL CHARGES OUT OF ISSUING BANK ARE FOR AC-COUNT OF BENEFICIARY.
CONFIRMATION 49： INSTRUCTION	WITHOUT
INFORMATION TO PRE- 78： SENTING BANK	ALL DOCUMENTS ARE TO BE REMITTED IN ONE LOT BY COURIER TO BANK OF CHINA, NEW YORK, P O BOX 8, NO.99 CAT RD., NEW YORK, U.S.A.

任务 1 通知行制作信用证通知书

孙俊项须核对信用证的真实性，然后填制信用证通知书（表 4-3），通知受益人。

表 4-3   信用证通知书

中 国 银 行 股份有限公司福建省分行

BANK OF CHINA LIMITED

FUJIAN BRANCH

ADDRESS: 136 WUSI ROAD, FUZHOU   ED09

信用证通知书

NOTIFICATION OF DOCUMENTARY CREDIT

SWIFT: BKCH CNBJ720

/ /

To: 致	WHEN CORRESPONDING PLEASE QUTOTE REF. NO.	AD91005305703

ISSUING BANK 开证行	TRANSMITTED TO US THROUGH 传递行 REF. NO. REIM. BANK

L/C NO.信用证号	DATED 开证日期 / /	AMOUNT 金额	EXPIRY PLACE 有效地
EXPIRY DATE 效期 / /	TENOR 期限	CHARGE 未付费用 RMB200.00	CHARGE BE 费用承担人
RECEIVED VIA 来证方式	信用证是否有效	TEST/SIGN 印押是否相符	CONFIRM 我行是否保兑

DEAR SIRS,迳启者:

WE HAVE PLEASURE IN ADVISING YOU THAT WE HAVE RECEIVED FROM BANK OF CHINA, HAMBURG BRANCH A(N) LETTER OF CREDIT, CONTENTS OF WHICH ARE AS PER ATTACHED SHEET(S). THIS ADVICE AND THE ATTACHED SHEET(S) MUST ACCOMPANY THE RELATIVE DOCUMENTS WHEN PRESENTED FOR NEGOTIATION.

兹通知贵司,我行收到自上述银行信用证一份,现随附通知,贵司交单时,请将本通知书及信用证一并提示。

REMARK 备注:

PLEASE NOTE THAT THIS ADVICE DOES NOT CONSTITUTE OUR CONFIRMATION OF THE ABOVE L/C NOR DOES IT CONVEY ANY ENGAGEMENT OR OBLIGATION ON OUR PART. 限制中行议付

THIS L/C CINSISTS OF TWO SHEETS, INCLUDING THE COVERING LETTER AND ATTACHMENT(S).

本信用证连同面函及附件共 2 纸。

IF YOU FIND ANY TERMS AND CONDITIONS IN THE L/C WHICH YOU ARE UNABLE TO COMPLY WITH AND OR AND ERRORS, IT IS SUGGESTED THAT YOU CONTACT APPLICANT DIRECTLY FOR NECESSARY

AMENDMENT(S) SO AS TO AVOID ANY DIFFICULTIES WHICH MAY ARISE WHEN DOCUMENTS ARE PRESENES.

如本信用证中有无法办到的条款及/或错误,请迳与开证申请人联系,进行必要的修改,以排除交单时可能发生的问题。

THIS L/C IS ADVISED SUBJECT TO ICC UCP PUBLICATION NO. 600.

本信用证之通知系遵循国际商会跟单信用证统一惯例第 600 号出版物办理。

YOURS FAITHFULLY,

FOR **BANK OF CHINA**, FUJIAN

任务 2　受益人审核信用证

2010 年 4 月 26 日,福建华辛进出口有限公司收到美国 Kevin Footwear Inc. 电汇过来的 43776 美元预付款。4 月 28 日,福建华辛进出口有限公司外贸业务员张帆收到了中国银行福建省分行国际业务部的信用证通知书和信用证后,根据以下与美国 Kevin Footwear Inc. 签订的雪地靴出口合同,审核该信用证,找出问题条款并向美国 Kevin Footwear Inc. 提出修改意见。

SALES CONTRACT

NO. : GP0899   DATE: Apr. 16, 2010

THE SELLER: Fujian Huaxin I/E Co. , Ltd.   THE BUYER: Sherry Footwear Inc.

No. 5 Renmin Rd. , Fuzhou   No. 1 Cat Rd. , New York

China   U. S. A.

This Contract is made by and between the Buyer and Seller, whereby the Buyer agrees to buy and the Seller agrees to sell the under-mentioned commodity according to the terms and conditions stipulated below:

Commodity & specification	Quantity	Unit price	Amount
Pac Boots		CFR New York, U. S. A.	
Article no. 5001	4800pairs	USD15. 60/pair	USD74880. 00
Article no. 5002	4800pairs	USD14. 80/pair	USD71040. 00
As per order no. 8778			
TOTAL	9600pairs		USD145920. 00

TOTAL CONTRACT VALUE: SAY U. S. DOLLARS ONE HUNDRED AND FORTY FIVE THOUSAND NINE HUNDRED AND TWENTY ONLY.

PACKING: 6 pairs/carton

PORT OF LOADING AND DESTINATION:

From Xiamen, China to New York, U. S. A.

TIME OF SHIPMENT :

(1) 2400pairs of Article no. 5001 and 2400pairs of Article no. 5002 shipped in Jul. 2010

(2) 2400pairs of Article no. 5001 and 2400pairs of Article no. 5002 shipped in Aug. 2010

INSURANCE: covered by the buyer.

TERMS OF PAYMENT : 30% of contract value paid by T/T within 15 days after the contract date; The remaining paid by Letter of Credit at sight.

DOCUMENTS:

+Signed Invoice in quadruplicate.

+Full set of clean on board ocean Bill of Lading marked "freight prepaid" made out to order of issuing bank blank endorsed notifying the applicant.

+Packing List in quadruplicate.

+Certificate of Chinese Origin certified by Chamber of Commerce or CCPIT.

+Shipping advice showing the name of the carrying vessel, date of shipment, marks, quantity, net weight and gross weight of the shipment to applicant within 1 day after the date of Bill of Lading.

OTHER CLAUSE:

(1)Transshipment is allowed.

(2)1 set shipping sample will be sent to the buyer before shipment.

In witness thereof, this S/C is signed by both parties in two original copies, each party holds one copy.

Signed by:

THE SELLER: THE BUYER:

Fujian Huaxin I/E Co. , Ltd.   Sherry Footwear Inc.

李华辛   SHERRY SMITH

信用证修改意见：

实训项目 4-2　通知和审核远期信用证操作

2010 年 5 月 18 日，中国农业银行南京市分行国际业务部职员王胜收到 Ing Vysya Bank Ltd. 开来的如下信用证：

Received from		VYSAINBBOSB
		ING VYSYA BANK LTD.
Message Type		MT 700　ISSUE OF A DOCUMENTARY CREDIT
Sequence of Total	27 ：	1 / 1
Form of Documentary Credit	40A：	IRREVOCABLE
Documentary Credit Number	20 ：	98097656
Date of Issue	31C：	100518
Applicable Rules	40E：	UCP LATEST VERSION
Date and Place of Expiry	31D：	DATE 100618 PLACE IN CHINA
Applicant	50 ：	KCC INDIA LIMITED
		11 FAIZ-E-EDROOS 288/289 NARSI NATHA STREET MUMBAI 400009 INDIA
Beneficiary	59 ：	JIANGSU HANDIAN CORPORATION.
		NO. 908 TIANSHAN RD，NANJING，210018，CHINA

Amount	32B：	CURRENCY USD AMOUNT 104400.00
Available with/by	41D：	THE AGRICULTURAL BANK OF CHINA, NANJING BRANCH BY NEGOTIATION
Drafts at ...	42C：	AT 60 DAYS AFTER SIGHT
Drawee	42A：	APPLICANT
Partial Shipment	43P：	PROHIBITED
Transshipment	43T：	PROHIBITED
Port of Loading/ Airport of Departure	44E：	SHANGHAI, CHINA
Port of Discharge	44F：	NHAVA SHEVA, INDIA
Description of Goods and/or Services	45A：	120MT OF ALUMINIUM FIN STRIPS, 1MM × 1200MM, 150MPA, SEAMLESS, AT USD870.00/MT, CFR NHAVA SHEVA
Documents Required	46A：	+COMMERCIAL INVOICE SIGNED IN INK IN QUINTUPLICATE CERTIFYING THAT THE GOODS SHIPPED ARE AS PER CONTRACT NUMBER HD09067 DATED MAY 7, 2010. +PACKING LIST IN QUINTUPLICATE. + CERTIFICATE OF ORIGIN IN DUPLICATE ISSUED BY CHAMBERS OF COMMERCE OR CCPIT. +2/3 SET OF CLEAN ON BOARD OCEAN BILL OF LADING MADE OUT TO THE ORDER OF ING VYSYA BANK LTD TRADE FINANCE UNIT PATEL CHAMBERS OPERA HOUSE MUMBAI 400007 MARKED "FREIGHT PREPAID" AND NOTIFYING ING VYSYA BANK LTD TRADE FINANCE UNIT PATEL CHAMBERS OPERA HOUSE MUMBAI 400007 AND APPLICANT BEARING LC NO. AND DATE. SHORT FORM OF BILL OF LADING IS NOT ACCEPTABLE. + INSURANCE POLICY/CERTIFICATE IN DUPLICATE MADE OUT TO ORDER ENDORSED IN BLANK FOR 120% INVOICE VALUE, COVERING ALL RISKS AND WAR RISKS OF CIC OF PICC (1/1/1981) INCL. WAREHOUSE TO WAREHOUSE AND I.O.P AND SHOWING THE CLAIMING CURRENCY IS THE SAME AS THE CURRENCY OF CREDIT. +BENEFICIARY'S CERTIFICTE CERTIFYING THAT ONE ORIGINAL OF BILL OF LADING, ONE COPY OF COMMERCIAL INVOICE AND PACKING LIST RESPECTIVELY HAVE MAILED TO THE APPLICANT BY DHL WITHIN THREE WORKING DAYS AFTER BILL OF LADING DATE.

		+LLOYD'S/OR STEAMER COMPANY'S CERTIFICATE ISSUED BY THE SHIPPING COMPANY OR ITS AGENTS CERTIFYING THAT THE CARRYING VESSEL IS SEAWORTHY AND IS NOT MORE THAN 20 YEARS OLD AND IS REGISTERED WITH AN APPROVED CLASSIFICATION SOCIETY AS PER THE INSTITUTE CLASSIFICATION CLAUSE AND CLASS MAINTAINED IS EQUIVALENT TO LLOYD 100A1.
		+CERTIFICATE'S CERTIFIED COPY OF FAX DISPATCHED TO THE BUYER WITHIN THREE DAYS AFTER SHIPMENT ADVISING L/C NUMBER, NAME, QUANTITY AND AMOUNT OF GOODS, NUMBER OF PACKAGES, CONTAINER NUMBER, NAME OF VESSEL AND VOYAGE NUMBER, AND DATE OF SHIPMENT.
Additional Conditions	47A:	+ALL DOCUMENTS SHOULD BE DATED ON OR LATER OF THIS LETTER OF CREDIT AND BEAR THE LETTER OF CREDIT NUMBER AND DATE.
		+ SHIPMENT TO BE EFFECTED NOT EARLIER THAN 7 DAYS BEFORE LATEST DATE OF SHIPMENT AS PER THIS CREDIT.
		+ ALL PRESENTATIONS CONTAINING DISCREPANCIES WILL ATTRACT A DISCREPANCY FEE OF USD50.00 PLUS TELEX COSTS OR OTHER CURRENCY EQUIVALENT. THIS CHARGE WILL BE DEDUCTED FROM THE BILL AMOUNT WHETHER OR NOT WE ELECT TO CONSULT THE APPLICANT FOR A WAIVER
		+BENEFICIARY'S USANCE DRAFTS MUST BE NEGOTIATED AT SIGHT BASIS AND ACCEPTANCE COMMISSION AND DISCOUNT CHARGE ARE FOR APPLICANT'S ACCOUNT.
Charges	71B:	ALL BANK CHARGES OUTSIDE INDIA ARE FOR ACCOUNT OF BENEFICIARY.
Period for Presentation	48 :	WITHIN 5 DAYS AFTER THE DATE OF SHIPMENT, BUT WITHIN THE VALIDITY OF THIS CREDIT.
Confirmation Instruction	49 :	WITHOUT
Instruction to the Paying/ Accepting/Negotiating Bank	78 :	+NEGOTIATION INVOLVING INVOICE EXCEEDING L/C AMOUNT IS STRICTLY PROHIBITED.
		+ALL DOCUMENTS TO BE DESPATCHED IN ONE SET BY COURIER TO ING VYSYA BANK LIMITED, TRADE FINANCE UNIT, PATEL CHAMBERS, SANDHRUST BRIDGE, OPERA HOUSE, MUMBAI 400007, INDIA.

+UPON PRESENTATION TO US OF DRAFTS AND DOCU-
MENTS IN STRICT COMPLIANCE WITH TERMS AND
CONDITIONS OF THIS CREDIT，WE WILL REMIT THE
PROCEEDS ON DUE DATE AS PER THE NEGOTIATING
BANK'S INSTRUCTIONS.

+EXCEPT AS OTHERWISE EXPRESSLY STATED，THIS
CREDIT IS SUBJECT TO UCPDC (2007 VERSION) ICC PUB-
LICATION 600.

Sender to Receiver Information	72 ：	PLEASE ADVISE AND ACKNOWLEDGE THE RECEIPT.

任务1　通知行制作信用证通知书

王胜须核对信用证的真实性，然后填制信用证通知书（表4-4），通知受益人。

表 4-4　　　　　　　　　　　　信用证通知书

中国农业银行
AGRICULTURAL BANK OF CHINA
信用证通知书
Notification of Documentary Credit

Office：Zhejiang Branch，International business Department

Address：30 Qingchun Road，Hangzhou，310004，China　　　　　**Date：** - -

To：致	Our Ref No.我行编号：　111EX10000362
	Amount 金额
Issuing Bank 开证行	Transmitted to us through 传递行 Transferred from 转让行
L/C No.信用证号	Issuing Date 开证日期　　- -

Dear Sirs,敬启者：

We have pleasure in advising you that we have received from A/M a

兹通知贵公司,我行收自上述银行

( )issuing by telex/SWIFT　电传/SWIFT 开立　　( )ineffective　　　　未生效

( )issuing by mail　　　　信开

( )pre-advising of　　　　预先通知　　　　( )mail confirmation of　证实书

( )original　　　　　　　正本　　　　　　( )duplicate　　　　副本

Letter of credit，contents of which are as per attached sheet(s).

This advice and the attached sheet(s) must accompany the relative documents when presented.

信用证一份，现随附通知。贵公司交单时，请将本通知书及信用证一并提示。

( )Please note that this advice does not constitute our confirmation of the above L/C nor does it convey any engagement or obligation on our part.

本通知并不构成我行对该信用证之保兑及其他任何责任。

( )Please note that we have added our confirmation to the above L/C，which is available with our-selves only.

上述信用证已由我行加具保兑，并限向我行交单。

Remarks 备注：

This L/C consists of _____ sheet(s)，including the covering letter and attachment(s)

该信用证连同本面函及附件共____页。

如该信用证中有无法办到的条款及/或错误，请迳与开证申请人联系进行必要的修改，以排除交单时可能发生的问题。

本通知费_____CNY200_____

Yours faithfully

AGRICULTURAL BANK OF CHINA，ZHEJIANG BRANCH

中国农业银行浙江省分行

AUTHORIZED SIGNATURE(S)

任务 2 受益人审核信用证

2010 年 5 月 18 日，江苏汉典有限公司外贸单证员李达收到了中国农业银行南京市分行国际业务部的信用证通知书和信用证后，根据以下与 KCC India Limited 签订的出口合同，审核该信用证，找出问题条款并提出修改意见。

SALES CONTRACT

NO. HD09076   DATE：May 7，2010

THE SELLER：Jiangsu Handian Corporation.

No. 908 Tianshan Rd，Nanjing，210018，China

TEL：0086-25-22482136   FAX：0086-25-22482139

THE BUYER：KCC India Limited

11 Faiz-e-edroos 288/289 Narsi Natha Street Mumbai 400009 India

TEL：0091-22-40077945   FAX：0091-22-40077946

This Contract is made and signed by the Buyer and the Seller for under mentioned goods and conditions：

Commodity & specification	Quantity	Unit price	Amount
Aluminium Fin Strips 1mm×1200mm, 150mpa, seamless.	120MT	CIF Nhava Sheva USD870.00/ MT	USD104400.00
Total	120MT		USD104400.00
TOTAL CONTRACT VALUE：SAY U.S. DOLLARS ONE HUNDRED AND FOUR THOUSAND FOUR HUNDRED ONLY.			
More or less 5% of the quantity and the amount are allowed.			

PACKING：packed in wooden pallet.

TIME OF SHIPMENT：

Within 30 days upon receipt of the L/C which accord with relevant clauses of this Contract.

PORT OF LOADING AND DESTINATION：

From Shanghai, China to Nhava Sheva, India

Transshipment and partial shipment are prohibited.

INSURANCE：To be covered by the Seller for 110% of invoice value covering All Risks as per CIC of PICC dated 01/01/1981.

TERMS OF PAYMENT：By Letter of Credit at 30 days after sight, reaching the Seller before May 22, 2009 and remaining valid for negotiation in China for further 15 days after the effected shipment.

DOCUMENTS：

+Invoice signed in ink in quintuplicate certifying that the goods shipped are as per this contract.

+Packing List in quintuplicate.

+Full set of clean on board ocean Bill of Lading marked "freight prepaid" made out to the order of the Issuing Bank blank endorsed notifying the Issuing Bank.

+Insurance Policy in duplicate.

+Certificate of Origin in duplicate issued by Chambers of Commerce or CCPIT.

+Seller's Certified Copy of Fax dispatched to the Buyer within three days after shipment advising L/C no., name, quantity and amount of goods, number of packages, container no., name of vessel and voyage no, and date of shipment.

+Lloyd's/or Steamer Company's certificate issued by the shipping company or its agents certifying that the carrying vessel is seaworthy and is not more than 20 years old and is registered with an approved classification society as per the institute classification clause and class maintained is equivalent to Lloyd 100A1.

INSPECTION：

The certificate of Quality issued by the China Entry-Exit Inspection and Quarantine Bureau shall be taken as the basis of delivery.

CLAIMS：

In case discrepancy on the quality or quantity (weight) of the goods is found by the Buyer, after arrival of the goods at the port of destination, the Buyer may, within 30 days after arrival of the goods at the port of destination, lodge with the Seller a claim which should be supported by an Inspection Certificate issued by a public surveyor approved by the Seller. The Seller shall, on the merits of the claim, either make good the loss sustained by the Buyer or reject their claim, it being agreed that the Seller shall not be held responsible for any loss or losses due to natural cause failing within the responsibility of Shipowners or the Underwriters. The Seller shall reply to the Buyer within 30 days after receipt of the claim.

LATE DELIVERY AND PENALTY：

In case of late delivery, the Buyer shall have the right to cancel this contract, reject the goods and lodge a claim against the Seller. Except for Force Majeure, if late delivery occurs, the Seller must pay a penalty, and the Buyer shall have the right to lodge a claim against the Seller. The rate of penalty is charged at 0.1% for every day. The total penalty amount will not exceed 5% of the shipment value. The penalty shall be deducted by the paying bank or the Buyer from the payment.

FORCE MAJEURE:

The Seller shall not held responsible if they, owing to Force Majeure cause or causes, fail to make delivery within the time stipulated in the Contract or cannot deliver the goods. However, in such a case, the Seller shall inform the Buyer immediately by cable and if it is requested by the Buyer, the Seller shall also deliver to Buyer by registered letter, a certificate attesting the existence of such a cause or causes.

ARBITRATION:

All disputes in connection with this contract or the execution thereof shall be settled amicably by negotiation. In case no settlement can be reached, the case shall then be submitted to the China International Economic Trade Arbitration Commission for settlement by arbitration in accordance with the Commission's arbitration rules. The award rendered by the commission shall be final and binding on both parties. The fees for arbitration shall be borne by the losing party unless otherwise awarded.

This contract is made in two original copies and becomes valid after signature, one copy to be held by each party.

Signed by:

THE SELLER: **THE BUYER:**

Jiangsu Handian Corporation.   KCC India Limited

王鸣   Abdul Najeeb

信用证修改意见:

学习情境五
申请改证和改证操作

⑤

➪ 学习目标

[能力目标]

能以开证申请人(进口商)身份制作信用证修改申请书给开证行;能以开证行身份,根据信用证修改申请书,制作 MT707 报文;能以通知行身份,制作修改通知书,通知受益人。

[知识目标]

掌握信用证修改的原则、业务流程和 UCP600 关于信用证修改的条款,熟悉 MT707 报文的内容。

➪ 工作项目

上接学习情境四"工作项目"内容,2010 年 3 月 26 日,英国 RAM 贸易有限公司收到浙江立方羽绒制品有限公司外贸业务员金利改证申请的电子邮件:

Dear sirs,

We are pleasure to receive your L/C No. LC-520-046704 issued by Bank of China, London Branch. But we find that it contains some discrepancies with S/C No. LD20100318. Please instruct the issuing bank to amend the L/C A. S. A. P. The L/C should be amended as follows:

1) Under field 31D, the date and place of expiry amends to "June 10, 2010 and in China."

2) Under field 59, the correct name of beneficiary amended to: "Zhejiang Lifang Down Products Co., Ltd."

3) Under field 42C, the tenor of draft is "at 30 days after sight" instead of "at 60 days after sight".

4) Under field 32B, the currency of credit amount is USD not GBP.

5) Under field 44C, the latest date of shipment amends to May 25, 2010.

6) Under field 45A, the currency of unit price is USD not GBP.

7) Under field 46A, the consignee of B/L should be "to order" not "to applicant"; The amount insured in Insurance Policy is "110% invoice value"not"150% invoice value".

8) Under field 71B, the charge clause amends to "All charges and commissions outside U. K. are for account of beneficiary."

9) Under field 48, the period of presentation amends to "Within 15 days after the date of shipment, but within the validity of this credit."

10) Under field 47A, to increase the clause "More or less 5 pct of quantity of goods and credit amount is allowed."

Thank you for your kind cooperation. Please see to it that L/C amendment reach us not later than April 1, 2010. Failing which we shall not be able to effect shipment.

Waiting for your reply soon.

Yours faithfully,

Jin Li

任务 1　开证申请人申请修改信用证

2010 年 3 月 26 日,英国 RAM 贸易有限公司同意浙江立方羽绒制品有限公司的改证意见,填制信用证修改申请书(见表 5-1),向开证行中国银行伦敦分行办理改证申请。

表 5-1　　　　　　　　　　信用证修改申请书

<table>
<tr><td colspan="2" align="center">APPLICATION FOR AMENDMENT</td></tr>
<tr><td>To: Bank of China, London Branch
　　90 Cannon Street, London EC4N 6HA U. K.</td><td>Amendment to Our Documentary Credit No.</td></tr>
<tr><td>Date of Amendment:</td><td>No. of Amendment:</td></tr>
<tr><td>Applicant</td><td>Advising Bank</td></tr>
<tr><td>Beneficiary (before this amendment)</td><td>Amount

SAY:</td></tr>
<tr><td colspan="2">The above mentioned credit is amended as follows:
( )Shipment date extended to _____
( )Expiry date extended to _____
( )Amount increased by _____ to _____
( )Other terms:</td></tr>
</table>

( )Banking charges：
The amendment fee is borne by the applicant.
All other terms and conditions remain unchanged.

Authorized Signature(s)：

This Amendment is Subject to Uniform Customs and Practice for Documentary Credits（2007 Revision）
International Chamber of Commerce Publication No. 600.

任务 2　开证行根据改证申请书制作 MT707,修改信用证

2010 年 3 月 29 日,中国银行伦敦分行同意英国 RAM 贸易有限公司的改证申请。中国银行伦敦分行职员 Sherry 根据英国 RAM 贸易有限公司的信用证修改申请书,制作 MT707报文,发给通知行,修改信用证。

任务 3　通知行制作信用证的修改通知书,通知受益人

2010 年 3 月 30 日,中国银行浙江省分行根据开证行的 MT707 报文,制作信用证的修改通知书(见表 5-2),通知受益人浙江立方羽绒制品有限公司。

表 5-2　　　　　　　　　　　　　修改通知书

中 国 银 行 股份有限公司浙江省分行
BANK OF CHINA LIMITED

ZHEJIANG BRANCH
ADDRESS：321 FENGQI ROAD，HANGZHOU
CABLE：6892　　　　　　　修改通知书
TELEX：35019 BOCHZ CN　**NOTIFICATION OF DOCUMENTARY CREDIT**
SWIFT：BKCH CNBJ910
FAX：85010842

To：致	WHEN CORRESPONDING PLEASE QUTOTE REF. NO.	AD91005300236
ISSUING BANK 开证行	TRANSMITTED TO US THROUGH 传递行 REF. NO. REIM. BANK	
L/C NO.信用证号	AMENDMENT NO.修改次数	
DATED 开证日期	AMENDMENT DATE 修改日期	

DEAR SIRS，迳启者：

WE HAVE PLEASURE IN ADVISING YOU THAT WE HAVE RECEIVED FROM THE ABOVE-MENTIONED BANK A(N) AMENDMENT TO THE CAPTIONED L/C，CONTENTS OF WHICH ARE AS PER ATTACHED SHEET(S).

兹通知贵司，我行收到自上述银行的信用证修改一份，内容见附件。

THIS AMENDMENT SHOULD BE ATTACHED TO THE CAPTIONED L/C ADVISED BY US，OTHERWISE THE BENEFICIARY WILL BE RESPONSIBLE FOR ANY CONSEQUENCES ARISING THEREFROM.

本修改须附于有关信用证，否则，贵公司须对因此而产生的后果承担责任。

REMARK 备注：

THIS AMENDMENT CINSISTS OF ＿＿ SHEETS，INCLUDING THE COVERING LETTER AND ATTACHMENT(S).

本修改连同面函及附件共 ＿＿ 纸。

THIS AMENDMENT IS ADVISED SUBJECT TO ICC UCP PUBLICATION NO. 600.

本修改之通知系遵循国际商会跟单信用证统一惯例第 600 号出版物办理。

YOURS FAITHFULLY，

FOR **BANK OF CHINA，ZHEJIANG**

⊡➪ 操作示范

任务 1　开证申请人申请修改信用证

2010 年 3 月 26 日，英国 RAM 贸易有限公司根据浙江立方羽绒制品有限公司的改证意见，填制信用证修改申请书（见表 5-3），向开证行中国银行伦敦分行办理改证申请。

表 5-3　　　　　　　　　　信用证修改申请书

APPLICATION FOR AMENDMENT

To：Bank of China，London Branch 　　90 Cannon Street，London EC4N 6HA U. K.	Amendment to Our Documentary Credit No. LC-520-046704
Date of Amendment：2010/03/26	No. of Amendment：01
Applicant Ram Trading Co.，Ltd. 9 Smith Street，Littleborough，OL15，8QF，U. K.	Advising Bank Bank of China，Zhejiang Branch
Beneficiary（before this amendment） Zhejiang Lifan Down Products Co.，Ltd. 6 Yile Road，Hangzhou，P. R. China	Amount：GBP28445. 48 SAY：GBP Twenty Eight Thousand Four Hundred Forty Five and Cents Forty Eight Only.
The above mentioned credit is amended as follows: （×）Shipment date extended to <u>May 25，2010</u> （×）Expiry date extended to <u>June 10，2010</u> （　）Amount increased by ＿＿＿＿＿ to ＿＿＿＿＿	

(✗)Other terms：

1) Under field 31D，the place of expiry amends to "in China."

2) Under field 59，the correct name of beneficiary amended to："Zhejiang Lifang Down Products Co.，Ltd."

3) Under field 42C，the tenor of draft is "at 30 days after sight" instead of "at 60 days after sight".

4) Under field 32B，the currency of credit amount is USD not GBP.

5) Under field 45A，the currency of unit price is USD not GBP.

6) Under field 46A，the consignee of B/L should be "to order" not "to applicant"；The amount insured in Insurance Policy is "110% invoice value"not"150% invoice value".

7) Under field 71B，the charge clause amends to "All charges and commissions outside U.K. are for account of beneficiary."

8) Under field 48，the period of presentation amends to "Within 15 days after the date of shipment，but within the validity of this credit."

9) Under field 47A，to increase the clause "More or less 5 pct of quantity of goods and credit amount is allowed."

(✗)Banking charges：

The amendment fee is borne by the applicant.

All other terms and conditions remain unchanged.

Authorized Signature(s)：RAM TRADING CO.，LTD

Annie　Jodan

This Amendment is Subject to Uniform Customs and Practice for Documentary Credits（2007 Revision）International Chamber of Commerce Publication No.600.

任务2　开证行根据改证申请书制作MT707，修改信用证

2010年3月29日，中国银行伦敦分行同意英国RAM贸易有限公司的改证申请。中国银行伦敦分行职员Sherry根据英国RAM贸易有限公司的信用证修改申请书，制作如下MT707报文。MT707报文各栏目内容见表5-5。

MT 707		AMENDMENT TO A DOCUMENTARY CREDIT
SENDER		BANK OF CHINA, LONDON BRANCH
RECEIVER		BANK OF CHINA, ZHEJIANG BRANCH
SENDER'S REFERENCE	20：	LC-520-046704
RECEIVER'S REFERENCE	21：	NON
DATE OF ISSUE	31C：	100325
DATE OF AMENDMENT	30：	100329
NUMBER OF AMENDMENT	26E：	01

BENEFICIARY(BEFORE THIS AMENDMENT)	59：	ZHEJIANG LIFAN DOWN PRODUCTS CO.，LTD. 6 YILE ROAD，HANGZHOU，P. R. CHINA
NEW DATE OF EXPIRY	31E：	100610
PERCENTAGE CREDIT AMOUNT TOLERANCE	39A：	05/05
LATEST DATE OF SHIPMENT	44C：	100525
NARRATIVE	79：	①UNDER FIELD 59，THE CORRECT NAME OF BENEFICIARY AMENDED TO："ZHEJIANG LIFANG DOWN PRODUCTS CO.，LTD." ②UNDER FIELD 31E，PLACE OF EXPIRY AMENDS TO "IN CHINA". ③UNDER FIELD 42C，THE TENOR OF DRAFT IS "AT 30 DAYS AFTER SIGHT" INSTEAD OF "AT 60 DAYS AFTER SIGHT". ④UNDER FIELD 32B，THE CURRENCY OF CREDIT AMOUNT IS USD NOT GBP. ⑤UNDER FIELD 45A，THE CURRENCY OF UNIT PRICE IS USD NOT GBP. ⑥UNDER FIELD 46A，THE CONSIGNEE OF B/L SHOULD BE "TO ORDER" NOT "TO APPLICANT"；THE AMOUNT INSURED IN INSURANCE POLICY IS "110% INVOICE VALUE"NOT"150% INVOICE VALUE". ⑦UNDER FIELD 71B，THE CHARGE CLAUSE AMENDS TO "ALL CHARGES AND COMMISSIONS OUTSIDE U. K. ARE FOR ACCOUNT OF BENEFICIARY." ⑧UNDER FIELD 48，THE PERIOD OF PRESENTATION AMENDS TO " WITHIN 15 DAYS AFTER THE DATE OF SHIPMENT，BUT WITHIN THE VALIDITY OF THIS CREDIT." ⑨UNDER FIELD 47A，TO INCREASE THE CLAUSE "MORE OR LESS 5 PCT OF QUANTITY OF GOODS IS ALLOWED." OTHER TERMS AND CONDITIONS REMAIN UNCHANGED. AMENDMENT FEE USD25. 00 AND CABLE FEE USD30. 00 ARE FOR A/C OF APPLICANT. SUBJECT TO UCPDC (2007 REVISION) ICC PUBLICATION NO. 600

以上 MT707 报文审核无误后,发给通知行,修改信用证。

任务 3 通知行制作信用证的修改通知书,通知受益人

2010 年 3 月 30 日,中国银行浙江省分行根据开证行的 MT707 报文,制作信用证如下修改通知书(见表 5-4),通知受益人浙江立方羽绒制品有限公司。

表 5-4   修改通知书

中 国 银 行 股份有限公司浙江省分行
BANK OF CHINA LIMITED

ZHEJIANG BRANCH

ADDRESS：321 FENGQI ROAD，HANGZHOU

CABLE：6892   修改通知书

TELEX：35019 BOCHZ CN **NOTIFICATION OF DOCUMENTARY CREDIT**

SWIFT：BKCH CNBJ910

FAX：85010842   2010/03/30

To：致 ZHEJIANG LIFANG DOWN PRODUCTS CO.， LTD.6 YILE ROAD，HANGZHOU，P.R.CHINA	WHEN CORRESPONDING AD91005300236 PLEASE QUTOTE REF. NO.
ISSUING BANK 开证行 BANK OF CHINA，LONDON BRANCH，U.K.	TRANSMITTED TO US THROUGH 传递行 REF. NO. REIM. BANK
L/C NO.信用证号 LC-520-046704	AMENDMENT NO.修改次数 01
DATED 开证日期 2010/03/25	AMENDMENT DATE 修改日期 2010/03/29

DEAR SIRS,迳启者：

WE HAVE PLEASURE IN ADVISING YOU THAT WE HAVE RECEIVED FROM THE ABOVE-MENTIONED BANK A(N) AMENDMENT TO THE CAPTIONED L/C，CONTENTS OF WHICH ARE AS PER ATTACHED SHEET(S).

兹通知贵司，我行收到自上述银行的信用证修改一份，内容见附件。

THIS AMENDMENT SHOULD BE ATTACHED TO THE CAPTIONED L/C ADVISED BY US，OTHERWISE THE BENEFICIARY WILL BE RESPONSIBLE FOR ANY CONSEQUENCES ARISING THEREFROM.

本修改须附于有关信用证，否则，贵公司须对因此而产生的后果承担责任。

REMARK 备注：

THIS AMENDMENT CINSISTS OF <u>ONE</u> SHEETS，INCLUDING THE COVERING LETTER AND ATTACHMENT(S).

本修改连同面函及附件共　<u>1</u>　纸。

THIS AMENDMENT IS ADVISED SUBJECT TO ICC UCP PUBLICATION NO.600.

本修改之通知系遵循国际商会跟单信用证统一惯例第 600 号出版物办理。

> YOURS FAITHFULLY，
>
> FOR **BANK OF CHINA，ZHEJIANG**

⤶ **知识链接**

一、改证

1. 改证的常见情形

(1)开证错误。

因信用证条款与外贸合同条款不一致或存在软条款等开证错误,要求修改信用证。

(2)受益人要求展期。

受益人由于货源不足、生产事故、运输脱节、社会动乱、开证申请人未能在合同规定期限内把信用证开到等原因无法如期装运,要求展期,展期涉及装运期和信用证截止日。

(3)开证申请人要求增加商品数量和金额。

由于信用证项下的商品在开证申请人所在国很畅销,为了能够获得更多的货源,与受益人协商后,开证申请人向开证行提出增加商品数量和金额的改证申请。

2. 改证的原则

对于审证后发现的信用证问题条款,受益人应遵循"利己不损人"原则进行。即受益人改证既不影响开证申请人的正常利益,又能维护自己的合法利益。具体来讲,有以下 5 种常见的处理原则:

(1)对我方有利又不影响对方利益的问题条款,一般不改。

(2)对我方有利但会严重影响对方利益的问题条款,一定要改。

(3)对我方不利但在不增加或基本不增加成本的情况下可以完成的问题条款,可以不改。

(4)对我方不利又要在增加较大成本的情况下完成的问题条款,若对方愿意承担成本,则不改;否则,要改。

(5)对我方不利若不改会严重影响安全收汇的问题条款,则坚决要改。

3. 改证的业务流程(见图 5-1)

(1)受益人给开证申请人发改证函,协商改证事宜。

(2)协商一致后,开证申请人填写改证申请书,向开证行提出改证申请。

(3)开证行同意后,向信用证的原通知行发信用证修改书,即 MT707。

(4)原通知行给受益人信用证修改通知书和信用证修改书,进行信用证修改通知。

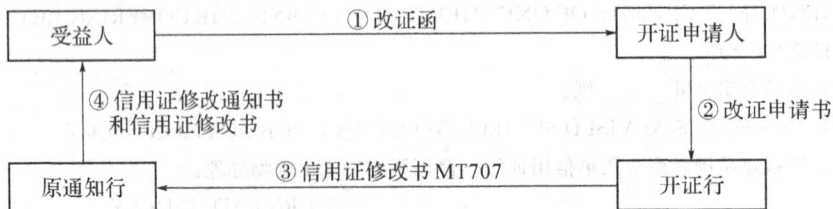

图 5-1 信用证改证的业务流程

4. 改证操作与 UCP600

(1)改证通知与 UCP600。

①UCP600 第 9 条 b 款规定,通知行通知信用证或其修改的行为表示其已确信信用证或修改的表面真实性,而且其通知准确地反映了其收到的信用证或修改的条款。

②UCP600 第 9 条 c 款规定,通知行可以通过另一银行("第二通知行")向受益人通知信用证及修改。第二通知行通知信用证或修改的行为表明其已确信收到的通知的表面真实性,并且其通知准确地反映了收到的信用证或修改的条款。

③UCP600 第 9 条 d 款规定,经由通知行或第二通知行通知信用证的银行必须经由同一银行通知其后的任何修改。

④UCP600 第 9 条 e 款规定,如一银行被要求通知信用证或修改但其决定不予修改,则应毫不延误地告知自其处收到信用证、修改或通知的银行。

⑤UCP600 第 9 条 f 款规定,如一银行被要求通知信用证或修改但其不能确信信用证、修改或通知的表面真实性,则应毫不延误地通知看似从其处收到指示的银行。如果通知行或第二通知行决定仍然通知信用证或修改,则应告知受益人或第二通知行其不能确信信用证、修改或通知的表面真实性。

⑥UCP600 第 10 条 d 款规定,通知修改的银行应将任何接受或拒绝的通知转告发出修改的银行。

(2)开证行、保兑行改证责任与 UCP600。

UCP600 第 10 条 b 款规定,开证行发出修改之时起,即不可撤销地受其约束。保兑行可将其保兑扩展至修改,并自通知该修改之时,即不可撤销地受其约束。但是,保兑行可以选择将修改通知受益人而不对其加具保兑。若然如此,其必须毫不延误地将此告知开证行,并在其给受益人的通知中告知受益人。

(3)改证生效与 UCP600。

①UCP600 第 10 条 a 款规定,除第 38 条另有规定者外,未经开证行、保兑行(如有的话)及受益人同意,信用证既不得修改,也不得撤销。

②UCP600 第 10 条 c 款规定,在受益人告知通知修改的银行其接受该修改之前,原信用证(或含有先前被接受的修改的信用证)的条款对受益人仍然有效。受益人应提供接受或拒绝修改的通知。如果受益人未能给予通知,当交单与信用证以及尚未表示接受的修改的要求一致时,即视为受益人已做出接受修改的通知,并且从此时起,该信用证被修改。

③UCP600 第 10 条 e 款规定,对同一修改的内容不允许部分接受,部分接受将被视为拒绝修改的通知。

④UCP600 第 10 条 f 款规定,修改中关于"除非受益人在某一时间内拒绝修改,否则修改生效"的规定应被不予理会。

二、MT707 报文

MT707 是"跟单信用证修改"报文,其栏目内容见表 5-5。

表 5-5　MT707 Amendment to a Documentary Credit

M/O	Tag 项目编号	Field Name 项目名称	解　释
M	20	Sender's Reference	发报行业务编号
M	21	Receiver's Reference	收报行业务编号
O	23	Issuing Bank's Reference	开证行业务编号
O	52a	Issuing Bank	开证行
O	31C	Date of Issue	开证日期
O	30	Date of Amendment	修改日期
O	26E	Number of Amendment	修改次数
M	59	Beneficiary (before this amendment)	修改前的受益人
O	31E	New date of Expiry	修改后的到期日
O	32B	Increase of Documentary Credit Amount	跟单信用证的增额
O	33B	Decrease of Documentary Credit Amount	跟单信用证的减额
O	34B	New Documentary Credit Amount after Amendment	修改后的跟单信用证金额
O	39A	Percentage Credit Amount Tolerance	修改后的信用证金额浮动上下限
O	39B	Maximum Credit Amount	修改后的信用证金额最高限额
O	39C	Additional Amounts Covered	附加金额
O	44A	Place of taking in charge/ of receipt	对接管地/接收地的修改
O	44E	Port of loading/Airport of departure	对装运港/始发港的修改
O	44F	Port of discharge/Airport of destination	对卸货港/目的港的修改
O	44B	Place of final destination/of delivery	对最终目的地/交货地的修改
O	44C	Latest date of shipment	对最迟装运日期的修改
O	44D	Shipment period	对装运期间的修改
O	79	Narrative	修改详述
O	72	Sender to Receiver Information	附言

说明：M/O 为 Mandatory 与 Optional 的缩写，前者是指必选项目，后者为可选项目。

MT707 报文制作的注意事项：

(1)除信用证的到期日、金额、运输路线和运输时间之外的条款修改内容都写在"79 Narrative"栏目中。

(2)如果该 MT707 报文是开证行以外的银行(即通知行)发送，报文使用"23 Issuing Bank's Reference"栏目列明开证行的跟单信用证号码。

(3)如果发报行不是开证行，报文使用"52a Issuing Bank"栏目列明开证行。

(4)该项目可能出现的代码如下。

BENCON：要求收报行通知发报行受益人是否接受该信用证的修改。

PHONBEN：请电话通知受益人（代码后跟受益人的电话号码）。

TELEBEN：请用快捷的有效电讯通知受益人（包括 SWIFT、传真、电报、电传）。

🗁 实训项目

实训项目 5-1　开证有误情形下的申请改证和改证操作

上接实训 4-1 内容。

任务 1　开证申请人申请修改信用证

2010 年 4 月 28 日，美国 Sherry Footwear Inc. 同意了福建华辛进出口有限公司的改证意见，请填制信用证修改申请书（见表 5-6），向开证行中国银行纽约分行办理改证申请。

表 5-6　　　　　　　　　　　　　信用证修改申请书

APPLICATION FOR AMENDMENT	
To：	Amendment to Our Documentary Credit No.
Date of Amendment：	No. of Amendment：
Applicant	Advising Bank
Beneficiary (before this amendment)	Amount SAY：
The above mentioned credit is amended as follows： （　）Shipment date extended to _____ （　）Expiry date extended to _____ （　）Amount increased by _____ to _____ （　）Other terms：	

( )Banking charges:

The amendment fee is borne by the applicant.

All other terms and conditions remain unchanged.

Authorized Signature(s):

This Amendment is Subject to Uniform Customs and Practice for Documentary Credits (2007 Revision) International Chamber of Commerce Publication No. 600.

任务 2 开证行根据改证申请书制作 MT707,修改信用证

2010 年 4 月 30 日,中国银行纽约分行同意美国 Sherry Footwear Inc. 的改证申请。中国银行纽约分行职员 Beckham 根据美国 Sherry Footwear Inc. 的信用证修改申请书,制作以下 MT707 报文,发给通知行,修改信用证。

MT 707   AMENDMENT TO A DOCUMENTARY CREDIT

SENDER'S REFERENCE   20 :

RECEIVER'S REFERENCE   21 :

DATE OF ISSUE   31C:

NUMBER OF   26E:

AMENDMENT

BENEFICIARY （ BEFORE   59 :

THIS AMENDMENT)

NEW DATE OF EXPIRY   31E:

SHIPMENT PERIOD   44D:

NARRATIVE   79 :

OTHER TERMS AND CONDITIONS REMAIN UN-CHANGED. AMENDMENT FEE GBP30. 00 AND CABLE FEE GBP20. 00 ARE FOR A/C OF APPLICANT. SUBJECT TO UCPDC (2007 REVISION) ICC PUBLICATION NO. 600

任务 3 通知行制作信用证的修改通知书,通知受益人

2010 年 5 月 30 日,中国银行福建省分行根据开证行的 MT707 报文,制作信用证的修改通知书(见表 5-7),通知受益人福建华辛进出口有限公司。

表 5-7   修改通知书

中国银行 股份有限公司福建省分行
BANK OF CHINA LIMITED

FUJIAN BRANCH
ADDRESS：136 WUSI ROAD，FUZHOU

修改通知书
SWIFT：BKCH CNBJ910 **NOTIFICATION OF DOCUMENTARY CREDIT**

/ /

To：致	WHEN CORRESPONDING AD91005377881 PLEASE QUTOTE REF NO
ISSUING BANK 开证行	TRANSMITTED TO US THROUGH 传递行 REF NO. REIM BANK
L/C NO. 信用证号	AMENDMENT NO. 修改次数
DATED 开证日期	AMENDMENT DATE 修改日期

DEAR SIRS,逐启者：
WE HAVE PLEASURE IN ADVISING YOU THAT WE HAVE RECEIVED FROM THE ABOVE-MENTIONED BANK A(N) AMENDMENT TO THE CAPTIONED L/C，CONTENTS OF WHICH ARE AS PER ATTACHED SHEET(S).
兹通知贵司,我行收到自上述银行的信用证修改一份,内容见附件。
THIS AMENDMENT SHOULD BE ATTACHED TO THE CAPTIONED L/C ADVISED BY US，OTHERWISE THE BENEFICIARY WILL BE RESPONSIBLE FOR ANY CONSEQUENCES ARISING THEREFROM.
本修改须附于有关信用证,否则,贵公司须对因此而产生的后果承担责任。
REMARK 备注：
THIS AMENDMENT CINSISTS OF ＿＿＿＿ SHEETS，INCLUDING THE COVERING LETTER AND ATTACHMENT(S).
本修改连同面函及附件共__纸。
THIS AMENDMENT IS ADVISED SUBJECT TO ICC UCP PUBLICATION NO. 600.
本修改之通知系遵循国际商会跟单信用证统一惯例第 600 号出版物办理。

YOURS FAITHFULLY，
FOR **BANK OF CHINA**，FUJIAN

实训项目 5-2 修改合同情形下的申请改证和改证操作

上接实训 3-1 内容。

任务 1 开证申请人申请修改信用证

2009 年 8 月 12 日,杭州瀚森进出口有限公司因业务需要,计划多进口 2 套德国产的塑料挤出机用自动重力计量系统,经与德国 iNOK GmbH 磋商,进口合同作如下修改:进口数量增加到 3 套,最迟装运期为 2009 年 10 月 31 日,其他条款不变。请填制信用证修改申请书(见表 5-8),向开证行中国农业银行浙江省分行办理改证申请。

表 5-8   信用证修改申请书

<table>
<tr><td colspan="2" align="center">中国农业银行
AGRICULTURAL BANK OF CHINA
信 用 证 修 改 申 请 书
APPLICATION FOR AMENDMENT</td></tr>
<tr><td>To:Agricultural Bank of China, Zhejiang Branch</td><td>Amendment to Our Documentary Credit No.</td></tr>
<tr><td>Date of Amendment:</td><td>No. of Amendment:</td></tr>
<tr><td>Applicant</td><td>Advising Bank</td></tr>
<tr><td>Beneficiary (before this amendment)</td><td>Amount

SAY:</td></tr>
<tr><td colspan="2">The above mentioned credit is amended as follows:
( )Shipment date extended to _____
( )Expiry date extended to _____
( )Amount increased by _____ to _____
( )Other terms:

( )Banking charges:
The amendment fee is borne by the applicant.
All other terms and conditions remain unchanged.

        Authorized Signature(s):</td></tr>
<tr><td colspan="2">This Amendment is Subject to Uniform Customs and Practice for Documentary Credits (2007 Revision) International Chamber of Commerce Publication No. 600.</td></tr>
</table>

任务 2 开证行根据改证申请书制作 MT707,修改信用证

2009 年 8 月 13 日,中国农业银行浙江省分行同意杭州瀚森进出口有限公司的改证申请。中国农业银行浙江省分行职员林满根据杭州瀚森进出口有限公司的信用证修改申请书,制作以下 MT707 报文,发给通知行,修改信用证。

```
MT 707                          AMENDMENT TO A DOCUMENTARY CREDIT
SENDER'S REFERENCE      20 :
RECEIVER'S REFERENCE    21 :
DATE OF ISSUE           31C:
NUMBER OF               26E:
AMENDMENT
BENEFICIARY ( BEFORE    59 :
THIS AMENDMENT)
NEW DATE OF EXPIRY      31E:
INCREASE OF CREDIT      32B:
AMOUNT
NEW   CREDIT   AMOUNT   34B:
AFTER AMENDMENT
LATEST DATE OF SHIP-    44C:
MENT
NARRATIVE               79 :



                                OTHER   TERMS   AND   CONDITIONS   REMAIN   UN-
                                CHANGED.  AMENDMENT FEE  USD162.00 AND CABLE
                                FEE USD20.00 ARE FOR A/C OF APPLICANT. SUBJECT
                                TO UCPDC (2007 REVISION) ICC PUBLICATION NO. 600
```

学习情境六
制作或办理结汇单据操作

⑥

▷ 学习目标

[能力目标]

能以受益人的身份根据信用证制作或办理商业发票、装箱单、原产地证、运输单据、保险单据和汇票等主要结汇单据。

[知识目标]

掌握出口制单的依据和工作要求,掌握海运提单的概念、作用、内容和种类,熟悉商业发票的概念和作用、包装单据的种类,熟悉空运单的概念、作用和内容,熟悉保险单据和原产地证的种类,了解装运通知、受益人证明、船龄证明、船籍和航程证明等内容。

▷ 工作项目

上接学习情境五"工作项目"内容,2010 年 3 月 30 日,浙江立方羽绒制品有限公司在接受改证后,信用证修改书成了原信用证的组成部分,并替代原信用证对应条款而使其失效。为了以后更好地操作业务,我们可以把信用证修改书替代原信用证对应条款而产生一份新的信用证:

```
MT 700                      ISSUE OF A DOCUMENTARY CREDIT
SENDER                      BANK OF CHINA, LONDON BRANCH, U.K.
RECEIVER                    BANK OF CHINA, ZHEJIANG BRANCH, CHINA

SEQUENCE OF TOTAL      27 : 1 / 1
FORM OF DOC. CREDIT    40A: IRREVOCABLE
DOC. CREDIT NUMBER     20 : LC-520-046704
DATE OF ISSUE          31C: 100325
APPLICABLE RULES       40E: UCP LATEST VERSION
```

DATE AND PLACE OF EXPIRY.	31D:	DATE 100610 PLACE IN CHINA
APPLICANT	50 :	RAM TRADING CO. , LTD.
		9 SMITH STREET, LITTLEBOROUGH, OL15, 8QF, U. K.
BENEFICIARY	59 :	ZHEJIANG LIFANG DOWN PRODUCTS CO. , LTD.
		6 YILE ROAD, HANGZHOU, P. R. CHINA
AMOUNT	32B:	CURRENCY USD AMOUNT 28445. 48
PERCENTAGE CREDIT AMOUNT TOLERANCE	39A:	05/05
AVAILABLE WITH/BY	41D:	ANY BANK IN CHINA, BY NEGOTIATION
DRAFTS AT ...	42C:	30 DAYS AFTER SIGHT
DRAWEE	42A:	BANK OF CHINA, LONDON BRANCH
PARTIAL SHIPMENT	43P:	PROHIBITED
TRANSSHIPMENT	43T:	ALLOWED
PORT OF LOADING/ AIR-PORT OF DEPARTURE	44E:	CHINESE MAIN PORT
PORT OF DISCHARGE	44F:	SOUTHAMPTON, U. K.
LATEST DATE OF SHIP-MENT	44C:	100525
DESCRIPTION OF GOODS AND/OR SERVICES.	45A:	WHITE DUCK FEATHER AND DOWN DUVET, AS PER S/C NO. LD20100318

ART. NO.	QUANTITY	UNIT PRICE	AMOUNT
A001 KING 225×220CM	828PCS	USD 18. 34/PC	USD15185. 52
A002 KING 225×220CM	644PCS	USD 20. 59/PC	USD13259. 96

AT CIF SOUTHAMPTON, U. K.

DOCUMENTS REQUIRED	46A:	+COMMERCIAL INVOICE SIGNED IN TRIPLICATE.
		+PACKING LIST IN TRIPLICATE.
		+ORIGINAL GSP FORM A CERTIFICATE OF CHINESE ORIGIN PLUS TWO COPIES CERTIFIED BY CCPIT.
		+FULL SET (3/3) OF CLEAN 'ON BOARD' OCEAN BILLS OF LADING MADE OUT TO ORDER MARKED FREIGHT PREPAID AND NOTIFY APPLICANT.
		+INSURANCE POLICY/CERTIFICATE IN DUPLICATE ENDORSED IN BLANK FOR 110% INVOICE VALUE, COVERING ALL RISKS OF CIC OF PICC (1/1/1981) INCL. WAREHOUSE TO WAREHOUSE AND I. O. P AND SHOWING THE CLAIMING CURRENCY IS THE SAME AS THE CURRENCY OF CREDIT.
ADDITIONAL CONDITION	47A:	+DOCUMENTS DATED PRIOR TO THE DATE OF THIS CREDIT ARE NOT ACCEPTABLE.

+THE NUMBER AND THE DATE OF THIS CREDIT AND THE NAME OF ISSUING BANK MUST BE QUOTED ON ALL DOCUMENTS.

+TRANSSHIPMENT ALLOWED AT HONGKONG ONLY.

+SHORT FORM/CHARTER PARTY/THIRD PARTY BILLS OF LADING ARE NOT ACCEPTABLE.

+MORE OR LESS 5 PCT OF QUANTITY OF GOODS IS ALLOWED.

+SHIPMENT MUST BE EFFECTED BY 1×40'FULL CONTAINER LOAD. B/L TO SHOW EVIDENCE OF THIS EFFECT IS REQUIRED.

+ ALL PRESENTATIONS CONTAINING DISCREPANCIES WILL ATTRACT A DISCREPANCY FEE OF USD60.00 PLUS TELEX COSTS OR OTHER CURRENCY EQUIVALENT. THIS CHARGE WILL BE DEDUCTED FROM THE BILL AMOUNT WHETHER OR NOT WE ELECT TO CONSULT THE APPLICANT FOR A WAIVER

CHARGES	71B:	ALL CHARGES AND COMMISSIONS OUTSIDE U. K. ARE FOR ACCOUNT OF BENEFICIARY INCLUDING REIMBURSING FEE.
PERIOD FOR PRESENTATION	48:	WITHIN 15 DAYS AFTER THE DATE OF SHIPMENT, BUT WITHIN THE VALIDITY OF THIS CREDIT.
CONFIRMATION INSTRUCTION	49:	WITHOUT
REIMBURSING BANK	53A:	HSBC BANK PLC,NEW YORK
INFORMATION TO PRESENTING BANK	78:	ALL DOCUMENTS ARE TO BE REMITTED IN ONE LOT BY COURIER TO BANK OF CHINA, LONDON BRANCH, 90 CANNON STREET, LONDON EC4N 6HA U. K.

任务 1　制作商业发票和装箱单

浙江立方羽绒制品有限公司外贸单证员牛峰根据信用证和以下相关信息,制作符合信用证要求的商业发票和装箱单。

(1)货物实际出运信息如下:

品名	鸭绒被
数量	Article no. A001:828 件
	Article no. A002:660 件
装箱率	4 件/纸箱
纸箱重量	毛重 18.4 千克/纸箱,净重 17 千克/纸箱
纸箱体积	0.16 米^3

(2)商业发票号码/日期:L2010096/2010 年 5 月 17 日。

(3)装运港:上海港。

任务 2 制作订舱委托书,办理海运提单

牛峰根据信用证、商业发票、装箱单和以下信息,制作订舱委托书,办理订舱和海运提单确认手续。

(1)船名、航线和船期:中海集装箱运输股份有限公司 2010 年 5 月 22 日的船,船名为 CMA CGM VELA,航线号为 FL600W。

(2)货物用 1 个 40'集装箱运输。

任务 3 制作和申领普惠制产地证格式 A

牛峰根据信用证、商业发票和装箱单,制作和申领符合信用证要求的普惠制产地证格式 A。该出口货物不含任何进口成分。

任务 4 制作投保单,办理投保单

2010 年 5 月 21 日,牛峰根据信用证、商业发票、装箱单和相关信息,制作投保单,办理投保和保险单。

任务 5 制作汇票

2010 年 5 月 27 日,牛峰根据信用证、商业发票,制作符合信用证要求的汇票。

▷ 操作示范

任务 1 制作商业发票和装箱单

第一步:制作商业发票。

1.发票名称

根据《国际标准银行审单实务》ISBP 的规定,若信用证只要求发票而未作进一步定义,则提交"发票"(Invoice)、"商业发票"(Commercial Invoice)、"海关发票"(Customs Invoice)、"税务发票"(Tax Invoice)、"领事发票"(Consular Invoice)等形式的发票都可以接受,但是"临时发票"(Provisional Invoice)、"形式发票"(Pro-forma Invoice)或类似的发票不可接受,除非信用证另有授权;当信用证要求提交商业发票时,标为"发票"和"商业发票"的单据都是可以接受的。

本业务填写:COMMERCIAL INVOICE 或 INVOICE。

2.出单人名称和地址

根据 UCP600 的规定,若信用证无另外规定,商业发票的出单人为受益人。发票的顶端往往要有醒目的出单人名称、详细地址,出单人名称字体要大于正文字体,而其地址往往要比正文部分字体略小一点。地址中的电传或传真号码等内容无须提供,如果提供,也不必与信用证中的相同。有许多出口企业在印刷空白发票时就印上这些内容,或将这些内容编入电脑程序一并打印。如果是这样,则外贸单证员无须填写此栏。

本业务根据信用证中"59"栏目,在商业发票单据的顶端填写出单人名称、地址:

ZHEJIANG LIFANG DOWN PRODUCTS CO., LTD.

6 YILE ROAD, HANGZHOU, P. R. CHINA

3.受单人或抬头名称和地址

根据 UCP600 的规定,若信用证无另外规定,商业发票的受单人或抬头为开证申请人。地址中的电传或传真号码等内容无需提供,如果提供,也不必与信用证中的相同。

本业务根据信用证"50"栏目,在商业发票单据左上角"TO"后面填写受单人名称和地址:

RAM TRADING CO., LTD.

9 SMITH STREET, LITTLEBOROUGH, OL15, 8QF, U.K.

4.发票号码、发票日期、信用证号码、合同号码等参考信息

发票号码由出口商统一编制,一般采用顺序号,便于查对。

发票日期应早于提单日期,不能迟于信用证有效期。根据 UCP600 的规定,如果 L/C 没有特殊规定,银行可以接受签发日期早于开证日的发票。

信用证号码参照信用证缮制。

合同号应与信用证上列明的一致,一笔交易有几份合同,都应打在发票上。

本业务填写:

Invoice No.	L2010096
Invoice Date	MAY 17, 2010
S/C No.	LD20100318
S/C Date	MARCH 15, 2010

5.起运地和目的地

该栏目为非必需栏目,可以省略。如不省略,起运地和目的地应与提单一致。如果货物需要转运,转运地点也应明确地表示出来。例如:货物从上海经鹿特丹转船至英国伦敦。这一栏目填写如下:

From Shanghai to London, U.K. with transshipment (W/T) at Rotterdam

本业务填写:From SHANGHAI, CHINA to SOUTHAMPTON, U.K.。

6.唛头(Shipping Marks)

凡是来证有指定唛头的,必须逐字按照规定制唛。如无指定,出口商可自行设计唛头,唛头一般以简明、易于识别为原则。唛头内容包括名称的缩写、合同号(或发票号)、目的港、件号几部分。如无唛头,可打上 N/M(No Mark)。

本业务填写:

RAM

LD20100318

A001/ A002

SOUTHAMPTON

C/NO. :1-372

7.货物描述(Description of Goods)

发票中的货物描述必须与信用证规定的一致,但并不要求如同镜面反射那样一致。货

物细节可以在发票中的若干地方表示,当合并在一起与信用证规定一致即可。如货物描述中的单价、数量和金额等可以显示在对应的栏目中。在其他一切单据中,货物描述可使用与信用证中货物描述无矛盾的统称。由此可见,信用证对发票描述的要求高于其他单据。

发票中的货物描述必须反映实际装运的货物。例如,信用证的货物描述显示两种货物,如 9 辆卡车和 9 辆摩托车,如果信用证不禁止分批装运,而发票表明只装运了 5 辆摩托车,是可以接受的。当然,列明信用证规定的全部货物描述,然后注明实际装运货物的发票也是可以接受的。

本业务填写:

Number and kind of package
Description of goods
WHITE DUCK FEATHER AND DOWN DUVET
A001 KING 225×220CM
A002 KING 225×220CM
PACKED IN 4PCS/CTN, TOTALLY THREE HUNDRED SEVENTY TWO CARTONS ONLY.

8. 数量、单价和金额

凡"约"、"大概"、"大约"或类似的词语,用于信用证数量、单价和金额时,应理解为有关数量、单价和金额不超过 10% 的增减幅度。值得注意的是,商品数量单位一定要与单价中的数量单位一致。

单价由计价货币、单位数额、计量单位和价格术语等四部分组成。如果信用证中写明了贸易术语的来源,则发票必须表明相同的来源。如信用证条款规定,CIF SINGAPORE INCOTERMS 2000,那么 CIF SINGAPORE 和 CIF SINGAPORE INCOTERMS 都不符合信用证的要求,只有 CIF SINGAPORE INCOTERMS 2000 符合信用证的要求。发票必须显示信用证要求的折扣或扣减。发票还可显示信用证未规定的与预付款或折扣等有关的扣减额。

金额必须准确计算,正确缮打,并认真复核,特别要注意小数点的位置是否正确,金额和数量的横乘、竖加是否有矛盾。

发票金额一般不应超过信用证金额,但当采用部分金额信用证方式支付、部分金额其他付款方式支付时(例如,90% 合同金额采用即期信用证支付和 10% 合同金额采用前 T/T 支付),开具发票金额就可能超过信用证规定的金额。根据 UCP600 的规定,按指定行事的指定银行、保兑行(如有的话)或开证行可以接受金额大于信用证允许金额的商业发票,其决定对有关各方均有约束力,只要该银行对超过信用证允许金额的部分未作承付或者议付。

本业务填写:

Quantity	Unit Price	Amount
	CIF SOUTHAMPTON, U. K.	
828PCS	USD18. 34/PC	USD15185. 52
660PCS	USD20. 59/PC	USD13589. 40
1488PCS		USD 28774. 92

9.发票上加各种证明

国外来证有时要求在发票上加注各种费用金额、特定号码、有关证明句,一般可将这些内容打在发票商品栏以下的空白处,大致有以下几种:

(1)加注运费、保险费和 FOB 金额。

(2)注明特定号码。如进口证号、配额许可证号码等。

(3)缮打证明句。如出口澳大利亚享受 GSP 待遇,往往要求加注"发展中国家声明";又如有些来证要求加注非木质包装证明句;等等。

(4)但也有来证要求过分苛刻,如来证要求卖方在列出一系列详细费用,包括成本、海洋运费、内陆运费、包装费、银行费、外包装费、码头和港口费、转运费以后,再给出 CFR 价的总额。对如此要求应根据实际情况考虑是否接受,如果难以办到,就应及时要求对方修改条款。

本业务根据信用证"47A"栏目条款,本栏目应填写:

L/C NO.：LC-520-046704

NAME OF ISSUING BANK：BANK OF CHINA，LONDON BRANCH，U.K.

DATE OF ISSUE：MARCH 25，2010

10. 出单人签名(Signature)

商业发票只能由信用证中规定的受益人出具,除非信用证另有规定。如果以影印、自动或电脑处理或复写方法制作的发票作为正本者,应在发票上注明"正本"(ORIGINAL)字样,并由出单人签字。

UCP600 规定商业发票可不必签字,但有时来证规定发票需要签字的,还是要签字,如 SIGNED COMMERCIAL INVOICE... 在无手签要求的情况下,可以使用印鉴,但若来证要求"MANULLY SIGNED"或"HAND SIGNED",则必须手签。

本业务由于信用证中发票条款的签字要求是"SIGNED IN INK",因此外贸单证员须在商业发票右下角盖上公司章(往往是条形章),在审核单据无误后,让公司授权签名的人进行手签:

ZHEJIANG LIFANG DOWN PRODUCTS CO.，LTD.

叶 子

11.发票份数

发票有正副本之分,发票正副本份数的确定方法包括:

(1)若信用证规定"发票若干份 Invoice in X copies"时,如发票三份,则提交至少一份正本发票。

(2)若信用证规定"一份发票"(One invoice)或"发票一份"(Invoice in one copy)时,则需提交一份正本发票。

(3)若信用证规定"发票的一份"(One copy of invoice)时,则提交一份副本发票即符合要求,当然也可提交一份正本发票。

本业务操作:至少出具一份正本,共三份。

制作好的商业发票如下:

ZHEJIANG LIFANG DOWN PRODUCTS CO., LTD.
6 YILE ROAD, HANGZHOU, P. R. CHINA

COMMERCIAL INVOICE

To:	RAM TRADING CO., LTD. 9 SMITH STREET, LITTLEBOROUGH, OL15, 8QF, U.K.			Invoice No.:	L2010096
				Invoice Date:	MAY 17, 2010
				S/C No.:	LD20100318
				S/C Date:	MARCH 15, 2010
From:	SHANGHAI, CHINA		To:	SOUTHAMPTON, U.K.	
L/C No.:	LC-520-046704		Issued By:	BANK OF CHINA, LONDON BRANCH, U.K.	
Date of Issue:	MARCH 25, 2010				

Marks and Numbers	Number and kind of package Description of goods	Quantity	Unit Price	Amount
RAM LD20100318 A001/ A002 SOUTHAMPTON C/NO.:1-372	WHITE DUCK FEATHER AND DOWN DUVET A001 KING 225×220CM A002 KING 225×220CM PACKED IN 4PCS/CTN, TOTALLY THREE HUNDRED SEVENTY TWO CARTONS ONLY.	 828PCS 660PCS	CIF SOUTHAMPTON, U.K. USD18.34/PC USD20.59/PC	 USD15185.52 USD13589.40
TOTAL:		1488PCS		USD 28774.92
SAY TOTAL:	U.S. DOLLARS TWENTY EIGHT THOUSAND SEVEN HUNDRED SEVENTY FOUR AND CENTS NINTY TWO ONLY.			
	ZHEJIANG LIFANG DOWN PRODUCTS CO., LTD. 叶 子			

第二步:再根据信用证、货物实际出运信息和已制作的商业发票,制作符合信用证要求的装箱单。

1.单据名称

单据名称应符合信用证规定。若信用证要求提供重量单,则名称应写为"WEIGHT LIST";若信用证要求提供尺码单,则名称应写为"MEASUREMENT LIST"。

本业务填写:PACKING LIST。

2.抬头

除非信用证特别要求,否则银行可接受装箱单表面无抬头(即无开证申请人名称和地址)的表示。

　　本业务填写:RAM TRADING CO. , LTD.

　　　　　　　　　9 SMITH STREET，LITTLEBOROUGH，OL15，8QF，U.K.

　3. 号码和日期

本栏目一般填发票号码和日期,如信用证未作规定,也可不注明出单日。

　　本业务填写:L2010096,MAY 17, 2010。

　4. 唛头

填写唛头,且须与发票、信用证及实物印刷完全一致。

　　本业务填写:同商业发票。

　5. 货物描述及数量

装箱单中所表明的货物应为发票中所描述的货物,但可用于其单据无矛盾的统称表示。

　　本业务填写:同商业发票。

　6. 包装数、净重、毛重和体积

填写商品的包装数、净重和毛重。注意净重和毛重是以千克为单位,保留整数。填写商品的体积,单位是立方米,且保留三位小数。

　　本业务填写:

Package	G. W	N. W	Meas.
207CTNS	3809KGS	3519KGS	33. 120M³
165CTNS	3036KGS	2805KGS	26. 400M³

　7. 其他

根据信用证中关于装箱单的特殊要求条款,制作时应在装箱单上注明。如所有单据注明信用证号码、开证日期和开证行名称等。

　　本业务填写:

L/C NO. : LC-520-046704

NAME OF ISSUING BANK：BANK OF CHINA，LONDON BRANCH，U.K.

DATE OF ISSUE：MARCH 25，2010

　8. 签署

当信用证没有规定装箱单签名时,可以不盖章签名,当然也可以盖章签名。

　　本业务填写:不盖章签名。

　　制作好的装箱单如下:

ZHEJIANG LIFANG DOWN PRODUCTS CO., LTD.

6 YILE ROAD, HANGZHOU, P. R. CHINA

PACKING LIST

To:	RAM TRADING CO., LTD. 9 SMITH STREET, LITTLEBOROUGH, OL15, 8QF, U.K.			Invoice No.:	L2010096		
				Invoice Date:	MAY 17, 2010		
				S/C No.:	LD20100318		
				S/C Date:	MARCH 15, 2010		
From:	SHANGHAI, CHINA		To:	SOUTHAMPTON, U.K.			
L/C No.:	LC-520-046704		Issued By:	BANK OF CHINA, LONDON BRANCH, U.K.			
Date of Issue:	MARCH 25, 2010						
Marks and Numbers	Number and kind of package Description of goods	Quantity	Package	G.W	N.W	Meas.	
RAM LD20100318 A001/ A002 SOUTHAMPTON C/NO.:1-372	WHITE DUCK FEATHER AND DOWN DUVET A001 KING 225×220CM A002 KING 225×220CM PACKED IN 4PCS/CTN,	828PCS 660PCS	207CTNS 165CTNS	3809KGS 3036KGS	3519KGS 2805KGS	$33.120M^3$ $26.400M^3$	
TOTAL:		1488PCS	372CTNS	6845KGS	6324KGS	$59.520M^3$	
SAY TOTAL:	THREE HUNDRED AND SEVENTY TWO CARTONS ONLY.						

任务 2 制作订舱委托书，办理海运提单

2010 年 5 月 17 日,浙江立方羽绒制品有限公司外贸单证员牛峰通过中国国际海运网 http://www. shippingchina.com 查询,选择中海集装箱运输股份有限公司 2010 年 5 月 22 日 的船,船名为 CMA CGM VELA,航线号为 FL600W。为此制作如下订舱委托书,向一家国际货运代理公司办理订舱手续。

订舱委托书

2010 年 5 月 17 日

托运人	ZHEJIANG LIFANG DOWN PRODUCTS CO., LTD. 6 YILE ROAD, HANGZHOU, P. R. CHINA		合同号	LD20100318
			发票号	L2010096
			信用证号	LC-520-046704
			运输方式	BY SEA
收货人	TO ORDER		启运港	SHANGHAI
			目的港	SOUTHAMPTON
			装运期	NOT LATER THEN MAY 25, 2010
通知人	RAM TRADING CO., LTD. 9 SMITH STREET, LITTLEBOROUGH, OL15, 8QF, U.K. TEL：0044-845-6012288 FAX：0044-845-6012289		可否转运	YES, ONLY VIA H.K.
			可否分批	NO
			运费支付方式	PREPAID
			正本提单	3 COPIES
唛头	货名	包装件数	总毛重	总体积
RAM LD20100318 A001/ A002 SOUTHAMPTON C/NO.：1-372	WHITE DUCK FEATHER AND DOWN DUVET	372CTNS	6845KGS	59.520M^3
注意事项	1. 请订中海集装箱运输股份有限公司 2010 年 5 月 22 日的船，船名为 CMA CGM VELA，航线号为 FL600W，1×40GP FCL，门到门。 2. 提单上要显示以下内容： (1)L/C NO.：LC-520-046704 (2)NAME OF ISSUING BANK：BANK OF CHINA, LONDON BRANCH, U.K. (3)DATE OF ISSUE：MARCH 25, 2010			
受托人：		委托人：		
		ZHEJIANG LIFANG DOWN PRODUCTS CO., LTD.		
电话： 传真：		电话：0571-89810080 传真：0571-89810087		
联系人：		联系人：牛峰		

牛峰订舱成功后，货物办理报关手续，装运后，出具以下海运提单：

1. Shipper ZHEJIANG LIFANG DOWN PRODUCTS CO., LTD. 6 YILE ROAD, HANGZHOU, P. R. CHINA		B/L No. NGBFXT006329	
2. Consignee TO ORDER		**中海集装箱运输(香港)有限公司** CHINA SHIPPING CONTAINER LINES(HONGKONG) Cable:CSHKAC Telex: 87986 CSHKAHX Port-to-Port or Combined Transport **BILL OF LADING**	
3. Notify Party (carrier not to be responsible for failure to notify) RAM TRADING CO., LTD. 9 SMITH STREET, LITTLEBOROUGH, OL15, 8QF, U.K. TEL: 0044-845-6012288 0044-845-6012289		RECEIVED in external apparent good order and condition, except otherwise noted. The total number of containers or other packages or units shown in the Bill of Lading receipt, is said by the shipper to contain the goods described above, which description the carrier has no reasonable means of checking and is not part of the Bill of Lading. One original Bill of Lading should be surrendered, except clause 22 paragragh 5, in exchange for delivery of the shipment. Signed by the consignor or duly endorsed by the holder in due course. Whereupon the other original(s) issued shall be void. In accepting this Bill of Lading, the Merchants agree to be bound by all the terms on the face and back hereof as if each had personally signed this Bill of Lading.	
4. Pre-carriage by	5. Place of Receipt	WHEN the place of Receipt of the Goods is an inland point and is so named herein, any notation of "ON BOARD", "SHIPPED ON BOARD" or words to like effect on this Bill of Lading shall be deemed to mean on board the truck, trail car, air craft or other inland conveyance (as the case may be), performing carriage form the Place or Receipt of the Goods to the Port of Loading.	
6. Ocean Vessel Voy. No. CMA CGM VELA, V. FL600W	7. Port of Loading SHANGHAI	SEE clause 4 on the back of this Bill of Lading (Terms continued on the back hereof Read Carefully) **ORIGINAL**	
8. Port of Discharge SOUTHAMPTON, U.K.	9. Place of Delivery	10. Final Destination (of the goods-not the ship)	
11. Marks & Nos. Container Seal No.	12. No. of Containers or Packages	13. Description of Goods	14. Gross Weight	15. Measurement
RAM LD20100318 A001/ A002 SOUTHAMPTON C/NO.:1-372	1×40GP FCL 372CTNS FREIGHT PREPAID	WHITE DUCK FEATHER AND DOWN DUVET L/C NO.: LC-520-046704 NAME OF ISSUING BANK: BANK OF CHINA, LONDON BRANCH DATE OF ISSUE: MAR. 25, 2010 ON BOARD MAY 22, 2010 CHINA SHIPPING CONTAINER LINES (HONGKONG) 王力	6845KGS	59.520M³
16. Description of Contents for Shipper's Use Only (CARRIER NOT RESPONSIBLE)				
17. Total Number of containers and/or packages (in words):ONE CONTAINER ONLY.				

18. Freight & Charges	19. Revenue Tons	20. Rate	21. Per	22. Prepaid	23. Collect
24. Ex. Rate:	25. Prepaid at SHANGHAI	26. Payable at		27. Place and date of issue MAY 22, 2010	
	28. Total Prepaid	29. No. of Original B(s)/L THREE (3)		Signed for the Carrier CHINA SHIPPING CONTAINER LINES (HONGKONG) 王力	

任务3 制作和申领普惠制产地证格式 A

2010 年 5 月 17 日,外贸单证员牛峰可以通过登陆九城软件或榕基软件填写普惠制原产地证格式 A 的各栏目内容,向浙江省出入境检验检疫局申领。

1. 出口商名称、地址、国家

此栏不得留空,填写出口商的名称、详细地址及国家(地区)。

本业务填写:ZHEJIANG LIFANG DOWN PRODUCTS CO., LTD.

　　　　　　6 YILE ROAD, HANGZHOU, P. R. CHINA

2. 收货人的名称、地址、国家

该栏应填给惠国最终收货人名称。

本业务填写:RAM TRADING CO., LTD.

　　　　　　9 SMITH STREET, LITTLEBOROUGH, OL15,8QF, U. K.

3. 运输方式和路线

一般应填装货、到货地点〈始运港、目的港〉及运输方式〈如海运、陆运、空运〉。

本业务填写:SHIPPED FROM SHANGHAI TO SOUTHAMPTON, U. K. BY SEA。

4. 供官方使用

此栏由签证当局填写,申请签证的单位应将此栏留空。正常情况下此栏空白。特殊情况下,签证当局在此栏加注,如:

(1)货物已出口,签证日期迟于出货日期,签发"后发"证书时,此栏盖上"ISSUED RETROSPECTIVELY"红色印章。

(2)证书遗失、被盗或损毁,签发"复本"证书时盖上"DUPLICATE"红色印章,并在此栏注明原证书的编号和签证日期,并声明原发证书作废,其文字是"THIS CERTIFICATE IS IN REPLACEMENT OF CERTIFICATE OF ORIGIN NO...DATED...WHICH IS CANCELLED."

5. 商品顺序号

如同批出口货物有不同品种,则按不同品种、发票号等分列"1"、"2"、"3"……以此类推。单项商品,此栏填"1"。

本业务填写:1。

6. 唛头及包装号

填具的唛头应与货物外包装上的唛头及发票上的唛头一致,唛头不得出现中国以外的地区或国家制造的字样,如 MADE IN HONG KONG 等。

若货物无唛头应填"无唛头",即"N/M"或"NO MARK"。若唛头过多,此栏不够填,可填打在第7、8、9、10栏截止线以下的空白处。若还不够,此栏打上"SEE THE ATTACHMENT",用附页填打所有唛头,在右上角打上证书号,并由申请单位和签证当局授权签字人分别在附页末页的右下角和左下角手签、盖印。附页手签的笔迹、地点、日期均与第11、12栏相一致。

本业务填写:

　　　　　　　　　RAM

　　　　　　　　LD20100318

　　　　　　　　A001/ A002

　　　　　　　　SOUTHAMPTON

　　　　　　　　C/NO. :1-372

7. 商品名称、包装数量及种类

包装件数量必须用英文和阿拉伯数字同时表示;商品名称必须具体填明,商品的商标、牌名(BRAND)及货号(ARTICLE NUMBER)一般可以不填。商品名称等项填完后,应在下一行加上"＊＊＊"表示结束的符号,以防止加填伪造内容。国外信用证有时要求填具合同、信用证号码等,可加填在此栏空白处。

本业务填写:

THREE HUNDRED AND SEVENTY TWO (372)CARTONS OF WHITE DUCK

FEATHER AND DOWN DUVET

＊＊＊＊＊＊＊＊＊＊＊＊＊＊＊＊＊＊＊＊＊＊＊＊＊＊＊＊＊＊＊＊＊＊＊

L/C NO.：LC-520-046704

NAME OF ISSUING BANK：BANK OF CHINA, LONDON BRANCH, U. K.

DATE OF ISSUE：MARCH 25，2010

8.原产地标准

此栏用字最少,但却是国外海关审核的核心项目。对含有进口成分的商品,因情况复杂,国外要求严格,极易弄错而造成退证查询,应认真审核、慎重填具。现将填写该栏原产地标准符号的一般规定说明如下：

(1)完全原产品,不含任何进口成分,出口到所有给惠国,填"P"。

(2)含有进口成分的产品,出口到欧盟、挪威、瑞士和日本,填"W",其后加上出口产品的HS税目号,如"W42.02"。条件：①产品列入了上述给惠国的"加工清单"符合其加工条件；②产品未列入"加工清单",但产品生产过程中使用的进口原材料和零部件要经过充分的加工,产品的HS税目号不同于所用的原材料或零部件的HS税目号。

(3)含有进口成分的产品,出口到加拿大,填"F"。条件：进口成分的价值未超过产品出厂价的40％。

(4)含有进口成分的产品,出口到波兰,填"W",其后加上出口产品的HS税目号,如"W42.02"。条件：进口成分的价值未超过产品离岸价的50％。

(5)含有进口成分的产品,出口到俄罗斯、乌克兰、白俄罗斯、哈萨克斯坦、捷克、斯洛伐克六国,填"Y",其后加上进口成分价值占该产品离岸价格的百分比,如"Y38％"。条件：进口成分的价值未超过产品离岸价的50％。

(6)输往澳大利亚、新西兰的商品,此栏可以留空。

本业务填写："P"

9.毛重或其他数量

此栏应以商品的正常计量单位填,如"只"、"件"、"双"、"台"、"打"等。以重量计算的则填毛重,只有净重的,填净重亦可,但要标上 N. W.（NET WEIGHT）。

本业务填写：1488PCS。

10.发票号码及日期

此栏的日期必须按照正式商业发票填具。

本业务填写：L2010096,MAY 17, 2010。

11.签证当局的证明

此栏填打检验检疫局的签证地点、日期。检验检疫局签证人经审核后在此栏〈正本〉签名,盖签证印章。此栏日期不得早于发票日期(第10栏)和申报日期 (第12栏),而且应早于货物的出运日期(第3栏)。

12.栏目出口商的申明

在生产国横线上填英文的"中国"(CHINA)。进口国横线上填最终进口国,进口国必须与第三栏目的港的国别一致。凡货物运往欧盟范围内,进口国不明确时,进口国可填EU。

本业务填写：U. K.。

另外,申请单位应加盖单位印章及授权人手签,标上申报地点、日期。

本业务填写：ZHEJIANG LIFANG DOWN PRODUCTS CO. , LTD.

叶 子

HANGZHOU，MAY 17, 2010

最后通过向浙江省出入境检验检疫局申请到以下普惠制原产地证格式 A：

ORIGINAL

1. Goods consigned from (Exporter's business name, address, country) ZHEJIANG LIFANG DOWN PRODUCTS CO., LTD. 6 YILE ROAD, HANGZHOU, P. R. CHINA	Reference **GENERALIZED SYSTEM OF PREFERENCES** **CERTIFICATE OF ORIGIN** **FORM A** (Combined declaration and certificate) Issued in **THE PEOPLE'S REPUBLIC OF CHINA** (country) See Notes overleaf
2. Goods consigned to (Consignee's name, address, country) RAM TRADING CO., LTD. 9 SMITH STREET, LITTLEBOROUGH, OL15, 8QF, U. K.	
3. Means of transport and route (as far as known) SHIPPED FROM SHANGHAI, CHINA TO SOUTHAMPTON, U. K. BY SEA.	4. For official use

5. Item no.	6. Marks and no. of packages	7. Number and kind of packages; description of goods	8. Origin criterion (see Notes overleaf)	9. Gross weight or other quantity	10. Number and date of invoices
1	RAM LD20100318 A001/ A002 SOUTHAMPTON C/NO. :1-372	THREE HUNDRED AND SEVENTY TWO (372) CARTONS OF WHITE DUCK FEATHER AND DOWN DUVET * * * * * * * * * * * * * L/C NO.: LC-520-046704 NAME OF ISSUING BANK: BANK OF CHINA, LONDON BRANCH DATE OF ISSUE: MARCH 25, 2010	P	1488PCS	L2010096 MAY 17, 2010

11. Certification It is hereby certified, on the basis of control carried out, that the declaration by the exporter is correct. 姜亭亭 HANGZHOU, MAY 18, 2010 Place and date, signature and stamp of certifying authority	12. Declaration by the exporter The undersigned hereby declares that the above details and statements are correct, that all the goods were produced in **CHINA** (country) and that they comply with the origin requirements specified for those goods in the Generalized System of Preferences for goods exported to **U. K.** ZHEJIANG LIFANG DOWN PRODUCTS CO., LTD. 叶 子 HANGZHOU, MAY 17, 2010 Place and date, signature and stamp of authorized signatory

任务4　制作投保单,办理投保单

2010年5月21日,牛峰根据信用证、商业发票、装箱单和相关信息,制作投保单,办理投保和保险单。

第一步:制作投保单。

1.被保险人(Insured)

被保险人填在保险单上的"at the request of"后面,被保险人有以下几种填法:

(1)L/C无特殊要求,或要求"Endorsed in blank"一般应填L/C受益人名称,可不填详细地址,且出口公司应在保险单背面背书。

(2)若来证指定以××公司为被保险人,则应在此栏填××CO.。出口公司不要背书。

(3)若来证规定以某银行为抬头,如"to the order of ×××bank",则在此栏先填上受益人名称,再填上"held to the order of ××bank"。

本业务填写:ZHEJIANG LIFANG DOWN PRODUCTS CO.,LTD.。

2.发票号、合同号和信用证号(Invoice no.,Contract no. and L/C no.)

本栏目要根据商业发票以及合同、信用证信息进行填写。

本业务填写:发票号(INVOICE NO.)L2010096

合同号(CONTRACT NO.)LD20100318

信用证号(L/C NO.)LC-520-046704

3.**商业发票金额和投保加成**

本栏目根据商业发票和信用证的要求填写。如果信用证没有规定投保加成比例,则根据UCP600规定,应至少在CIF或CIP的基础上加成10％进行投保。

本业务填写:"发票金额(INVOICE AMOUNT) USD28774.92 投保加成(PLUS) 10％"。

4.**唛头(Marks & Nos.)**

保险单上标记应与发票,提单上一致。若来证无特殊规定,一般可简单填成"as per Invoice No.×××."。

本业务填写:AS PER INVOICE NO. L2010096.。

5.**包装及数量(Quantity)**

有包装的填写最大包装件数;裸装货物要注明本身件数;煤炭、石油等散装货注明净重;有包装但以重量计价的,应把包装重量与计价重量都注上。

本业务填写:372CTNS。

6.**货物名称(Description of goods)**

允许用统称,但不同类别的多种货物应注明不同类别的各自总称。

本业务填写:WHITE DUCK FEATHER AND DOWN DUVET。

7.**保险金额(Amount Insured)**

保险金额填写时应注意:

(1)保险货币应与信用证一致,大小写应该一致。

(2)保险金额的加成百分比应严格按信用证或合同规定掌握。如未规定,应按CIF或CIP发票价格的110％投保。

(3)保险金额不要小数,出现小数时无论多少一律向上进位。

本业务填写：USD31653.00。

大写 U. S. DOLLARS THIRTY ONE THOUSAND SIX HUNDRED FIFTY THREE ONLY.

8. 装载运输工具（Per Conveyance S. S）

海运方式下填写船名，最好再加航次。例如"XIONGXIONG V. 999"；若整个运输分两次完成时，应分别填写一程船名及二程船名，中间用"/"隔开。此处可参考提单内容填写。例如：提单中一程船名为"Joyce"，二程船为"Peace"，则填"Joyce/Peace"。

铁路运输加填运输方式为"By railway"，最好再加车号；航空运输为"By air"，邮包运输为"By parcel post"。

本业务填写：CMA CGM VELA, VOY. NO. FL600W。

9. 开航日期（Slg on or abt.）

应按 B/L 中的签发日期填，还可以简单地填作"AS PER B/L"。

本业务填写：MAY 22, 2010。

10. 装运港和目的港（From...to...）

From Ningbo To Rotterdam W/T Hong Kong，若提单目的港为美国长滩，来证规定投保至芝加哥，则保单起讫地点应填"From Ningbo to Long Beach and Thence to Chicago"。

本业务填写：From SHANGHAI to SOUTHAMPTON。

11. 承保险别（Conditions）

出口公司在制单时，先在投保单上填写这一栏的内容，当全部保险单填好交给保险公司审核确认时，才由保险公司把承保险别的详细内容加注在正本保单上。

注意：

（1）应严格按照信用证的险别投保。

（2）若信用证没有具体规定险别，或只规定"Marine Risk, Usual Risk or Transport Risk"等，则可投保最低险别平安险"FPA"，或投保一切险"All risks"、水渍险"WA"或"WPA"、平安险"FPA"中的任何一种，另外还可以加保一种或几种附加险。

（3）如来证要求的险别超出了合同规定，或成交价格为 FOB 或 CFR，但来证却由卖方保险，遇到这种情况，如果买方同意支付额外保险费，可按信用证办理。

（4）投保的险别除注明险别名称外，还应注明险别适用的文本和日期。例如：Covering All Risks and War Risks as per Ocean Marine Cargo Clauses & Ocean Marine Cargo War Risks Clauses of The People's Insurance Company of China dated 1981-01-01. 在实际业务中，可采用缩写。例如上述条款可写成"... as per C. I. C. All risks & War risks dd 1981-01-01."。

填写时，一般只需填写险别的英文缩写，同时注明险别来源，即颁布这些险别的保险公司。如"PICC"指中国人民保险公司，"CIC"指中国保险条款。并指明险别生效的时间。

本业务填写：COVERING ALL RISKS OF CIC OF PICC（1/1/1981）INCL. WAREHOUSE TO WAREHOUSE AND I. O. P.。

12. 赔款偿付地点（Claim Payable at）

严格按照信用证规定打制；若来证未规定，则应打目的港。如信用证规定不止一个目的港或赔付地，则应全部照打。

本业务填写:SOUTHAMPTON,U.K.。

13.投保日期(Date)

保险手续要求货物离开出口仓库前办理。投保日期应至少填写早于提单签发日、发运日或接受监管日。

本业务填写:MAY 21,2010。

14.其他

根据信用证中关于保险单的特殊要求条款,投保时应在投保单上注明。如"所有单据注明信用证号码、开证日期和开证行名称"、"保险单上显示保险公司在目的地的保险代理名称、地址和联系方式"等。

本业务填写:INSURANCE POLICY MUST SHOWN:(1)NAME OF ISSUING BANK:BANK OF CHINA,LONDON BRANCH,U.K. DATE OF ISSUE:MARCH 25,2010;(2)THE CLAIMING CURRENCY IS THE SAME AS THE CURRENCY OF CREDIT.

15.签字(signature)

投保人进行盖章签字。

货物运输保险投保单
APPLICATION FORM FOR CARGO TRANSPORTATION INSURANCE

投保单号:BJ123456

被保险人:

INSURED: ZHEJIANG LIFANG DOWN PRODUCTS CO.,LTD.

发票号(INVOICE NO.)L2010096

合同号(CONTRACT NO.)LD20100318

信用证号(L/C NO.)LC-520-046704

发票金额(INVOICE AMOUNT) USD28774.92 投保加成(PLUS) 10 %

兹有下列物品向中国大地财产保险股份有限公司投保(INSURANCE IS REQUIRED ON THE FOLLOWING COMMODITIES:)

标 记 MARKS & NOS	包装及数量 QUANTITY	保险货物项目 DESCRIPTION OF GOODS	保险金额 AMOUNT INSURED
AS PER INVOICE NO. L2010096.	372 CTNS	WHITE DUCK FEATHER AND DOWN DUVET	USD31653.00

启运日期:　　　　　　　　　　　装载工具

DATE OF COMMENCEMENT MAY 22,2010　PER CONVEYANCE CMA CGM VELA,VOY. NO. FL600W

自　　　　　　　　　　经　　　　　　　　至

FORM　SHANGHAI　VIA　＊＊＊　TO　SOUTHAMPTON

提单号:　　　　　　　　　　赔款偿付地点:

B/L NO.　AS PER B/L　CLAIM PAYABLE AT　SOUTHAMPTON,U.K.

投保险别：(PLEASE INDICATE THE CONDITIONS &./OR SPECIAL COVERAGES)
COVERING ALL RISKS OF CIC OF PICC (1/1/1981) INCL. WAREHOUSE TO WAREHOUSE
AND I. O. P.

▲INSURANCE POLICY MUST SHOWN：

(1)NAME OF ISSUING BANK：BANK OF CHINA, LONDON BRANCH, U. K.

　　DATE OF ISSUE：MARCH 25，2010

(2)THE CLAIMING CURRENCY IS USD

请如实告知下列情况：(如'是'在( )打'×')IF ANY，PLEASE MARK'×'：

1. 货物种类　　袋装(×)　　散装( )　冷藏( )　液体( )　　活动物( )　　　机器/汽车( )
　　GOODS　BAG/JUMBO　BULK　REEFER　LIQUID　LIVE ANIMAL　MACHINE/AUTO

　　　危险品等级( )
　　　DANGEROUS CLASS

2. 集装箱种类　　普通(×)　　　开顶( )　框架( )　平板( )　冷藏( )
　　CONTAINER　ORDINARY　OPEN　　FRAME　FLAT　REFRIGERATOR

3. 转运工具　　　海轮(×)　飞机( )　驳船( )　火车( )　汽车( )
　　BY TRANSIT　SHIP　PLANE　BARGE　TRAIN　TRUCK

4. 船舶资料　　　　　　船籍( )　　　　　　　　　船龄( )
　　PARTICULAR OF SHIP　RIGISTRY _____AGE _____

备件:被保险人确认本保险合同条款和内容已经完全了解　投保人(签名盖章)APPLICANT'S SIGNATURE
　　　THE ASSURED CONFIRMS HEREWITH THE TERMS AND
　　　CONDITIONS OF THESE INSURANCE　ZHEJIANG LIFANG DOWN PRODUCTS CO. , LTD.
　　　CONTRACT FULLY UNDERSTOOD　　　　　叶 子

　　　　　　　　　　　　　　　　　　电话(TEL)0571-89810080
投保日期(DATE) MAY 21, 2010 _____　地址(A DD) _____

本公司自用(FOR OFFICE USE ONLY)

费率　　　　　　　　　　保费　　　　　　　　　备注：
RATE　AS ARRANGED _____　PREMIUM　AS ARRANGED _____
经办人 BY _____　核保人_____　负责人_____

总公司地址:上海市浦东南路855号　电话:021-58369588　邮政编码:200120　网址:www. ccic-net. com. cn

第二步:办理投保手续。

外贸单证员填写好投保单之后,向中国大地财产保险股份有限公司提出投保申请。

2010 年 5 月 21 日,保险公司接受投保,便出具保险单:

中国大地财产保险股份有限公司
China Continent Property&Casualty Insurance Company Ltd.

货物运输保险单
CARGO TRANSPORTATION INSURANCE POLICY

发票号(INVOICE NO.)	L2010096	保单号次	
合同号(CONTRACT NO.)	LD20100318	POLICY NO.	BJ908769
信用证号(L/C NO.)	LC-520-046704		

被保险人:INSURED: ZHEJIANG LIFANG DOWN PRODUCTS CO. , LTD.

中国大地财产保险股份有限公司(以下简称本公司)根据被保险人的要求,由被保险人向本公司缴付约定的保险费,按照本保险单承保险别和背面所载条款与下列特款承保下述货物运输保险,特立本保险单。

THIS POLICY OF INSURANCE WITNESSES THAT CHINA CONTINENT PROPERTY & CASUALY INSURANCE COMPANY LTD. (HEREINAFTER CALLED "THE COMPANY") AT THE REQUEST OF THE INSURED AND IN CONSIDERATION OF THE AGREED PREMIUM PAID TO THE COMPANY BY THE INSURED, UNDERTAKES TO INSURE THE UNDERMENTIONED GOODS IN TRANSPORTATION SUBJECT TO THE CONDITIONS OF THIS OF THIS POLICY AS PER THE CLAUSES PRINTED OVERLEAF AND OTHER SPECIAL CLAUSES ATTACHED HEREON.

标 记 MARKS&NOS	包装及数量 QUANTITY	保险货物项目 DESCRIPTION OF GOODS	保险金额 AMOUNT INSURED
AS PER INVOICE NO. L2010096	372CTNS	WHITE DUCK FEATHER AND DOWN DUVET NAME OF ISSUING BANK: BANK OF CHINA, LONDON BRANCH, U. K. DATE OF ISSUE: MARCH 25, 2010	USD31653.00

总保险金额

TOTAL AMOUNT INSURED:SAY U. S. DOLLARS THIRTY ONE THOUSAND SIX HUNDRED FIFTY THREE ONLY.

保费:

PERMIUM:AS ARRANGED

启运日期 装载运输工具:

DATE OF COMMENCEMENT:MAY 21, 2010 PER CONVEYANCE:CMA CGM VELA, VOY. NO. FL600W

自 经 至

FROM: SHANGHAI VIA * * * TO SOUTHAMPTON

承保险别:

CONDITIONS:

COVERING ALL RISKS AND WAR RISK OF CIC OF PICC (1/1/1981) INCL. WAREHOUSE TO WAREHOUSE AND I. O. P

所保货物,如发生保险单项下可能引起索赔的损失或损坏,应立即通知本公司下述代理人查勘。如有索赔,应向本公司提交保单正本(本保险单共有2份正本)及有关文件。如一份正本已用于索赔,其余正本自动失效。

IN THE EVENT OF LOSS OR DAMAGE WITCH MAY RESULT IN A CLAIM UNDER THIS POLICY, IMMEDIATE NOTICE MUST BE GIVEN TO THE COMPANY'S AGENT AS MENTIONED HEREUNDER. CLAIMS, IF ANY, ONE OF THE ORIGINAL POLICY WHICH HAS BEEN ISSUED IN TWO ORIGINAL(S) TOGETHER WITH THE RELEVANT DOCUMENTS SHALL BE SURRENDERED TO THE COMPANY. IF ONE OF THE ORIGINAL POLICY HAS BEEN ACCOMPLISHED. THE OTHERS TO BE VOID.

赔款偿付地点 中国大地财产保险股份有限公司

CLAIM PAYABLE AT SOUTHAMPTON IN USD China Continent Property & Casualty Insurance Company Ltd.

出单日期 杨菲

ISSUING DATE MAY 21, 2010 (Authorized Signature)

任务5 制作汇票

2010年5月27日,牛峰根据信用证、商业发票,制作符合信用证要求的汇票。

1. 出票条款

这一栏按信用证的规定填写开证行名称、信用证号码和开证日期。

本业务填写:Drawn Under:BANK OF CHINA,LONDON BRANCH,Irrevocable L/C No.:LC-520-046704,Date:MARCH 25,2010。

2. 年息

这一栏由结汇银行填写,用以清算企业与银行间利息费用。出口公司不必填写此栏目。

3. 号码

汇票号码,一般都以相应的发票号码兼作汇票号码。

本业务填写:L2010096。

4. 汇票小写金额

填汇票小写金额。

本业务填写:USD28774.92。

5. 汇票大写金额

填汇票大写金额。汇票大写金额由货币名称和货币金额组成。一般要求顶格填写,以防有人故意在汇票金额上做手脚。货币名称写在数额之前,大写金额后加"ONLY"(整),也可在货币名称前加"SAY"。

本业务填写:U.S. DOLLARS TWENTY EIGHT THOUSAND SEVEN HUNDRED SEVENTY FOUR AND CENTS NINTY TWO ONLY。

6. 出票日期和出票地点

地点一般已印好,无须现填。出票地点后的横线填出票日期,信用证方式下,一般以议付日期作为出票日期。该日期不得早于随附的各种单据的出单日期,同时不能迟于信用证的交单期。

本业务填写:MAY 27,2010,Hangzhou。

7. 汇票付款期限

汇票付款期限分即期和远期两种。

(1)即期汇票的付款期限这一栏的填法较简单,只需在横线上用"＊＊＊"或"——"或"××ד表示,也可直接打上"AT SIGHT",但不能留空。

(2)远期汇票,按信用证的规定填入相应的付款期限。

例如,来证规定:"drafts at 30 days after sight"。这是见票后30天付款的远期汇票,填写时,在此栏打上"30 DAYS AFTER"。

例如,来证规定:"drafts at 45 days after date"。这是汇票出票日后45天付款的远期汇票,填写时,在此栏打上"45 DAYS AFTER DATE",并把已印的sight划掉。

例如,来证规定:"drafts at 60 days after the B/L date",B/L日期为AUG. 20,2008。这是提单日后60天付款远期汇票,填写时,在此栏打上"60 DAYS AFTER THE B/L DATE,AUG. 20,2008",并把已印的sight划掉。

例如,来证规定:"drafts to be drawn as follows:USD29000.00—drafts to be drawn at sight on National Australia Bank LTD. ，Brisbane，Queensland，Australia USD21000.00 —drafts to be drawn at 90 days sight on National Australia Bank LTD. ，Brisbane，Queensland，Australia. "这是要求一笔交易分两个期限付款的信用证，需要填写两证汇票。一张在付款期限上用"＊＊＊"或"——"或"×××"表示，也可直接打上"AT SIGHT"，该汇票金额为 USD29000.00。另一张在付款期限栏目中填"90 DAYS"，表示见票后 90 天付款，该汇票金额为 USD21000.00。

本业务填写：AT 30 DAYS AFTER SIGHT。

8.受款人/收款人

应从信用证的角度来理解这一栏目的要求。在信用证支付的条件下，汇票中受款人这一栏目中填写的应是银行名称和地址，一般都是议付行的名称和地址。究竟要哪家银行作为受款人，这要看信用证中是否有具体的规定。

本业务填写：PAY TO THE ORDER OF BANK OF CHINA，ZHEJIANG BRANCH，CHINA。

9.付款人

在信用证方式下，应按照信用证的规定，以开证行或其指定的付款行为付款人。倘若信用证中未指定付款人，应填写开证行。

本业务填写：BANK OF CHINA，LONDON BRANCH，U.K.。

10.出票人

一般填信用证的受益人，在可转让信用证情况下，也有可能为信用证的第二受益人。出票人应签署企业全称和负责人的签字或盖章。

汇票在没有特殊规定时，都打两张，一式两份。汇票一般都在醒目的位置上印着"1"、"2"字样，表示第一联和第二联。汇票的第一联和第二联在法律效力上无区别。第一联生效则第二联自动作废，第二联生效则第一联自动作废，即付一不付二，付二不付一。

填制好的汇票如下：

BILL OF EXCHANGE

凭 Drawn Under	BANK OF CHINA, LONDON BRANCH		不可撤销信用证 Irrevocable L/C No.				LC-520-046704	
日期 Date	MARCH 25, 2010	支 取 Payable With interest		@	%	按	息	付款
号码 No.	L2010096	汇票金额 Exchange for	USD 28774.92		杭州 Hangzhou		MAY 27, 2010	
	见票 at	30 DAYS AFTER	日后（本汇票之副本未付）付交 sight of this FIRST of Exchange(Second of Exchange Being					
	unpaid) Pay to the order of		BANK OF CHINA, ZHEJIANG BRANCH, CHINA					
	金额 the sum of	U. S. DOLLARS TWENTY EIGHT THOUSAND SEVEN HUNDRED SEVENTY FOUR AND CENTS NINTY TWO ONLY.						
	此致 To	BANK OF CHINA, LONDON BRANCH, U.K.	ZHEJIANG LIFANG DOWN PRODUCTS CO. , LTD. 叶 子					

▷ **知识链接**

一、出口制单

1. 出口制单的工作要求

出口制单的工作要求是正确、完整、及时、简明、整洁。

(1)正确。正确是外贸单证工作的前提,单证不正确就不能安全收汇。这里所说的正确,包括两方面的内容:

①要求各种单证必须做到"四个一致",即"单证一致、单约一致、单单一致和单货一致"。前面三个一致,是针对单证处理而言的。在信用证结算方式下,要求做到单证一致和单单一致;在汇款和托收结算方式下,要求做到单约一致和单单一致。单货一致,使单证代表真实出运的货物,确保正常履约和安全收汇,同时也为企业树立良好的信誉。

②要求各种单证必须符合有关国际贸易惯例和进口国的有关法令和规定。信用证结算方式下的单证,要与《跟单信用证统一惯例》(UCP600)和《国际标准银行实务》(ISBP)条款相一致。托收结算方式下的单证,要与《托收统一规则》(URC522)条款相一致。

(2)完整。单证的完整性是构成单证合法性的重要条件之一,是单证成为有价证券的基础。单证的完整一般包括下列几种意义:

①单证的内容完整。单证内容完整是指每一种单据本身的内容(包括单据本身的格式、项目、文字和签章、背书等)必须完备齐全,否则不能构成有效文件。

②单证的种类完整。单证在通过银行议付或托收时,一般都是成套、齐全而不是单一的。遗漏一种单证,就使单证不完整。例如在 CIF 交易中,出口商向进口商提供的单证至少应有发票、提单和保险单。出口商只有按信用证或合同规定备齐所需单证,银行(或进口商)才能履行议付或承付的责任。

③单证的份数完整。单证的份数完整是指出口商必须要按信用证或买卖合同的要求如数交齐各种单证的份数,不能短缺。目前,国外有些地区开来的信用证所列单证条款日趋繁复,所需单证类别甚多,除发票、提单、保险单等主要单据外,还有各种附属证明,如检验证书、产地证、船龄证明、邮政收据、电报副本等,这些单证都需要经过一定手续和事先联系才能取得。因此,在单证制作和审核过程中,必须要密切注意,及时催办,防止遗漏和误期,以保证全套单证的完整性。

(3)及时。单证的及时性体现在及时出单和及时交单。

①及时出单。及时出单是指各种单证的出单日期必须合理可行,每一种单据的出单日期不能超过信用证规定的有效期限或按商业习惯的合理日期。例如,保险单的出单日期不能迟于提单的签发日期;提单日期不得迟于装运期限;等等。

②及时交单。及时交单是指出口商必须在信用证规定的交单期内向银行交单。过期交单将会遭到拒付。出口业务中,单证工作是一项多环节的综合性工作,单证工作不及时就会严重影响相关部门的工作。如订舱、报检、报关、结汇等工作,都是以单证为纽带,环环相扣,一环脱节,下一环的工作就无法进行,连锁反应,牵动全局,轻则打乱工作秩序,重则发生经济损失。

(4)简明。单证的内容应按合同或信用证要求填写,力求简明,切勿加列不必要的内容,以免弄巧成拙。简化单证不仅可以减少工作量和提高工作效率,而且也有利于提高单证的质量和减少单证的差错。

(5)整洁。整洁是指单证表面清洁、美观、大方,单证内容清楚易认,单证内容记述简洁明了。单证的整洁要求单证格式的设计和缮制力求标准化和规范化,单证内容的排列要行次整齐、主次有序、重点项目突出醒目、字迹清晰、语法通顺、文句流畅、用词简明扼要、恰如其分。

如果说正确和完整是单证的内在质量,那么整洁则是单证的外观质量。单证的外观质量在一定程度上反映了一个企业的业务水平。单证是否整洁,不但反映出外贸单证员制单的熟练程度和工作态度,而且还会直接影响出单的效果。

2.出口制单的主要依据

出口制作的主要依据是外贸合同、信用证、有关商品的原始资料、国际贸易惯例、国内相关管理规定等。

在信用证结算方式下,出口制单的主要依据是信用证、有关商品的原始资料、《跟单信用证统一惯例》(UCP600)、《国际标准银行实务》(ISBP)和国内相关管理规定。

在托收结算方式下,出口制单的主要依据是外贸合同、有关商品的原始资料、《托收统一规则》(URC522)和国内相关管理规定。

在汇款结算方式下,出口制单的主要依据是外贸合同、有关商品的原始资料和国内相关管理规定。

有关商品的原始资料,一般来自生产企业提供的交货单和货物出厂装箱单等单据,包括货物具体的数量、重量、规格、尺码等。

3.出口单证的种类

出口单证的种类繁多,可以按照以下方法进行划分。

(1)按性质划分,出口单证分为以下两类:

①金融单据(Financial Documents),指汇票、本票、支票以及用于收款的其他单据。

②商业单据(Commercial Documents),指发票、提单、权利证书及其他不属于金融单据的所有单据。

(2)按使用频率划分,出口单证可分为以下两类:

①基本单据,即出口商一般情况下必须提供的单据,它包括发票、提单和保险单这三大单据。

②附属单据,即在某种特殊情况下,买方要求卖方协助提供的单据。这些单据又可分为两类:一类是进口国官方要求的单据,如领事发票、海关发票、产地证、检疫证、黑名单证明以及出口许可证、装船证明等;另一类是买方要求说明货物详细情况的单据,如装箱单、重量单和品质证等。

(3)按 UCP600 划分,将信用证项下的单据(汇票除外)分为四大类:

①运输单据(Transport Documents)包括海运提单,非转让海运单,租船合约提单,多式联运单据,空运单据,公路、铁路和内陆水运单据,快邮和邮包收据,运输代理人的运输单据等。

②保险单据(Insurance Documents)包括保险单、保险凭证、承保证明、预保单等。

③商业发票(Commercial Invoice)。

④其他单据(Other Documents)包括装箱单和重量单,各种证明书。

二、商业发票

1.商业发票的定义

商业发票是卖方(出口商)向买方(进口商)开具的载有交易货物名称、数量、价格等内容的总清单,是装运货物的总说明。它虽不是物权凭证,但作为买卖双方交接货物、结算货款的主要单据,它对该笔交易作出详细的叙述,是贸易必不可缺的单据,也是信用证项下单据的中心单据。

2.商业发票的作用

(1)交易的证明文件。发票是一笔交易的全面叙述,它详细列明了货物名称、数量、单价、总值、重量和规格等内容,它能使进口商识别所装的货物是否属于某笔订单,是否按照合同规定的内容和要求装运所需货物。所以发票是最重要的履约证明文件。

(2)记账的凭证。发票是销售货物的凭证,世界各国的企业都凭发票记账。对出口商来说,通过发票可以了解销售收入,核算盈亏,掌握经济效益。对进口商来说,同样根据发票逐笔记账,按时结算货款,履行合同义务。

(3)报关征税的依据。货物装运前,出口商需向海关递交商业发票等单据向海关报关,发票中载明的价值和有关货物的说明是计税和统计的依据。因此它是海关验关放行的重要凭证之一。国外进口商进口申报时同样需向当地海关当局呈送发货人的发票,海关凭以核算税金,并使进口商得以迅速清关提货。

(4)替代汇票。在信用证不要求使用跟单汇票时,开证行应根据发票金额付款,这时发票就代替了汇票。其他在不用汇票结汇的业务中(如汇款方式),也用发票替代汇票进行结算。

除以上几点以外,发票还作为统计、投保、理赔、外汇核销、出口退税等业务的重要凭证。

三、包装单据

包装单据是指一切记载或描述商品包装情况的单据,也是商业发票的补充单据。其主要种类如下。

1.装箱单

装箱单(Packing List)又称包装单,是表明出口货物的包装形式、包装内容、数量、重量、体积或件数的单据。其主要用途是作为海关验货、公证行和对核进口商提货点数的凭证。装箱单还可作为商业发票补充文件,用以补充说明各种不同规格货物所装箱的箱号及各箱的重量、体积、尺寸等内容。装箱单并无固定的格式和内容,只能由出口人根据货物的种类和进口商的要求而仿照商业发票的大体格式来制作,但在一般情况下,装箱单除有合同编号、发票号码外,还应包括商品的名称、唛头、装箱编号、包装类型、颜色与尺寸搭配、货物数量、包装数量、重量和体积等。若要求提供详细包装单,则必须提供尽可能详细的装箱内容,描述每件包装的细节,包括商品的货号、色号、尺寸搭配、毛净重及包装尺码。

2.重量单

重量单(Weight List)又称磅码单,是用于以重量计量、计价的商品清单。一般列明每件包装商品的毛重和净重、整批货物的总毛重和总净重;有的还须增列皮重;按公量计量、计价的商品,则须列明公量及计算公量的有关数据。凡提供重量单的商品,一般不须提供包装单。

3.尺码单

尺码单(Measurement List)又称体积单,是着重记载货物的包装件的长、宽、高及总体积的清单。供买方及承运人了解货物的尺码,以便合理运输、储存及计算运费。

四、运输单据

运输单据包括海运提单、航空运单、铁路运单、公路运单、快邮和邮寄收据、多式联运单据等。下面重点介绍海运提单和航空运单。

1.海运提单

海运提单是一种运输单据,它一旦被承运人或其代理人签字,就承认货物已经收妥,等待运至一个特殊的目的港,并说明货物承运条款。此外,除表明货物收据和运输合约以外,海运提单还是一项物权单据,承运人只能用交出货物来换取交来的正本提单。

(1)海运提单的作用:

①货物收据。承运人收到货物后,应向托运人签发提单,作为其所收到货物的证据。

②运输契约的证明。承运人之所以为托运人承运有关货物,是因为承运人和托运人之间存在一定的权利义务关系,双方权利义务以提单作为运输契约的凭证。

③物权凭证。提单是货物所有权的凭证,谁持有提单,谁就有权要求承运人交付货物,并且享有占有和处理货物的权利,提单代表了其所载明的货物。提单经过背书或交付就可以进行转让,提单的转移就构成了货物所有权的转让。所以提单具有可转让性。

(2)海运提单内容:

海运提单的格式很多,其内容大致相同,海运提单正面的内容包括:

①承运人名称、地址(Carrier)。海运提单上承运人的名字一般是印好的。

②托运人的名称、地址(Shipper)。是委托承运人将特定货物运往目的港的一方,即合同中的卖方,如价格条件是FOB也可以是买方。

③收货人(Consignee)。收货人又称抬头,包括记名抬头和指示抬头。

记名抬头:在抬头人栏内写明收货人的名称。这种提单不能转让,只能由该特定的收货人背书提货。按某些国家的惯例,承运人可以不凭提单交货,它起不到物权凭证的作用。

指示抬头:抬头人栏内写有"凭指示"(Order)字样,这种海运提单经背书可转让,持有者可向船方提取货物。这种海运提单最能反映海运提单的物权凭证作用。指示抬头可分为记名和不记名指示两种。所谓记名指示即指定该海运提单的指示人,常见的有以下几种:空白指示抬头(to Order),托运人指示(to Order of Shipper),开证申请人指示(to Order of Applicant),开证行指示(to Order of Issuing Bank)。其中空白指示抬头与托运人指示是一样的,必须由托运人背书才能转让。

④被通知人(Notify Party)。

⑤船名(Name of Vessel)航次(Voyage Number)。

⑥装运港(Port of Loading)。即货物装运的港口名称。

⑦卸货港(Port of Discharge)或目的港(Port of Destination),要填具体名称。

⑧正本提单的份数(Number of Original B/L)。海运提单有正副本之分,正本可用来提货\议付\背书转让,而副本则无此功能。如信用证规定为全套,根据海运提单上的注明包括一套单独一份的正本海运提单,也可包括两份、三份或四份的正本海运提单。每一张正本都有相同的效力,一张用于海运提货后,其余的便告失效。所以要控制货权,就要掌握全套海运提单。

⑨货物描述(Description of Goods)。包括唛头、件数、货名、毛重、尺码等。对于唛头,应与发票上的唛头一致,当货物为散装货无唛头时,应标出"N/M"(NO/Marks)。对于货名,按 UCP600 规定,货物的描述可使用与信用证中对货物的描述并无不一致的统称。

⑩运费(Freight)和应付给承运人的其他费用。除非信用证中另有规定,一般不列明运费的具体金额,而只注明"运费已付"。

⑪签发海运提单的地点与日期(Place and Date of Issue)。地点应为装运地点,在备运提单下,应是货物接受监管的地点。日期不得迟于信用证规定的最迟装运日期,否则银行将拒绝接受。

⑫承运人或代理人的签字盖章。UCP600 规定,海运提单可由承运人、船长或他们的代理人签发。签署要表明其为承运人或船长;任何代理人签名时也要表明被代表的委托人的名称及身份。例如,承运人签字时,可以这样:×××(承运人名称)as Carrier;代理承运签字时可以是:×××(代理人)As agent for carrier ×××(承运人名称)。

⑬提单编号(B/L Number)。承运人在海运提单上必须编号,以方便核查和通知。

⑭印就的契约文句。一般含有四项条款:a.装船条款。说明承运人收到外表状况良好的货物并已装在船上或表明货物已收到并准备装运。b.内容不知悉条款。货物的详细情况是由托运人填写的,承运人只核实货物的表面状况,承运人不知悉亦不负责填写是否正确与真实,只要在目的港交付了表面状况与海运提单描述相符的货物就算完成了任务。c.承认接受条款。指海运提单的关系人愿意接受海运提单上正面和背面的一切条款。d.签署条款。表明海运提单正本一式几份,其中一份用于提货后,其他几份即失效。

海运提单的背面是印就的运输条款,对承运人和托运人的责任、索赔和诉讼等有详细的规定。主要有包括定义、适用法律条款、承运人责任、包装、唛头条款、免责条款、留置权条款、费用条款、赔偿条款、转运、换船、变更航线条款、舱面货、鲜活货条款、危险品条款、战争、检疫、冰冻、罢工、港口拥挤等条款。

(3)海运提单的种类

以下介绍常见的海运提单种类:

①已装船提单(On Board B/L or Shipped B/L)。已装船提单是指轮船公司将货物上指定船舶并经船长签收后才签发的提单。这种提单的特点是提单上必须以文字表明货物已经装在船上。

②备运提单(Received for Shipment B/L)。备运提单是指承运人收到货物,因船舶未抵港,暂时代为存放码头仓库,待船舶抵港时再行装运而签发的提单。如果信用证要求已装船提单,银行不接受收讫备运提单。但如货物确实已经装上预定船舶,根据 UCP600 的规

定,只要在备提单上加注"on board"字样,并由轮船公司签字加列装载船名及日期,则银行可作为已装船提单予以接受。

③直达提单(Direct B/L)。直达提单指定由同一船舶将货物直接从起运港运达目的港的提单叫直达提单。这种提单船方责任明确,权利义务易于处理。凡信用证规定不许转船的,必须出具直达提单。

④转运提单(Transhipment B/L)。货物在装运港船后,需要在中途换装另一船只运往目的港,有的甚至换船不止一次,在这种情况下签发的提单称转运提单。

⑤清洁提单(Clean B/L)。清洁系指未载有明确宣称货物及/或包装状况有缺陷的条款或批注的运输单据。

⑥不清洁提单(Unclean B/L or Dirty B/L)。不清洁提单是指有承运人的批注或附加条款,表示货物或其包装有瑕疵状态的提单,故亦称瑕疵提单(Foul B/L)。

⑦过期提单(Stable B/L)。超过提单签发日期 21 天或超过信用证特定期限向银行提交的提单称为过期提单。

2.航空运单(Air Waybill)

航空运单是承运人或其他代理人签发的收到货物并负责空运至目的地的证明。空运的最大特点是快,适用于运送易腐商品、鲜活商品、季节性商品以及急需商品,安全准点。但运量小、费用较高,受一定天气条件的影响。

(1)航空运单的作用:

航空运单是进行航空货物运输必不可少的单据,但它不同于海运提单,不是物权凭证,在形式上都是记名,不能背书转让。

①它是运输合同的证明。一旦签发,即为运输合同以书面证明,并由托运人和承运人双方签字。

②它是货物收据。承运人收到货物后,将第三联航空运单的正本交给托运人,作为接收其货物的证明。

③作为运费账单和发票。航空运单上分别记载着属于收货人(或托运人)应负担的费用和产生代理的费用,因此可作为运费账单和发票。承运人将第一联正本自己留存,作为运费收取凭证。

④它是验收货物的依据。第二联运单的正本由航空公司随机交收货人,收货人据此验收货物。

⑤它是报关的凭证。在货物航空至目的地后,需向当地海关报关。在报关所需各种单证中,航空运单也是其中之一。

⑥它可作为保险证书。如果承运人承办保险或托运人要求承运人代办保险,那么航空运单即要用作保险证书,载有保险条款的航空运单被称为红色航空运单。

(2)航空运单的内容:

航空运单的主要内容包括航空运单的号码,开立日期和地点;发货人、收货人和承运人的名称和地址;起运地;转运地;目的地;航班号和飞行日期;运费已付或待收,费率,运费金额,申报价值及其货币;货物的描述、件数、唛头、重量、数量及尺码等;发货人或其代理人和承运人或其代理人的签字。

五、保险单据

保险单据是一份保险合同证明,也是一份赔偿合同。保险单据经过背书后,还可以随货物所有权的转移而进行转让。目前,我国进出口业务中使用的保险单据的种类主要有保险单、保险凭证、预约保险单和保险批单。

1. 保险单(Insurance Policy)

保险单又称大保单,是保险人与被保险人之间订立保险合同的一种正式证明。

保险单的正面印制了海上保险所需的基本事项,包括被保险人和保险人名称,保险标的名称、数量、包装,保险金额、保险费率和保险费,运输工具开航日期、装运港和目的港,承保险别,检验理赔人或代理人名称,赔款偿付地点,合同签订日期,等等。而保险单的背面则列明了一般保险条款,规定保险人与被保险人的各项权利和义务、保险责任范围、除外责任、责任起讫、损失处理、索赔理赔、保险争议处理、时效条款等各项内容。

2. 保险凭证(Insurance Certificate)

保险凭证实质上是一种简化的保险单,保险凭证与海上保险单具有同等的法律效力,故又被称为小保单,用以证明海上货物运输保险合同的有效存在。现在实际业务中已经很少使用。保险凭证正面所列内容与海上保险单是一样的。但是,其背面是空白的,没有载明保险条款,而在正面声明以同类海上保险单所载条款为准。

3. 预约保险单(Open Policy)

预约保险单又称开口保险单,它一般适用于经常有相同类型货物需要陆续装运的保险。这种事先预约的保险合同在我国的货物进出口中广泛适用,特别是我国进口货物基本上都采用预约保险单。许多贸易公司与保险公司订有预约保险合约,凡该公司出口或进口的货物均在预约保险的保障范围内。

4. 保险批单(Endorsement)

保险批单是保险公司在保险单出立后,根据投保人的需求,对保险内容补充或变更,而出具的一种凭证。批单是保险单的组成部分。保险单据应按信用证规定的内容提交。如信用证规定提交保险单,则只能接受保险单;如信用证规定是预约保险下的保险证明/声明,则保险单可做替代。除非信用证特别授权,否则保单是不能被接受的。

六、原产地证明

原产地证明是证明产品真实来源地的商业文书,简称产地证。其作用包括:①证明出口货物产地的书面文件;②进口国海关作为实施差别关税、进口限制、不同进口配额和不同税率的依据;③进出口通关和贸易统计的重要依据。

产地证主要包括以下四类。

1. 一般原产地证(Certificate of Origin,C/O)

一般原产地证是出口国根据一定原产地规则签发的证明货物原产地的证明文书。在我国一般原产地证有四种形式:①检验检疫机构出具的《中华人民共和国原产地证书》;②贸促会出具的《中华人民共和国原产地证书》;③出口商出具的《原产地证书》;④生产厂家出具的《原产地证书》。

2.普惠制产地证(Generalized System of Preferences/Certificate of Origin,G. S. P. 产地证)

普惠制是发达国家给予发展中国家出口制成品和半制成品(包括某些初级产品)的一种普遍的、非歧视性的、非互惠的关税优惠制度。

普惠制产地证是一种受惠国有关机构就本国出口商向给惠国出口受惠商品签发的用以证明原产地的文件。在我国普惠制产地证是由检验检疫机构签发的。

目前有 38 个国家给予我国普惠制待遇,分别是欧盟 27 国(比利时、丹麦、英国、德国、法国、爱尔兰、意大利、卢森堡、荷兰、希腊、葡萄牙、西班牙、奥地利、芬兰、瑞典、波兰、捷克、斯洛伐克、拉脱维亚、爱沙尼亚、立陶宛、匈牙利、马尔他、塞浦路斯、斯洛文尼亚、罗马尼亚、保加利亚)、挪威、瑞士、土耳其、俄罗斯、白俄罗斯、乌克兰、哈萨克斯坦、日本、加拿大、澳大利亚和新西兰。

普惠制产地证格式包括格式 A、格式 59A 和格式 APR,其中格式 A(FORM A)使用范围最广。

3.输欧盟纺织品产地证(Certificate of Origin Textile Products)

输欧盟纺织品产地证是专门用于需要配额的纺织类产品,是欧盟进口国海关控制配额的主要依据。输欧盟纺织品产地证与输欧盟纺织品出口许可证的内容完全一致,均由出口国有关机构提供。我国由商务部签发。

4.对美国出口的原产地声明书(Declaration of Country Origin,DCO)

若向美国出口纺织品,出口商必须向进口商提供 DCO 产地证,作为进口商进口报关的单据之一。DCO 产地证的格式包括:

(1)格式 A。单一国家产地声明书,一般适用于本国原料并由本国生产的产品。

(2)格式 B。多国产地声明书,一般适用于来料加工、来件装配的产品,由多国生产。

(3)格式 C。非多种纤维纺织品声明书,一般适用于纺织品的主要价值或主要重量属于麻或丝的原料或含羊毛量不超过 17% 的产品。

七、其他单据

其他单据包括装运通知、受益人证明、船龄证明、船籍和航程证明等。

1.装运通知(Shipping Advice)

装运通知是出口商根据信用证规定在货物装船并取得提单后,以传真、电报或电传方式将与装船有关的情况及时告知收货人等有关当事人的单据。议付时,须提供该传真、电报或电传副本予以证明。

装运通知的主要功能有两项:①让收货人等有关当事人及时了解货物装运的情况;②在FOB 或 CFR 条件下,是进口商办理进口货物保险的凭证。按惯例,在 FOB 或 CFR 条件下,卖方未及时通知买方保险,货物在运输途中发生的损失,应由卖方负责。因此,在 FOB 或 CFR 条件下,卖方是否及时发出装船通知显得尤为重要。

若信用证未对装运通知的出单日期作出明确规定,一般要求出口商在货物离开起运地后 3 个工作日内向进口商发出装运通知。

装运通知一般包括发票号、提单号、船名航次、装运港、装运日期、目的港、预计到达日、货物品名及描述、唛头、信用证号等内容。

有关装运通知性质的单据名称常见的有 Shipping Advice、Beneficiary's Certified Copy of Fax 以及 Declaration of Shipment。不同名称的装运通知,内容上也有所不同。

2. 受益人证明(Beneficiary's Certificate)

受益人证明是根据信用证条款,由出口商签发的用来证实有关内容的书面证明。证明的内容包括:寄出有关的副本单据、船样、样卡、码样、包装标签,商品已经检验,已发出装船通知等。

如来证要求:"Beneficiary's certificate certifying that non-negotiable documents have been sent to applicant by DHL"。按此条款,受益人应提供受益人证明。

3. 船公司证明(Shipping Company'S Certificate)

系信用证受益人应开证申请人的要求,请船公司出具的不同认定内容的证明。常见的船公司证明有:

(1)船籍和航程证明。船籍证明是说明载货船舶国籍的证明。航程证明是说明载货船舶航程中停靠的港口。阿拉伯国家开来的信用证通常要求提供非以色列船只、不得停靠以色列港口,不是黑名单船只,不得挂以色列国旗等。

如来证要求:"Shipment must not be effected on Israeli vessel and not call at any Israeli ports , and not black listed vessel"。按此条款,应提供由船方或其代理出具船籍和航程证明。

(2)船龄证明。船龄证明是说明载货船舶船龄的证明。有时信用证要求提供表明运输船舶的船龄不得超过多少年的证明。

实训项目

实训项目 6-1　制作或办理信用证结汇单据操作

上接实训 4-1 内容。2010 年 5 月 30 日,福建华辛进出口有限公司在接受改证后,信用证修改书成了原信用证的组成部分,并替代原信用证对应条款而使其失效。为了以后更好地操作业务,我们可以把信用证修改书替代原信用证对应条款而产生一份新的信用证:

```
MT 700                          ISSUE OF A DOCUMENTARY CREDIT


SEQUENCE OF TOTAL        27 :  1 / 1
FORM OF DOC. CREDIT      40A:  IRREVOCABLE
DOC. CREDIT NUMBER       20 :  980625
DATE OF ISSUE            31C:  100428
APPLICABLE RULES         40E:  UCP LATEST VERSION
DATE AND PLACE OF        31D:  DATE100915 PLACE IN CHINA
EXPIRY.
APPLICANT                50 :  SHERRY FOOTWEAR INC.
                               NO. 1 CAT RD. , NEW YORK, U. S. A.
BENEFICIARY              59 :  FUJIAN HUAXIN I/E CO. , LTD.
                               NO. 5 RENMIN RD. , FUZHOU, P. R. CHINA
AMOUNT                   32B:  CURRENCY USD AMOUNT 145920. 00
AVAILABLE WITH/BY        41D:  ANY BANK IN CHINA,BY NEGOTIATION
DRAFTS AT . . .          42C:  AT SIGHT
DRAWEE                   42A:  BANK OF CHINA,NEW YORK
TRANSSHIPMENT            43T:  ALLOWED
PORT OF LOADING/ AIR-    44E:  XIAMEN, CHINA
PORT OF DEPARTURE
PORT OF DISCHARGE        44F:  NEW YORK, U. S. A.
SHIPMENT PERIOD          44D:  2400PAIRS OF ARTICLE NO. 5001 AND 2400PAIRS OF AR-
                               TICLE NO. 5002 SHIPPED IN JULY. 2010; 2400PAIRS OF
                               ARTICLE NO. 5001 AND 2400PAIRS OF ARTICLE NO. 5002
                               SHIPPED IN AUG. 2010
DESCRIPTION OF GOODS     45A:  PAC BOOTS AS PER ORDER NO. 8778
AND/OR SERVICES.
                               ART. NO.  QUANTITY    UNIT PRICE        AMOUNT
                                  5001   4800PAIRS   USD15. 60/PAIR    USD74880. 00
                                  5002   4800PAIRS   USD14. 80/PAIR    USD71040. 00
                               AT CFR NEW YORK, U. S. A.
DOCUMENTS REQUIRED       46A:  +SIGNED IN INK INVOICE IN QUADRUPLICATE.
                               +FULL SET OF CLEAN ON BOARD OCEAN BILL OF LAD-
                               ING MARKED "FREIGHT PREPAID" MADE OUT TO OR-
                               DER OF ISSUING BANK BLANK ENDORSED NOTIFYING
                               THE APPLICANT.
                               +PACKING LIST IN QUADRUPLICATE.
                               + CERTIFICATE OF CHINESE ORIGIN CERTIFIED BY
                               CHAMBER OF COMMERCE OR CCPIT.
                               +SHIPPING ADVICE SHOWING THE NAME OF THE CAR-
                               RYING VESSEL, DATE OF SHIPMENT, MARKS, QUANTI-
                               TY, NET WEIGHT AND GROSS WEIGHT OF THE SHIP-
                               MENT TO APPLICANT WITHIN 1 DAY AFTER THE DATE
                               OF BILL OF LADING.
```

ADDITIONAL CONDITION	47A：	+ ALL DOCUMENTS MUST INDICATE THE NUMBER OF THIS CREDIT. + ALL PRESENTATIONS CONTAINING DISCREPANCIES WILL ATTRACT A DISCREPANCY FEE OF USD50.00 PLUS TELEX COSTS OR OTHER CURRENCY EQUIVALENT. THIS CHARGE WILL BE DEDUCTED FROM THE BILL A-MOUNT WHETHER OR NOT WE ELECT TO CONSULT THE APPLICANT FOR A WAIVER
CHARGES	71B：	ALL CHARGES OUT OF ISSUING BANK ARE FOR AC-COUNT OF BENEFICIARY.
CONFIRMATION INSTRUCTION	49：	WITHOUT
INFORMATION TO PRESENTING BANK	78：	ALL DOCUMENTS ARE TO BE REMITTED IN ONE LOT BY COURIER TO BANK OF CHINA,LONG BEACH, P O BOX 8, NO.99 CAT RD. , LONG BEACH, U.S.A.

任务1　制作商业发票和装箱单

2010 年 7 月 1 日,福建华辛进出口有限公司外贸单证员孙俊项根据信用证和以下相关信息,制作符合信用证要求的商业发票和装箱单。

(1)品名、规格、数量:

雪地靴,ART. NO. 5001:2400 双;ART. NO. 5002:2400 双。

(2)包装:

规格	纸箱尺寸	每箱净重	每箱毛重	装箱量
ART. NO. 5001	70 厘米×46 厘米×40 厘米	12.6 千克	17.3 千克	6 双/箱
ART. NO. 5002	70 厘米×46 厘米×40 厘米	10 千克	14.6 千克	6 双/箱

(3)商业发票号码:08GP0101。

(4)商业发票日期:2010 年 6 月 26 日。

(5)SHIPPING MARKS：N/M。

COMMERCIAL INVOICE

To：		Invoice No. ：	
		Invoice Date：	
		S/C No. ：	
		S/C Date：	

From：		To：	

Marks and Numbers	Number and kind of package Description of goods	Quantity	Unit Price	Amount
	TOTAL：			

SAY TOTAL：	

装箱单

PACKING LIST						
To:			Invoice No. :			
			Invoice Date:			
			S/C No. :			
			S/C Date:			
From:		To:				
Marks and Numbers	Number and kind of package Description of goods	Quantity	Package	G. W	N. W	Meas.
TOTAL:						
SAY TOTAL:						

任务 2 制作订舱委托书,办理海运提单

2010 年 7 月 1 日,孙俊项根据信用证、商业发票、装箱单和以下信息,制作订舱委托书,办理订舱手续。

(1)船名、航线和船期:中远集装箱运输股份有限公司 2010 年 7 月 9 日的船,船名为 APL DENMARK,航线号为 140W。

(2)货物用 2 个 40 尺柜,门到门集装箱运输。

订 舱 委 托 书

年　月　日

托运人		合同号		
		发票号		
		信用证号		
		运输方式		
收货人		启运港		
		目的港		
		装运期		
通知人		可否转运		
		可否分批		
		运费支付方式		
		正本提单		
唛 头	货 名	包装件数	总毛重	总体积
注意事项				
受托人：		委托人：		
电话： 传真：		电话： 传真：		
联系人：		联系人：		

任务 3　制作和申领一般原产地证

2010 年 7 月 2 日,孙俊项根据信用证、商业发票和装箱单,制作和申领如下一般产地证。该出口货物监管证件代码为 6403120090。

ORIGINAL

1. Exporter	Certificate No. CCPIT090897065
2. Consignee	**CERTIFICATE OF ORIGIN** **OF** **THE PEOPLE'S REPUBLIC OF CHINA**
3. Means of transport and route	5. For certifying authority use only
4. Country / region of destination	

6. Marks and numbers	7. Number and kind of packages; description of goods	8. H. S. Code	9. Quantity	10. Number and date Of invoices

11. Declaration by the exporter
  The undersigned hereby declares that the above details and statements are correct，that all the goods were produced in China and that they comply with the Rules of Origin of the People's Republic of China.
	12. Certification
	  It is hereby certified that the declaration by the exporter is correct.

Place and date， signature and stamp of authorized signatory	Place and date， signature and stamp of certifying authority

任务 4 制作装运通知

2010 年 7 月 9 日，孙俊项根据信用证、商业发票、装箱单和以下信息，制作符合信用证要求的装运通知。

(1)提单号码：FZSS098703。

(2)装运日期：2010 年 7 月 9 日。

(3)船名、航线：APL DENMARK，VOY. NO.140W。

（4）集装箱：2个40尺柜。

（5）集装箱号码和封号：CN：COSU3234601/COSU3234609

SN：3320278/3320279

	SHIPPING ADVICE		
TO：	ISSUE DATE：	
	S/C. NO. ：	
	L/C NO. ：	
	L/C DATE：	
	ISSUING BANK：	

Dear Sir or Madam：

　　We are glad to advice you that the following mentioned goods has been shipped out, full details were shown as follows：

Invoice Number：	
Bill of loading Number：	
Ocean Vessel：	
Port of Loading：	
Date of shipment：	
Port of Destination：	
Containers/Seals Number：	
Description of goods：	
Shipping Marks：	
Quantity：	
Gross Weight/ Net Weight：	
Total Value：	

Thank you for your patronage. We look forward to the pleasure of receiving your valuable repeat orders.
Sincerely yours,

任务5　制作汇票

2010年7月15日，孙俊项根据信用证、商业发票，制作符合信用证要求的汇票。

BILL OF EXCHANGE

凭 Drawn Under		不可撤销信用证 Irrevocable L/C No.						
日期 Date		支 取 Payable With interest	@	%	按	息		付款
号码 No.		汇票金额 Exchange for						
	见票 at		日 后（本 汇 票 之 副 本 未 付）付 交 sight of this FIRST of Exchange(Second of Exchange Being					
unpaid) Pay to the order of								
	金额 the sum of							
	此致 To							

学习情境七
审单和不符单据处理操作

7

学习目标

[能力目标]

能根据信用证,以开证行或其指定行身份审核信用证项下的单据并作出不符点处理。

[知识目标]

掌握审单的原则、步骤和要点,熟悉审单相关的 UCP600 条款,熟悉不符点单据的处理办法。

工作项目

2010 年 3 月 15 日,杭州银行国际业务部职员文哲收到杭州里马文化用品有限公司提交的信用证 DC NPH660907 及其项下的全套结汇单据和交单联系单。

1. 信用证

MT 700		ISSUE OF A DOCUMENTARY CREDIT
SENDER		HONGKONG AND SHANGHAI BANKING CORPORATION LIMITED, HONGKONG
RECEIVER		BANK OF HANGZHOU
SEQUENCE OF TOTAL	27:	1 / 1
FORM OF DOC. CREDIT	40A:	IRREVOCABLE
DOC. CREDIT NUMBER	20:	DC NPH660907
DATE OF ISSUE	31C:	100122
APPLICABLE RULES	40E:	UCP LATEST VERSION
DATE AND PLACE OF EXPIRY.	31D:	DATE 100320 PLACE IN CHINA
APPLICANT	50:	KADIN COMPANY LTD. 2451 DOMINION CENTRE, 43-58 QUEEN'S ROAD EAST, WANCHAI, HONG KONG

165

BENEFICIARY	59 :	HANGZHOU LIMA STATIONERY CO. , LTD.
		579 QINGCHUN ROAD, HANGZHOU, P. R. CHINA
AMOUNT	32B:	CURRENCY USD AMOUNT 11696.40
MAXIMUM CREDIT AMOUNT	39B:	NOT EXCEEDING
AVAILABLE WITH/BY	41D:	ANY BANK IN CHINA, BY NEGOTIATION
DRAFTS AT ...	42C:	SIGHT FOR INVOICE VALUE OF GOODS
DRAWEE	42A:	ISSUING BANK
PARTIAL SHIPMENT	43P:	NOT ALLOWED
TRANSSHIPMENT	43T:	NOT ALLOWED
PORT OF LOADING/ AIR-PORT OF DEPARTURE	44E:	PORT OF CHINA
PORT OF DISCHARGE	44F:	HONG KONG
LATEST DATE OF SHIPMENT	44C:	100305
DESCRIPTION OF GOODS AND/OR SERVICES.	45A:	CIF HONGKONG

1) 35424 PCS OF ART. NO. K-909 GLUE STICK 22G AT USD0.20/PC

2) 47520 PCS OF ART. NO. K-908 GLUE STICK 8G AT USD0.11/PC

ALL OTHER DETAILS AS PER CONTRACT NO. KC2010009A

DOCUMENTS REQUIRED 46A:

+ SIGNED INVOICE IN TRIPLICATE SHOWING DEDUCT 5PCT DISCOUNT.

+ PACKING LIST IN TRIPLICATE SHOWING MEASUREMENT, GROSS WEIGHT AND NET WEIGHT OF EACH CARTON.

+ FULL SET ORIGINAL CLEAN 'ON BOARD' OCEAN BILLS OF LADING MADE OUT TO ORDER, ENDORSED IN BLACK MARKED FREIGHT PREPAID AND NOTIFY APPLICANT WITH FULL ADDRESS (TEL:25276717).

+ FULL SET OF MARINE INSURANCE POLICY/CERTIFICATE IN NEGOTIABLE FORM AND BLANK ENDORSED FOR FULL CIF VALUE PLUS 10 PERCENT, COVERING OCEAN MARINE CARGO CLAUSES (ALL RISKS) (INCLUDING WAREHOUSE TO WAREHOUSE CLAUSE) AND WAR RISKS CLAUSES (1/1/1981) OF THE PEOPLE'S INSURANCE COMPANY OF CHINA AND STATING CLAIMS PAYABLE IN HONGKONG IN THE CURRENCY OF THE DRAFTS.

ADDITIONAL CONDITION 47A:	+COPY OF BENEFICIARY'S FAX ADDRESSED TO APPLICANT WITHIN 2 DAYS AFTER SHIPMENT ADVISING FULL SHIPMENT DETAILS INCLUDING NAME OF VESSEL, DATE OF SHIPMENT AND NO. OF CARTON. +FAX COPY OF INSPECTION CERTIFICATE ISSUED BY THE APPLICANT. +CERTIFICATE OF ORIGIN OF PEOPLE'S REPUBLIC OF CHINA SHOWING CONSIGNEE AS "TO ORDER". +ALL DOCUMENTS MUST BE SIGNED. +ALL DOCUMENTS CALLED FOR UNDER THIS CREDIT ARE ORIGINAL AND MUST BE CLEARLY MARKED ON THEIR FACE AS "ORIGINAL", EXCEPT THOSE WHICH THE CREDIT SPECIFICALLY STATES CAN BE COPY(IES). +ISSUING BANK CHARGES EXCEPT DC OPENING COMMISSION ARE FOR THE ACCOUNT OF BENEFICIARY. +A HKD400.00 OR EQUIVALENT CHARGE PLUS ALL RELATIVE CABLE CHARGE WILL BE DEDUCTED FROM THE REIMBURSEMENT CLAIM FOR EACH PRESENTATION OF DISCREPANT DOCUMENTS UNDER THIS DOCUMENTARY CREDIT. NOTWITHSTANDING ANY INSTRUCTIONS TO THE CONTRARY, THESE CHARGES SHALL BE FOR THE ACCOUNT OF BENEFICIARY. +NOTWITHSTANDING THE PROVISIONS OF UCP600, IF WE GIVE NOTICE OF REFUSAL OF DOCUMENTS PRESENTED UNDER THIS CREDIT WE SHALL HOWEVER RETAIN THE RIGHT TO ACCEPT A WAIVER WITHOUT REFERENCE TO THE PRESENTER PROVIDED THAT NO WRITTEN INSTRUCTIONS TO THE CONTRARY HAVE BEEN RECEIVED BY US FROM THE PRESENTER BEFORE THE RELEASE OF THE DOCUMENTS. ANY SUCH RELEASE PRIOR TO RECEIPT OF CONTRARY INSTRUCTIONS SHALL NOT CONSTITUTE A FAILURE ON OUR PART TO HOLD THE DOCUMENTS AT THE PRESENTER'S RISK AND DISPOSAL, AND WE WILL HAVE NO LIABILITY TO THE PRESENTER IN RESPECT OF ANY SUCH RELEASE. +INFORMATION TO PRESENTING/NEGOTIATING BANK: CONDITIONS FROM APPLICANT TO BENEFICIARY - FOR EACH PRSENTATION: IN CASE OF LATE SHIPMENT, THE ISSUING BANK WILL DEDUCT 7PCT OF TOTAL INVOICE VALUE FORM PROCEEDS UPON DISCREPANCY (IES) ACCEPTED BY APPLICANT.

CHARGES 71B:	ALL CHARGES OUTSIDE HONGKONG ARE FOR AC-COUNT OF BENEFICIARY/EXPORTER
PERIOD FOR PRESENTA-TION 48 :	WITHIN 015 DAYS AFTER THE DATE OF SHIPMENT BUT WITHIN THE VALIDITY OF THIS CREDIT.
CONFIRMATION IN-STRUCTION 49 :	WITHOUT
INSTRUCTION TO PAY-ING/ACCEPTING /NEGO-TIATING BANK 78 :	ON RECEIPT OF DOCUMENTS CONFORMING TO THE TERMS OF THIS CREDIT AT OUR COUNTER, WE UN-DERTAKE TO REIMBURSE YOU IN THE CURRENCY OF THIS CREDIT IN ACCORDANCE WITH YOUR PAYMENT INSTRUCTION AFTER DEDUCTING ALL RELATIVE RE-IMBURSING CHARGES INCURRED. NEGOTIATING BANK'S DISCOUNT AND/OR INTEREST, IF ANY, PRIOR TO REIMBURSEMENT BY US ARE FOR ACCOUNT OF BENEFICIARY. DOCUMENTS MUST BE DESPATCHED BY COURIER UNDER ONE COVER TO HSBC ESD DIV, L5 HS-BC BLDG MONG KOK 673 NATHAN RD., MONGKOK, KLN, HONG KONG
SENDER TO RECEIVER INFORMA-TION 72 :	PLEASE MENTION YOUR BANKER'S ABA NO. AND CHIPS NO. ON YOUR PAYMENT INSTRUCTIONS. THE A-MOUNT OF EACH DRAWING MUST BE ENDORSED ON THE REVERSE OF THIS CREDIT BY THE NEGOTING BANK.

2.商业发票

ISSUER HANGZHOU LIMA STATIONERY CO.，LTD. 579 QINGCHUN ROAD，HANGZHOU，P.R.CHINA	HANGZHOU LIMA STATIONERY CO.，LTD.		
	579 QINGCHUN ROAD, HANGZHOU，P.R.CHINA		
	COMMERCIAL INVOICE		
TO KADIN COMPANY LTD. 2451 DOMINION CENTRE，43-58 QUEEN'S ROAD EAST，WANCHAI, HONG KONG	NO. L10I009		DATE FEB. 25，2010
TRANSPORT DETAILS FROM SHANGHAI TO HONG KONG	S/C NO. KC201009A		L/C NO. DC NPH660907
	TERMS OF PAYMENT L/C AT SIGHT		

Marks and Numbers	Number and kind of package Description of goods	Quantity	Unit Price	Amount
N/M		CIF HONGKONG		
	1)ART. NO. K-909 GLUE STICK 22G	35424PCS	USD0.20/PC	USD7084.80
	2) ART. NO. K-908 GLUE STICK 8G	47520PCS	USD0.11/PC	USD5227.20
	ALL OTHER DETAILS AS PER		−5％DISCOUNT	USD615.60
	CONTRACT NO. KC201009A			
	PACKED IN 192 CARTONS.			
	TOTAL：	82944PCS		USD11696.40

SAY TOTAL：	U.S. DOLLARS ELEVEN THOUSAND SIX HUNDRED NINETY SIX AND CENTS FORTY ONLY.

HANGZHOU LIMA STATIONERY CO.，LTD.

刘 黎

3. 装箱单

ISSUER	HANGZHOU LIMA STATIONERY CO. , LTD.				
HANGZHOU LIMA STATIONERY CO. , LTD. 579 QINGCHUN ROAD, HANGZHOU, P. R. CHINA	579 QINGCHUN ROAD, HANGZHOU, P. R. CHINA **PACKING LIST**				
TO KADIN COMPANY LTD. 2451 DOMINION CENTRE, 43-58 QUEEN'S ROAD EAST, WANCHAI, HONG KONG	**INVOICE NO.** L10I009		**DATE** FEB. 25, 2010		
Marks and Numbers	Number and kind of package Description of goods	Quantity (PCS)	Package (CTNS)	G. W (KGS)	N. W (KGS)	Meas. (CBM)
N/M	1) ART. NO. K-909 GLUE STICK 22G 2) ART. NO. K-908 GLUE STICK 8G	35424 47520	82 110	1435 1045	1271 825	6.988 5.542
	TOTAL:	82944	192	2480	2096	12.530
SAY TOTAL: ONE HUNDRED AND NINETY TWO CARTONS ONLY.						

4. 汇票

BILL OF EXCHANGE								
凭 Drawn Under	HONGKONG AND SHANGHAI BANKING CORPORATION LIMITED, HONGKONG		不可撤销信用证 Irrevocable L/C No.		DC NPH660907			
日期 Date	JAN. 22, 2010	支 取 Payable with Interest	@	%	按		息	付款
号码 No.	L10I009	汇票金额 Exchange for	USD11696.40	HANGZHOU		MAR. 15, 2010		
	见票 at	* * * * * *	sight of this FIRST of Exchange(Second of Exchange Being 日后(本汇票之副本未付)付交					
	unpaid) Pay to the order of	BANK OF HANGZHOU						
金额 the sum of	U. S. DOLLARS ELEVEN THOUSAND SIX HUNDRED NINETY SIX AND CENTS FOUR ONLY.							
此致 To	HONGKONG AND SHANGHAI BANKING CORPORATION LIMITED, HONGKONG		HANGZHOU LIMA STATIONERY CO. , LTD. 刘 黎					

5. 海运提单

EVERGREEN LINE

A Joint Service Agreement

BILL OF LADING

NOT NEGOTIABLE UNLESS COSIGNED TO ORDER

ORIGINAL

Shipper/Exporter (complete name and address) HANGZHOU LIMA STATIONERY CO. , LTD. 579 QINGCHUN ROAD, HANGZHOU,P. R. CHINA		Documents No. EGLV1509000056902		
		Export References		
Consignee (complete name and address)/(unless pro-vided otherwise, a consignment 'To Order' means To Order of shipper) TO ORDER		Forwarding Agent		
Notify Party (complete name and address) KADIN COMPANY LTD. 2451 DOMINION CENTRE, 43-58 QUEEN'S ROAD EAST, WANCHAI, HONGKONG		Point and Country of Origin (for the Merchant's reference only)		
		Also Notify Party (complete name and address)		
Pre-carriage by	Place of Receipt/Date	In witness whereof, the undersigned, on behalf of the Carrier and Vessel Provider, Italia Marittima S. P. A. , has signed the number of Bill(s) of Lading stated below, all of this tenor and date, one of which being accomplished, the others to stand void.		
Ocean Vessel Voy. No. XIANGZHONG, V. 090T	Port of Loading SHANGHAI			
Port of Discharge HONGKONG	Place of Delivery	Onward Inland Routing/Export Instructions(for the Merchant's reference only)		
Marks &. Nos. Container / Seal No.	No. of Containers or Packages	Description of Goods		Measurement (M³) Gross Weight (KGS)
N/M	192CARTONS	SAID TO CONTAIN: 35424 PCS OF ART. NO. K-909 GLUE STICK 22G 47520 PCS OF ART. NO. K-908 GLUE STICK 8G CFS TO CFS FREIGHT PREPAID		12. 530CBM 2096KGS
TOTAL NUMBER OF CONTAIN-ERS OR PACKAGES (IN WORDS)		ONE HUNDRED AND NINETY TWO CARTONS ONLY.		
FREIGHT &. CHARGES	Revenue Tons	Rate Per	Prepaid	Collect
B/L NO.	Number of Original B(s)/L THREE		Prepaid at SHANGHAI	Collect at
EGLV 1509000056902	Place of B(s)/L Issue/Date SHANGHAI, MAR. 5, 2010		Exchange Rate	Exchange Rate
Service Type/Mode	上海航华国际船务代理有限公司 CHINA SAILING INTERNATIONAL SHIPPING AGENCY LTD. 王 辉 As agent for the Carrier and the Vessel Provider Italia Marittima S. P. A. con unico socio-cap. Soc. □ 39,500,000 i. v. c. f. e n. iscr. 00047820329 reg. Impr. TRIESTE Sede lega-le: passeggio S. Andrea, 4-34123 Trieste Doing business as "Evergreen Line" AS AGENT			

注:背面空白。

6.保险单

PICC 中国人民保险公司

The People's Insurance Company of China

总公司设于北京 一九四九年创立

Head Office Beijing   Established in 1949

货物运输保险单
CARGO TRANSPORTATION INSURANCE POLICY   ORIGINAL

发票号(INVOICE NO.) L10I009	保单号次
合同号(CONTRACT NO.) KC201009A	POLICY NO. PYCA2010220118010000903
信用证号(L/C NO.) DC NPH660907	
被保险人:INSURED: HANGZHOU LIMA STATIONERY CO., LTD.	

中国人民保险股份公司(以下简称本公司)根据被保险人的要求,由被保险人向本公司缴付约定的保险费,按照本保险单承保险别和背面所载条款与下列特款承保下述货物运输保险,特立本保险单。

THIS POLICY OF INSURANCE WITNESSES THAT THE PEOPLE'S INSURANCE COMPANY OF CHINA (HEREINAFTER CALLED "THE COMPANY") AT THE REQUEST OF THE INSURED AND IN CONSIDERATION OF THE AGREED PREMIUM PAID TO THE COMPANY BY THE INSURED, UNDERTAKES TO INSURE THE UNDERMENTIONED GOODS IN TRANSPORTATION SUBJECT TO THE CONDITIONS OF THIS OF THIS POLICY AS PER THE CLAUSES PRINTED OVERLEAF AND OTHER SPECIAL CLAUSES ATTACHED HEREON.

标 记 MARKS&.NOS	包装及数量 QUANTITY	保险货物项目 DESCRIPTION OF GOODS	保险金额 AMOUNT INSURED
AS PER INVOICE NO. L10I009	35424PCS 47520PCS 192CTNS	ART. NO. K-909 GLUE STICK 22G ART. NO. K-908 GLUE STICK 8G	USD12866.00

总保险金额

TOTAL AMOUNT INSURED:U.S. DOLLARS TWELVE THOUSAND EIGHT HUNDRED SIXTY SIX ONLY

保费:	启运日期	装载运输工具:
PERMIUM:AS ARRANGED	DATE OF COMMENCEMENT:2010.03.05	PER CONVEYANCE:XIANGZHONG, V.090T
自 FROM:SHANGHAI	经 VIA * * *	至 TO HONG KONG

承保险别:

CONDITIONS:

COVERING ALL RISKS AND WAR RISKS INCL. W/W AS PER OMCC. & OMCWRC 1/1/1981 OF THE PICC (CIC).

所保货物,如发生保险单项下可能引起索赔的损失或损坏,应立即通知本公司下述代理人查勘。如有索赔,应向本公司提交保单正本(本保险单共有2份正本)及有关文件。如一份正本已用于索赔,其余正本自动失效。

IN THE EVENT OF LOSS OR DAMAGE WITCH MAY RESULT IN A CLAIM UNDER THIS POLICY, IMMEDIATE NOTICE MUST BE GIVEN TO THE COMPANY'S AGENT AS MENTIONED HEREUNDER. CLAIMS, IF ANY, ONE OF THE ORIGINAL POLICY WHICH HAS BEEN ISSUED IN TWO ORIGINAL(S) TOGETHER WITH THE RELEVANT DOCUMENTS SHALL BE SURRENDERED TO THE COMPANY. IF ONE OF THE ORIGINAL POLICY HAS BEEN ACCOMPLISHED. THE OTHERS TO BE VOID.

EQUITY SURVEY CLAIM SERVICE CO., LTD.

18TH FLOOR, PHASE II, MING AN PLAZA, 8 SUNNING ROAD, CAUSEWAY BAY, HONGKONG

TEL:00852-25433261 FAX:00852-25442523

赔款偿付地点

CLAIM PAYABLE AT   HONG KONG

出单日期

ISSUING DATE   2010.03.03

中国人民保险公司杭州分公司

The People's Insurance Company of China, Hangzhou Branch

柴元春

(Authorized Signature)

注:背面空白。

7. 一般原产地证

ORIGINAL

1. Exporter	Certificate No. CCPIT051921964
HANGZHOU LIMA STATIONERY CO., LTD. 579 QINGCHUN ROAD, HANGZHOU, P. R. CHINA	**CERTIFICATE OF ORIGIN** **OF** **THE PEOPLE'S REPUBLIC OF CHINA**
2. Consignee	
KADIN COMPANY LTD. 2451 DOMINION CENTRE, 43-58 QUEEN'S ROAD EAST, WANCHAI, HONGKONG	
3. Means of transport and route	5. For certifying authority use only
FROM SHANGHAI TO HONGKONG BY SEA	
4. Country / region of destination	
HONG KONG	

6. Marks and numbers	7. Number and kind of packages; description of goods	8. H. S. Code	9. Quantity	10. Number and date Of invoices
N/M	EIGHTY TWO(82) CTNS OF ART. NO. K-909 GLUE STICK 22G	3506.99	G. W. 1435KGS	L10I009 FEB. 25, 2010
	ONE HUNDRED TEN(110) CTNS OF ART. NO. K-908 GLUE STICK 8G	3506.99	G. W. 1045KGS	

11. Declaration by the exporter	12. Certification
The undersigned hereby declares that the above details and statements are correct, that all the goods were produced in China and that they comply with the Rules of Origin of the People's Republic of China.	It is hereby certified that the declaration by the exporter is correct.
HANGZHOU LIMA STATIONERY CO., LTD. 刘 黎	中国国际贸易促进委员会 单据证明专用章（浙） CHINA COUNCIL FOR THE PROMOTION OF INTERNATIONAL TRADE (ZHE JIANG)
HANGZHOU, CHINA, MAR. 3, 2010	HANGZHOU, CHINA, MAR. 3, 2010
Place and date, signature and stamp of authorized signatory	Place and date, signature and stamp of certifying authority

8.检验证书

KADIN COMPANY LTD.

2451 DOMINION CENTRE, 43-58 QUEEN'S ROAD EAST, WANCHAI, HONGKONG

INSPECTION CERTIFICATE

DATE: MAR. 3, 2010

TO: HANGZHOU LIMA STATIONERY CO., LTD.

   579 QINGCHUN ROAD, HANGZHOU, P. R. CHINA

RE: L/C NO. DC NPH660907 CONTRACT NO. KC2010009A

   COMMODITY: 1) 35424PCS OF ART. NO. K-909 GLUE STICK 22G

                2) 47520PCS OF ART. NO. K-908 GLUE STICK 8G

THIS IS TO CERTIFY THAT THE ABOVE MENTIONED GOODS HAVE BEEN INSPECTED.

Signed by: _____**L. HIKE**_____

KADIN COMPANY LTD.

9.装运通知

ISSUER HANGZHOU LIMA STATIONERY CO., LTD. 579 QINGCHUN ROAD, HANGZHOU, P. R. CHINA	HANGZHOU LIMA STATIONERY CO., LTD. 579 QINGCHUN ROAD, HANGZHOU, P. R. CHINA	
TO KADIN COMPANY LTD. 2451 DOMINION CENTRE, 43-58 QUEEN'S ROAD EAST, WANCHAI, HONGKONG	**SHIPPING ADVICE**	
	INVOICE NO. L10I009	**DATE** MAR. 5, 2010
L/C NO. :DC NPH660907	**CONTRACT NO.** :KC2010009A	

DEAR SIR,

WE ARE PLEASED TO INFORM YOU THAT THE FOLLOWING MENTIONED GOODS HAVE
BE SIPPED OUT ON MAR.5,2010,FULL DETAILS WERE SHOWN AS FOLLOWS:

1. BILL OF LADING NO. :EGLV1509000056902

2. OCEAN VESSEL:XIANGZHONG, V.090T

3. PORT OF LOADING:SHANGHAI

4. DATE OF SHIPPMENT:MAR. 5, 2010

5. PORT OF DESTINATION:HONGKONG

6. DESCRIPTION OF GOODS:35424 PCS OF ART. NO. K-909 GLUE STICK 22G AND
                          47520 PCS OF ART. NO. K-908 GLUE STICK 8G

7. NUMBER OF PACKAGE: 192CTNS

8. MARKS AND NUMBER ON B/L:N/M

HANGZHOU LIMA STATIONERY CO., LTD.

刘 黎

10.交单联系单

第一联 交寄单行（一）

杭州银行

客户交单联系单

致：杭州银行

兹随附下列信用证项下出口单据一套，请按国际商会第 600 号出版物《跟单信用证统一惯例》办理寄单索汇。

开证行：HSBC, HONGKONG

通知行：BANK OF HANGZHOU

信用证编号：DC NPH660907

通知行编号：AD100005678

最迟装期：100305

效期：100320

交单期限：15 天

汇票付款期限：AT SIGHT

汇票金额：USD11696.40

发票编号：L10I009

发票金额：USD11696.40

单据	名称	汇票	发票	海关发票	海运提单正本	海运提单副本	航空运单	货物收据	保险单	装箱单/重量单	数量/质量/重量证	产地证	GSP FORM A	检验/分析证	受益人证明	船公司证明	电抄	装运通知
	份数	2	3	3	3/3	1	1		2/2	3		1		1				1

委办事项：打（"×"者）

☒附信用证及修改书共 2 页。
□单据中有下列不符点：

□请向开证行寄单，我公司承担一切责任。
□寄单方式：☒特快专递 □航空挂号
核销单编号：33866789

□请电提不符点，待开证行同意后再寄单。
□索汇方式：□电索 □信索（□特快专递 □航空挂号）

公司联系人：　　　　　　　联系电话：

公司签章：

银行审单记录：

银行接单日期：		寄单日期：
汇票/发票金额：		BP No.：
	议/承/付：	银行经办：
	修改费：	
银行费用	邮费：	
	电费：	银行复核：
	小　计：	
费用理由		承担

退单记录：

任务 1　审核结汇单据

杭州银行国际业务部职员文哲根据信用证 DC NPH660907、UCP600 和 ISBP,审核杭州里马文化用品有限公司提交的全套结汇单据,列出不符点。

任务 2　处理不符点

杭州银行国际业务部职员文哲对审出的单据不符点作出妥善处理。

▷ 操作示范

任务 1　审核结汇单据

第一步:检查所提交单据的种类、份数是否与交单联系单一致。

杭州银行国际业务部职员文哲审核,杭州里马文化用品有限公司提交单据的种类、份数与交单联系单一致。

第二步:根据信用证 DC NPH660907 审核信用证的有效期、交单期和装运期等三期情况。

通过审核,未过信用证的有效期、交单期和装运期。

第三步:纵向审核单据,核对各单据的内容、份数是否与信用证 DC NPH660907 一致,找出不符点。

1. 汇票

审核后,发现汇票有一个不符点:

金额大写错误,正确的应该是 U. S. DOLLARS ELEVEN THOUSAND SIX HUNDRED NINETY SIX AND CENTS FORTY ONLY。

2. 商业发票

审核后,发现发票存在以下不符点:

(1)正本上缺"ORIGINAL"字样。

(2)合同号码错误,正确的应该是 KC2010009A。

3. 装箱单

审核后,发现装箱单存在以下不符点:

(1)正本上缺"ORIGINAL"字样。

(2)缺少每箱的毛重、净重和体积。

(3)缺少受益人的盖章、签名。

4. 海运提单

审核后,发现海运提单存在以下不符点:

(1)通知人栏目漏写开证申请人的电话号码。

(2)缺已装船批注。

(3)受益人忘记在提单背面进行空白背书。

5. 保险单

审核后,发现保险单存在以下不符点:

（1）投保金额不足发票金额的110％。

（2）没有标明索赔货币种类。

（3）受益人忘记在保险单背面进行空白背书。

6. 一般原产地证

审核后，发现一般原产地证存在以下不符点：

（1）收货人栏目内容错误，正确的应该是 TO ORDER。

（2）货物描述栏目漏打结束符号"＊＊＊＊＊＊"。

7. 检验证书

审核后，未发现不符点。

8. 装运通知的传真件

审核后，未发现不符点。

第四步：在单据和单据之间进行横向审核，找出不符点。

根据商业发票和装箱单审核其他单据。发现存在以下不符点：

（1）海运提单的毛重错写成净重。

（2）保险单存在合同号码错误。

根据海运提单审核保险单和装运通知传真件，未发现不符点。

最后，写出审单结果：

不符点：

1. 汇票

金额大写错误，正确的应该是 U. S. DOLLARS ELEVEN THOUSAND SIX HUNDRED NINETY SIX AND CENTS FORTY ONLY。

2. 商业发票

（1）正本上缺"ORIGINAL"字样；

（2）合同号码错误，正确的应该是 KC2010009A。

3. 装箱单

（1）正本上缺"ORIGINAL"字样；

（2）缺少每箱的毛重、净重和体积；

（3）缺少受益人的盖章、签名。

4. 海运提单

（1）通知人栏目漏写开证申请人的电话号码；

（2）毛重错写成净重；

（3）缺已装船批注；

（4）受益人忘记在提单背面进行空白背书。

5. 保险单

（1）投保金额不足发票金额的110％；

（2）没有标明索赔货币种类；

（3）合同号码错误，正确的应该是 KC2010009A；

（4）受益人忘记在保险单背面进行空白背书。

6. 一般原产地证

（1）收货人栏目内容错误，正确的应该是 TO ORDER；

（2）货物描述栏目漏打结束符号"＊＊＊＊＊＊"。

任务 2 处理不符点

杭州银行国际业务部职员文哲对审出的单据不符点作出如下处理：

（1）由于该信用证规定的交单期为装运日期后 15 天内交单且在信用证的有效期内,装运日期为 2010 年 3 月 5 日,装运日期后的第 15 天是 3 月 20 日,这一天是星期六。根据 UCP600 第 29 条的规定,如果信用证的截止日或最迟交单日适逢接受交单的银行非因第 36 条所述原因而歇业,则截止日或最迟交单日将顺延至其重新开业的第一个银行工作日。因此,受益人可以最迟在 3 月 22 日(星期一)补交相符单据。

（2）建议受益人根据审单结果,重新制作符合信用证要求的汇票、商业发票和装箱单。

（3）建议受益人分别联系海运提单、保险单和一般原产地证的出单人,修改不符点并改校正章。

（4）建议受益人分别在海运提单、保险单的背面进行空白背书。

文哲在信用证的交单期内收到受益人的相符交单后,制作索汇面函随同信用证项下的全套结汇单据寄开证行。

▷ **知识链接**

一、审单原则

在信用证结算方式下,外贸单证员审单的原则是单货一致、单证一致、单单一致;银行审单的原则是单证一致、单单一致。在托收结算方式下,外贸单证员审单的原则是单货一致、单约一致、单单一致;银行审单的原则是审核单据的名称、份数是否与托收申请书一致,并无审核单据内容的义务;在汇款结算方式下,外贸单证员审单的原则是单货一致、单约一致、单单一致。

1. 单证一致

单证一致是指所提交的单据在种类、份数和内容上都要与信用证的要求一致。单证一致具体体现在:①单据与信用证条款相符;②单据与 UCP 与 ISBP 等信用证国际惯例相符。

2. 单单一致

单单一致是指所提交单据内容之间要一致。单单一致审核时,要以发票为中心来审核各单据之间的一致情况。

3. 单约一致

单约一致是指各单据要与合同条款一致。

4. 单货一致

单货一致是指单据要与实际装运货物一致。

二、审单的步骤

审单的步骤是先"纵审"后"横审",即先以信用证为核心,所有单据都与信用证相核对;再以单据中的发票为中心,其他单据与之核对。

1.准备工作

将审单记录放在桌面右边,把单据放在桌面中间,单据的顺序是最上面放汇票,下面按照信用证所列单据的顺序依次放置,然后把信用证放在桌面左边。

2.纵审

(1)当信用证有修改时,应先确认受益人对修改书有否书面表示拒绝接受,然后再根据原信用证或原信用证与修改书审核有关单据。

(2)仔细分析信用证,信用证中每涉及一种单据,即按单据条款核对相对应的单据,以达到单证一致。

(3)阅读信用证文句,并与单据核对,发现不符点立刻记录在审单记录表上。

(4)审完的单据反转放置在桌面中间未审单据前面,待全套单据审完,将已经反转放的单据翻过来即可恢复原状。未被审核的单据就是受益人交来信用证未规定的单据,应退还受益人。

3.横审

(1)以发票为中心,与其他单据挨个核对,先将被核对的单据全部阅读一遍,将涉及发票的相同资料核对是否一致。

(2)将提单与保险单核对。

(3)纵审的目的是要达到单单一致。

经过横审和纵审没有发现不符点,或发现不符点已经改妥的,即可确定单据全部相符。

三、主要单据的审核要点

1.汇票的审核要点

(1)汇票载有正确的信用证参考号码。

(2)有当前的日期。

(3)签字及/或出票人的名称与受益人的名称一致。

(4)开致正确的付款人,不能是开证申请人。

(5)金额大小写一致,并与信用证规定、发票相符。

(6)汇票的期限就是信用证所要求的。

(7)收款人应是受益人或交单银行。

(8)如果需要背书,是否已被正确地背书。

(9)是否有限制性背书。

(10)是否包含信用证要求的条款。

(11)所开立的金额不超过信用证可以使用的余额。

2.商业发票的审核要点

(1)除非信用证另有规定,商业发票的出具人与汇票的出票人应相同,在绝大多数情况下为信用证的受益人。

(2)除非信用证另有规定,抬头为开证申请人。

(3)不得为"形式发票"或"临时发票"。

(4)货物描述和信用证的商品描述相符。

(5)没有表现出来任何附加的、不利的货物描述涉及物状态或价值的。

(6)发票上包括信用证所提及的货物细节、价格条款。

(7)发票上提供的其他资料如唛头、号码、运输通知等与其他单据一致。

(8)发票上的货币与信用证一致。

(9)发票金额与汇票金额一致。

(10)发票金额不超过信用证可使用的余额；如不允许分批装运，发票应包括信用证要求的整批装运金额，如允许分批装运，金额在总、分之间互不矛盾，并与信用证规定、汇票相符。

(11)按照信用证要求发票已被签字，或公证人证实、合法化、签证等。

(12)有些资料关于装运、包装、重量、运费或其他有关的运输费用符合其他单据上所载明的。

(13)提交正确张数的正本及副本。

(14)显示的合同号与信用证规定一致。

(15)注意上下浮动幅度，如信用证的金额、单价、商品数量前有"大约"（About、Circa）字样，则有关金额、单价、数量允许有10％上下浮动幅度；除非信用证规定货物的数量不得增减外，在所支款项不超过信用证金额的条件下，货物的数量准许有5％上下的浮动幅度，但当信用证规定数量以包装单位或个体计数时，此项浮动不适用。

3. 运输单据的审核要点

(1)运输单据的种类必须与信用证规定相符。

(2)运输单据应具备法定条件并由运输公司（如船公司、航空公司等）或其代理人签名。

(3)除非信用证另有规定，必须提交全套提单。

(4)收货人和被通知人名称、地址、起运港、目的港、装运日期等，应符合信用证规定。

(5)除非信用证另有规定，发货人（Shipper）通常为受益人或转让信用证中的受让人，但若是受益人以外的一方作为发货人，也可接受。

(6)提单货物描述一般符合信用证所说明的货物描述，货名可以用统称（General Term），唛头、数量、重量、船名、线路等应与信用证相符，并与其他单据一致。

(7)提单上价格条款或有关运费的记载必须与信用证及其他单据一致。如CIF、CFR，相应的费用记载应为"Freight Prepaid"（运费已预付）或"Freight Paid"（运费已付）；FOB，相应的费用记载应为"Freight Collect"（运费到付）或"Freight Payable at Destination"（目的地支付运费）。

(8)提单抬头若为"To Order Of Shipper"、"To Shipper'S Order"、"To Order"，均应作背书。

(9)收妥备运提单（Received B/L），必须于货物实际装船后，加注"On Board"（已装船）字样及已装船日期。

(10)修改提单，必须在更正处加盖更正章及船公司或其代理人，或船长的小签（Initial Signature，即签上姓氏，也叫简签）。

(11)运输单据上没有条款使其有瑕疵或不清洁（见UCP600第32条a款）。

4. 保险单的审核要点

(1)应明确保险单的全套正本份数，并且除非信用证另有规定，必须提交全套正本保险单。

（2）保险单据必须由保险公司（Insurance Company）或承保人（Underwriters）或他们的代理人（Agents）开立及签署，除非信用证另有规定，银行不接受由保险经纪人（Broker）签发的暂保单（Cover Note）。

（3）保险单日期必须早于或等于提单日期。

（4）除非信用证另有规定，保险单显示的金额、币别必须与信用证要求一致。

（5）投保的险种必须符合信用证的要求，若信用证使用了含义不明确的条款，如"通常险别"（Usual Risks）或"惯常险别"（Customary Risks），银行当按照所提示的保险单予以接受。

（6）除非信用证另有规定，银行将接受证明受免赔率（Franchise）或免赔额约束的保险单据。

（7）当信用证规定"投保一切险"时，银行应接受含有任何"一切险"批注或条文的保险单据，不论其有无"一切险"标题，甚至表明不包括某种险别。

（8）保险单的船名、航程、装运港、目的港、唛头等应与提单、发票等其他单据一致。

（9）应表明赔付地、在目的地的支付赔款代理人、支付的货币种类，信用证如无此项规定，赔付地点可以选择在进出口人的任何一方。

（10）信用证要求保险单（Insurance Policy）时，不得以保险凭证（Insurance Certificate）代替，反之则可以。

（11）份数完全符合信用证规定的数量。

5. 产地证的审核要点

（1）它是独立的单据，不要与其他单据联合起来，必须由信用证指定的机构出具，若信用证无此规定，可以由包括受益人在内的任何人出具。

（2）按照信用证要求，它已被签字、公证人证实、合法化、签证等。

（3）内容必须符合信用证的要求，并与其他单据不矛盾；如信用证规定货物为该地生产，则产地证必须表明为某地生产。

（4）载明原产地国家，应该符合信用证的要求。

（5）含有检验意义的产地证的日期不能迟于提单；特殊产地证的格式必须符合进口国惯例的要求。

（6）份数不能少于信用证规定的数量。

6. 装箱单、重量单的审核要点

（1）单据的名称和份数必须与信用证要求相符。

（2）货物的名称、规格、数量及唛头等，必须与其他单据相符，可以相互补充，不可互相矛盾。

（3）数量、重量及尺码的小计必须吻合，并与信用证、提单、发票等单据相符。

（4）提供的单据份数不能少于信用证规定的数量。

四、单据的主要不符点

1. 单据的共同不符点

（1）过效期（L/C Expired）。单据提交时已超过了信用证规定的有效期。

（2）过装期（Late Shipment）。运输单据的装运日期超过了信用证规定的最迟装船期。

(3)过交单期(Late Presentation)。单据提交的日期超过信用证规定的货物装船后向指定银行提示单据的期限。如果信用证要求汇票,则汇票出具日应是单据提示日,如果信用证未要求汇票,且无特殊说明,则寄单行的索汇面函日期将被认为是交单日期。

2.汇票的主要不符点

(1)非由受益人出具。

(2)未经签署。

(3)未经背书或背书不正确。

(4)未按信用证规定显示"drawn under"条款。

(5)金额与发票或信用证不符。

(6)金额大小写不一致。

(7)期限显示不正确。

(8)发票号码、信用证号码等其他需要显示的号码不符。

3.商业发票的主要不符点

(1)非由受益人出具。

(2)未经签署(若信用证规定要签署)。

(3)抬头不符,未出给信用证的申请人(信用证规定做成其他人抬头除外)。

(4)货物描述与信用证不一致,单价不符。

(5)超金额或短装。

(6)唛头与信用证或海运提单等其他单据不一致。

(7)未按信用证要求显示特殊内容,如须经过使馆认证而未认证,信用证要求显示扣减或增加附属费用而发票未显示。

(8)其他如开证行名、装运港、目的港与信用证规定或其他单据不一致。

4.海运提单的主要不符点

(1)正本提单份数不符。

(2)抬头(Consignee)名址不符。

(3)被通知人名址不符。

(4)货物描述与信用证规定或发票等其他单据不符。

(5)未显示"On Board"。

(6)重量、体积与装箱单等其他单据不一致。

(7)提交了不清洁提单。

(8)未经背书或背书不正确。

(9)签发人不符,未显示承运人(Carrier)或签发人身份不明。

5.保险单据的主要不符点

(1)未提交全套正本保险单据/证明。

(2)被保险人不符。

(3)保险标的金额不符,币种、大小写不符。

(4)保险标的物与发票等其他单据不符。

(5)保险险别不符。

(6)出单日迟于运输单据日期。

（7）偿付地、币种不符。

（8）未经背书或背书不正确。

（9）其他如发票号码、航运路线与发票、提单不符。

五、不符单据的处理

1. 出口项下不符单据的处理

对于经审核有不符点的出口单据，一般有以下几种处理情况：

（1）退受益人更改。如果信用证效期与交单期未到，则劝其退改。

（2）表题不符点出单。如果信用证有效期与交单期已过，且单据又有较严重的不符点，可与受益人协商，议付行向开证行寄单，并把不符点分列在寄单函上，征求开证行意见，由开证行接洽申请人是否同意付款。在接到肯定答复后议付行即行议付；如果申请人不予接受，则开证行退单，议付行照样退单给受益人。受益人一般较少采纳此种方法。

（3）电提不附点。对于不符点无法更改，且金额较大的单据，可与受益人协商，议付行暂不向开证行寄单，而是用电传或传真通知开证行单据不符点。如果开证行同意付款，再行议付并寄单；如果不同意，受益人可及早收回单据，设法改正。但议付行采用此方法时应谨慎审单后再电提，以免引起后期银企纠纷。

（4）受益人担保出单。如果单据中不符点过多或较严重，受益人无法更改或不愿意更改，则要求受益人出具保证书（Letter of Indemnity），承认单据瑕疵，声明若开证行拒付，由受益人偿还议付行所垫付款项和费用，同时接洽申请人授权开证行付款。

（5）有证托收。单据有严重不符处，或信用证有效期已过，议付行接受受益人委托在向开证行寄单函中注明"信用证项下单据作托收处理"，作为区别的，称为"有证托收"，而一般的托收，则称为"无证托收"。采用有证托收方式，意味着放弃应用 UCP600 规则，完全使用 URC522 托收统一规则，以申请人是否接受单据为主，开证行不起作用，成了代收行。由于申请人已因单证不符而不同意接受，故有证托收往往遭到拒付，实是一种不得已而为之的方式。国际商会建议，在任何情况下其实都不宜将 LC 下的单据改为托收处理或者加注"ON COLLECTION BASIS"字样，可写"ON APPROVAL BASIS"。

2. 进口项下不符单据处理

对于经审核有不符点的进口单据，一般有以下几种处理情况：

（1）拒付。开证行/保兑行拒付单必须做到：

①拒付时必须以单据作为依据。

②必须在 5 个工作日内拒付。

③以电讯方式通知寄单行。

④说明全部不符点。

⑤说明单据听候处理或退回。

如开证行/保兑行未能按上述规定办理，则无权宣称单据不符合信用证条款。

对不符点单据，UCP600 规定开证行可以完全根据自己的决定与申请人联系是否放弃不符点，通常若申请人不接受不符点，则开证行按上述规定拒付。发出拒付可以以电讯或其他快捷方式，最常见的是 SWIFT MT734 格式。

拒付后如经进出口双方协商,申请人同意接受单据的,开证行应及时通知寄单行请其授权放单,并办理对外付款/承兑手续;如果申请人坚持不接受不符点,开证行应及时将全套单据退还寄单行,由进出口双方自行解决。

(2)放弃不符点,申请人付款赎单。

若申请人愿意接受不符点,则由其出具书面指示,办理付款或承兑赎单手续,然后开证行向寄单行付款或承兑。

六、审单与部分 UCP600 条款

1. UCP600 第 14 条:审核单据的标准

a 款规定,按照指定行事的被指定银行、保兑行(如有)以及开证行必须对提示的单据进行审核,并仅以单据为基础,以决定单据在表面上看来是否构成相符提示。

b 款规定,按照指定行事的被指定银行、保兑行(如有)以及开证行,自其收到提示单据的翌日起算,应各自拥有最多不超过五个银行工作日的时间以决定提示是否相符。该期限不因单据提示日适逢信用证有效期或最迟提示期或在其之后而被缩减或受到其他影响。

c 款规定,提示若包含一份或多份按照本惯例第 19 条、20 条、21 条、22 条、23 条、24 条或 25 条出具的正本运输单据,则必须由受益人或其代表按照相关条款在不迟于装运日后的 21 个公历日内提交,但无论如何不得迟于信用证的到期日。

d 款规定,单据中内容的描述不必与信用证、信用证对该项单据的描述以及国际标准银行实务完全一致,但不得与该项单据中的内容、其他规定的单据或信用证相冲突。

e 款规定,除商业发票外,其他单据中的货物、服务或行为描述若须规定,可使用统称,但不得与信用证规定的描述相矛盾。

f 款规定,如果信用证要求提示运输单据、保险单据和商业发票以外的单据,但未规定该单据由何人出具或单据的内容。如信用证对此未做规定,只要所提交单据的内容看来满足其功能需要且其他方面与 14 条(d)款相符,银行将对提示的单据予以接受。

g 款规定,提示信用证中未要求提交的单据,银行将不予置理。如果收到此类单据,可以退还提示人。

h 款规定,如果信用证中包含某项条件而未规定需提交与之相符的单据,银行将认为未列明此条件,并对此不予置理。

i 款规定,单据的出单日期可以早于信用证开立日期,但不得迟于信用证规定的提示日期。

j 款规定,当受益人和申请人的地址显示在任何规定的单据上时,不必与信用证或其他规定单据中显示的地址相同,但必须与信用证中述及的各自地址处于同一国家内。用于联系的资料(如电传、电话、电子邮箱及类似方式)作为受益人和申请人地址的组成部分将被不予置理。然而,当申请人的地址及联系信息作为按照 19 条、20 条、21 条、22 条、23 条、24 条或 25 条出具的运输单据中收货人或通知方详址的组成部分时,则必须按照信用证规定予以显示。

k 款规定,显示在任何单据中的货物的托运人或发货人不必是信用证的受益人。

l 款规定,假如运输单据能够满足本惯例第 19 条、20 条、21 条、22 条、23 条或 24 条的要求,则运输单据可以由承运人、船东、船长或租船人以外的任何一方出具。

2. UCP600 第 15 条：相符交单

当开证行确定交单相符时,就必须予以兑付;当保兑行确定交单相符时,就必须予以兑付或议付并将单据寄往开证行;当被指定银行确定交单相符并予以兑付或议付时,必须将单据寄往保兑行或开证行。

3. UCP600 第 16 条：不符单据及不符点的放弃与通知

a 款规定,当按照指定行事的被指定银行、保兑行(如有)或开证行确定提示不符时,可以拒绝兑付或议付。

b 款规定,当开证行确定提示不符时,可以依据其独立的判断联系申请人放弃有关不符点。然而,这并不因此延长第 14 条(b)款中述及的期限。

c 款规定,当按照指定行事的被指定银行、保兑行(如有)或开证行决定拒绝兑付或议付时,必须一次性通知提示人。

通知必须声明:

i. 银行拒绝兑付或议付;及

ii. 银行凭以拒绝兑付或议付的各个不符点;及

iii. a) 银行持有单据等候提示人进一步指示;或

b) 开证行持有单据直至收到申请人通知弃权并同意接受该弃权,或在同意接受弃权前从提示人处收到进一步指示;或

c) 银行退回单据;或

d) 银行按照先前从提示人处收到的指示行事。

d 款规定,第 16 条 c 款中要求的通知必须以电讯方式发出,或者,如果不能以电讯方式通知时,则以其他快捷方式通知,但不得迟于提示单据日期翌日起第五个银行工作日终了。

e 款规定,按照指定行事的被指定银行、保兑行(如有)或开证行可以在提供第 16 条 c 款 iii 项、a 款或 b 款要求提供的通知后,于任何时间将单据退还提示人。

f 款规定,如果开证行或保兑行未能按照本条款的规定行事,将无权宣称单据未能构成相符提示。

g 款规定,当开证行拒绝兑付或保兑行拒绝兑付或议付,并已经按照本条款发出通知时,该银行将有权就已经履行的偿付索取退款及其利息。

七、正常单据的处理

正常单据是指提交的单据符合信用证条款且单单之间完全一致。出口项下单据审核无误后,寄单行缮制索汇面函寄单索汇,待款项收妥,贷记受益人账户。进口项下单据经审核无误后,开证行通知申请人付款赎单/承兑,然后向寄单行付款/承兑。

八、出口押汇

1. 出口押汇的含义

出口押汇是指贷款银行以出口企业提交的出口单据为抵押品,在合理的工作日内为出口企业办理结汇,然后再凭该出口单据向国外银行索偿货款,从而使出口企业提前取得资金

融通的业务。

2. 出口押汇的发放手续

(1)凡具有进出口经营权、资信良好并经贷款银行评估后批准给予授信额度的外贸企业和外商投资企业,均可到贷款银行申请办理出口押汇,申请出口押汇的信用证必须是在该贷款银行议付或公开议付的。

(2)出口押汇申请人应为跟单信用证的受益人。

(3)出口企业向贷款银行办理出口押汇时,应与银行签订《出口押汇质押书》。

(4)出口企业在货物装船、制单配单后,可向贷款银行申请办理出口押汇,填写《临时授信申请书》。

(5)贷款银行根据有关规定,对出口企业结汇融资。

3. 办理出口押汇的有关规定与条件

(1)出口押汇的范围。①贷款银行原则上只对单证相符的单据和经电报提示开证行接受的不符单据办理出口押汇。②对不符点单据也可办理出口押汇,条件是出口企业必须资信良好,清偿力强,并对不符点单据的拒付提出担保。③对跟单托收单据也可办理出口押汇,押汇金额一般不超过发票金额的80%,其条件有三:一是出口企业资信良好;二是该项出口已办理出口信用保险,并把保险单抵押给办理出口押汇的银行;三是出口保险的受益人转为办理出口押汇的银行。

(2)出口押汇的利率。出口押汇的利率按伦敦银行同业拆放利率加一定的风险利率计收。

(3)出口押汇的计息天数。办理出口押汇实际上是贷款银行为国外银行垫付有关资金,当票据寄到国外银行后,国外银行才拨付出口货款,因此,办理押汇的银行要扣除从办理押汇日起到预计出口货款收回这一期间的利息。

4. 出口押汇的例外情况

凡有下列情况之一者,银行拒绝对出口企业办理出口押汇:①来证限制办理出口押汇以外的银行议付;②开证行或付款/承兑行所在地、货运目的地是局势动乱或已发生战争的国家或地区;③收汇地区外汇短缺、管制严或发生金融危机等特殊情况,收汇无确定把握;④索汇路线迂回曲折,影响安全及时收汇;⑤开证行作风恶劣,对单据百般挑剔;⑥单证或单单之间不严格一致;⑦远期信用证超过180天;⑧未能提交全套物权单据;⑨转证行不承担付款责任的转让信用证。

5. 出口押汇的追索

银行办理出口押汇后,如遇开证行拒付货款,则银行有权向出口企业追回垫付的货款和因此而产生的利息,并可主动从该企业在银行开立的账户中扣取,如该办理押汇的银行为保兑行、付款行或承兑行时除外。

▷ 实训项目

实训项目7-1 在改证情形下的审单和不符单据处理

2010年3月26日,招商银行杭州市分行国际业务部职员应永收到浙江永信进出口有限公司提交信用证517-211-900975及其项下的全套结汇单据和交单联系单。

1. 信用证

MT 700		ISSUE OF A DOCUMENTARY CREDIT
SENDER		SUMITOMO MITSUI BANKING CORPORATION, OSAKA JP
RECEIVER		CHINA MERCHANTS BANK, HANGZHOU BRANCH
SEQUENCE OF TOTAL	27 :	1/2
FORM OF DOC. CREDIT	40A:	IRREVOCABLE
DOC. CREDIT NUMBER	20 :	517-211-900975
DATE OF ISSUE	31C:	091228
APPLICABLE RULES	40E:	UCP LATEST VERSION
DATE AND PLACE OF EXPIRY.	31D:	100315 IN THE COUNTRY OF BENEFICIARY
APPLICANT	50 :	LIKA CO., LTD. 32-35 KITAKYUHOJ-CHI, 8-CHOME, CHUO-KU, OSAKA, 541-0057, JAPAN
BENEFICIARY	59 :	ZHEJIANG YONGXING IMPORT AND EXPORT CO., LTD. 32 GAOJI STREET, HANGZHOU, CHINA
AMOUNT	32B:	CURRENCY USD AMOUNT 90432.00
AVAILABLE WITH/BY	41D:	ANY BANK BY NEGOTIATION
DRAFTS AT ...	42C:	BENEFICIARY'S DRAFT(S) AT 30 DAYS AFTER B/L DATE FOR FULL INVOICE VALUE
DRAWEE-NAME AND ADDRESS	42D:	SUMITOMO MITSUI BANKING CORPORATION, OSAKA
PARTIAL SHIPMENT	43P:	ALLOWED
TRANSSHIPMENT	43T:	NOT ALLOWED
PORT OF LOADING/ AIRPORT OF DEPARTURE	44E:	SHANGHAI
PORT OF DISCHARGE	44F:	OSAKA
LATEST DATE OF SHIPMENT	44C:	100228
DESCRIPTION OF GOODS AND/OR SERVICES.	45A:	CIF OSAKA SOCKS
CHARGES	71B:	ALL BANKING CHARGES OUTSIDE JAPAN ARE FOR ACCOUNT OF BENEFICIARY.
PERIOD FOR PRESENTATION	48 :	DOCUMENTS MUST BE PRESENTED WITHIN 15 DAYS AFTER THE DATE OF SHIPMENT BUT WITHIN THE EXPIRY DATE.
CONFIRMATION INSTRUCTION	49 :	WITHOUT
REIMBURSING BANK	53A:	PNBPUS33PHL FIRST UNION NATIONAL BANK, PHILADELPHIA PHILADELPHIA, PA, US

INSTRUCTION TO PAY-ING/ACCEPTING /NEGO-TIATING BANK	78 :	NEGOTIATING BANK SHOULD FORWARD THE DOCUMENTS DIRECT TO SUMITOMO MITSUI BANKING CORPORATION, INT'L BUSINESS OPERATIONS DEPARTMENT. (KITAHAMA) 8-13, 1-CHOME, KORAIBASHI CHUO-KU OSAKA 5110013, JAPAN BY COURIER SERVICE IN ONE LOT. IN REIMBURSEMENT, NEGOTIATING BANK SHOULD SEND THE ORIGINAL LETTER TO REIMBURSING BANK, FIRST UNION NATIONAL BANK, PHILADELPHIA, PENN., U. S. A. WE CHARGE USD50.00 FOR EACH DOCUMENT FOUND NOT IN COMPLIANCE WITH LC TERMS WHETHER OR NOT WE TAKE UP THE SAME AT OUR SOLE DISCRETION. PLEASE DEDUCT THE CHARGE FROM YOUR REIMBURSEMENT CLAIM, DESPITE ANY OTHER TERMS HEREOF TO THE CONTRARY IF ANY. THE CHARGE NOT THUS DEDUCTED WILL BE BILLED TO YOU.

MT 701		ISSUE OF A DOCUMENTARY CREDIT
SENDER		SUMITOMO MITSUI BANKING CORPORATION, OSAKA JP
RECEIVER		CHINA MERCHANTS BANK, HANGZHOU BRANCH
SEQUENCE OF TOTAL	27 :	2/2
DOC. CREDIT NUMBER	20 :	517-211-900975
DOCUMENTS REQUIRED	46B:	+SIGNED COMMERCIAL INVOICE IN 2 COPIES. +PACKING LIST IN 2 COPIES. +2/3 SET OF CLEAN ON BOARD OCEAN BILLS OF LADING MADE OUT TO ORDER OF SHIPPER AND BLANK ENDORSED, MARKED FREIGHT PREPAID AND NOTIFY APPLICANT. +FULL SET (2/2) OF INSURANCE POLICY OR CERTIFICATE, ENDORSED IN BLANK FOR 110 PER CENT OF THE CIF INVOICE VALUE. INSURANCE MUST INCLUDE INSTITUTE CARGO CLAUSE (ALL RISKS), INSTITUTE WAR CLAUSES, INSTITUTE STRIKES, RIOTS AND CIVIL COMMOTIONS CLAUSES. CLAIMS PAYABLE IN JAPAN IN CURRENCY OF DRAFT(S). +BENEFICIARY'S CERTIFICATE IN ONE ORIGINAL COPY STATING THAT BENEFICIARY HAS SENT ONE NON-NEGOTIABLE SHIPPING DOCUMENTS AND 1/3 ORIGINAL B/L BY EMS TO THE APPLICANT AFTER SHIPMENT.
ADDITIONAL CONDITION	47B:	+T/T REIMBURSEMENT PROHIBITED.

2. 信用证修改(1)

MT 707		AMENDMENT TO A DOCUMENTARY CREDIT
SENDER		SUMITOMO MITSUI BANKING CORPORATION, OSAKA JP
RECEIVER		CHINA MERCHANTS BANK, HANGZHOU BRANCH
SENDER'S REFERENCE	20：	517-211-900975
RECEIVER'S REFERENCE	21：	NON
DATE OF ISSUE	31C：	091228
DATE OF AMENDMENT	30：	100111
NUMBER OF AMENDMENT	26E：	01
BENEFICIARY (BEFORE THIS AMENDMENT)	59：	ZHEJIANG YONGXING IMPORT AND EXPORT CO., LTD. 32 GAOJI STREET, HANGZHOU, CHINA
INCREASE OF DOC. CREDIT AMOUNT	32B：	USD56219.49
NEW DOC. CREDIT AMOUNT AFTER AMENDMENT	34B：	USD146651.49
PORT OF DISCHARGE	44F：	JAPANESE PORT
NARRATIVE	79：	TRADE TERMS SHOULD BE CHANGED TO CIF JAPANESE PORT INSTEAD OF CIF OSAKA.

3. 信用证修改(2)

MT 707		AMENDMENT TO A DOCUMENTARY CREDIT
SENDER		SUMITOMO MITSUI BANKING CORPORATION, OSAKA JP
RECEIVER		CHINA MERCHANTS BANK, HANGZHOU BRANCH
SENDER'S REFERENCE	20：	517-211-900975
RECEIVER'S REFERENCE	21：	NON
DATE OF ISSUE	31C：	091228
DATE OF AMENDMENT	30：	100118
NUMBER OF AMENDMENT	26E：	02
BENEFICIARY (BEFORE THIS AMENDMENT)	59：	ZHEJIANG YONGXING IMPORT AND EXPORT CO., LTD. 32 GAOJI STREET, HANGZHOU, CHINA
NEW DATE OF EXPIRY	31E：	100411
INCREASE OF DOC. CREDIT AMOUNT	32B：	USD32978.02
NEW DOC. CREDIT AMOUNT AFTER AMENDMENT	34B：	USD179629.51
LATEST DATE OF SHIP-MENT	44C：	100328

4. 商业发票

<table>
<tr><td colspan="6" align="center">**ZHEJIANG YONGXING IMPORT AND EXPORT CO. , LTD.**
32 GAOJI STREET, HANGZHOU, CHINA
COMMERCIAL INVOICE</td></tr>
<tr><td colspan="3">To: LIKA CO. , LTD.
32-35 KITAKYUHOJ-CHI, 8-CHOME, CHUO-KU, OSAKA, 541-0057, JAPAN</td><td colspan="3">Invoice No. : 88YX100129

Invoice Date: MAR. 18, 2010

S/C No. : YX20090908

S/C Date: DEC. 15, 2009</td></tr>
<tr><td colspan="3">From: SHANGHAI</td><td colspan="3">To: OSAKA</td></tr>
<tr><td colspan="3">L/C No. : 517-211-900975</td><td colspan="3">Issued By: SUMITOMO MITSUI BANKING CORPORATION, OSAKA JP</td></tr>
<tr><td>Marks and Numbers</td><td>Number and kind of package Description of goods</td><td>Quantity</td><td>Unit Price</td><td colspan="2">Amount</td></tr>
<tr><td>LIKA
88YX100129
OSAKA
C/NO. : 1-190</td><td>SOCKS
T-161C
T-164D
T-191B
PACKED IN 190CTNS ONLY.</td><td>
12000PAIRS
2000PAIRS
24000PAIRS</td><td>
USD0. 415/PAIRS
USD0. 428/PAIRS
USD0. 392/PAIRS</td><td colspan="2">
USD2490. 00
USD856. 00
USD9408. 00</td></tr>
<tr><td colspan="2" align="right">TOTAL:</td><td>38000PAIRS</td><td></td><td colspan="2">USD12754. 00</td></tr>
<tr><td>SAY TOTAL:</td><td colspan="5">U. S. DOLLARS TWELVE THOUSAND SEVEN HUNDRED FIFTY FOUR ONLY.</td></tr>
<tr><td colspan="6" align="center">
ZHEJIANG YONGXING IMPORT AND EXPORT CO. , LTD.
陈永兴</td></tr>
</table>

5. 装箱单

ZHEJIANG YONGXING IMPORT AND EXPORT CO., LTD.

32 GAOJI STREET, HANGZHOU, CHINA

PACKING LIST

To: LIKA CO., LTD. 32-35 KITAKYUHOJ-CHI, 8-CHOME, CHUO-KU, OSAKA, 541-0057, JAPAN		Invoice No.:	88YX100129			
		Invoice Date:	MAR. 18, 2010			
		S/C No.:	YX20090908			
		S/C Date:	DEC. 15, 2009			
From: SHANGHAI		To: OSAKA				
L/C No.: 517-211-900975		Issued By: SUMITOMO MITSUI BANKING CORPORATION, OSAKA JP				
Marks and Numbers	Number and kind of package Description of goods	Quantity	Package	G. W	N. W	Meas.
LIKA 88YX100129 OSAKA C/NO.:1-190	SOCKS T-161C T-164D T-191B	12000PAIRS 2000PAIRS 24000PAIRS	60CTNS 10CTNS 120CTNS	540KGS 90KGS 960KGS	390KGS 65KGS 720KGS	3.606M³ 0.602M³ 7.106M³
	TOTAL:	38000PAIRS	190CTNS	1590KGS	1175KGS	11.314M³
SAY TOTAL: ONE HUNDRED NINETY CARTONS ONLY.						

6. 汇票

BILL OF EXCHANGE

凭 Drawn Under	SUMITOMO MITSUI BANKING CORPORATION, OSAKA, JAPAN		不可撤销信用证 Irrevocable L/C No.		517-211-90097				
日期 Date	MAR. 26, 2010	支取 Payable With interest	@	%	按		息		付款
号码 No.	88YX100129	汇票金额 Exchange for	USD12754.00	HANGZHOU					
见票 at	30 DAYS AFTER B/L DATE	日后（本汇票之副本未付）付交 sight of this FIRST of Exchange(Second of Exchange Being							
unpaid) Pay to the order of		CHINA MERCHANTS BANK, HANGZHOU BRANCH							
金额 the sum of		U. S. DOLLARS TWELVE THOUSAND SEVEN HUNDRED FIFTY FOUR ONLY.							
此致 To	SUMITOMO MITSUI BANKING CORPORATION, OSAKA, JAPAN	ZHEJIANG YONGXING IMPORT AND EXPORT CO., LTD. 陈永兴							

7. 海运提单

Shipper	B/L No.	HASOSAYTD3470943

Shipper	
ZHEJIANG YONGXING IMPORT AND EXPORT CO., LTD. 32 GAOJI STREET, HANGZHOU, CHINA	

SINOTRANS

中国外运广东公司

SINOTRANS GUANGDONG COMPANY

OCEAN BILL OF LADING

Consignee or order
LIKA CO., LTD. 32-35 KITAKYUHOJ-CHI, 8-CHOME, CHUO-KU, OSAKA, 541-0057, JAPAN

Notify address
LIKA CO., LTD. 32-35 KITAKYUHOJ-CHI, 8-CHOME, CHUO-KU, OSAKA, 541-0057, JAPAN

SHIPPED on board in apparent good order and condition (unless otherwise indicated) the goods or packages specified herein and to be discharged at the mentioned port of discharge or as near thereto as the vessel may safely get and be always afloat.

The weight, measure, marks and numbers, quality, contents and value, being particulars furnished by the Shipper, are not checked by the Carrier on loading.

The Shipper, Consignee and the Holder of this Bill of Lading hereby expressly accept and agree to all printed, written or stamped provisions, exceptions and conditions of this Bill of Lading, including those on the back hereof.

IN WITNESS whereof the number of original Bills of Lading stated below have been signed, one of which being accomplished the other(s) to be void.

Pre-carriage by	Port of loading
	SHANHAI, CHINA
Vessel	Port of transshipment
HONNIS V. 007E	
Port of discharge	Final destination
OSAKA, JAPAN	

Container. seal No. or marks and Nos.	Number and kind of package	Description of goods	Gross weight (kgs.)	Measurement (m³)
LIKA 88YX100129 OSAKA C/NO.: 1-190	190CTNS CFS/CFS LCL FREIGHT COLLECT	SOCKS ON BOARD 柯燕燕 23 MAR. 2010	1590KGS	11.314CBM

Total No. of Containers or Packages (in words)	ONE HUNDRED NINETY CARTONS ONLY.

Freight and charges	Regarding transshipment information please contact

Ex. rate	Prepaid at	Freight payable at	Place and date of issue
			SHANGHAI, 23 MAR. 2010
	Total prepaid	Number of original Bs/L	Signed for or on behalf of the Master
		THREE(3)	中国外运广东公司 SINOTRANS GUANGDONG COMPANY 柯燕燕 AS CARRIER

注:背面空白。

8.保险单

PICC 中国人民保险公司

The People's Insurance Company of China

总公司设于北京　一九四九年创立

Head Office Beijing　Established in 1949

货物运输保险单
CARGO TRANSPORTATION INSURANCE POLICY

ORIGINAL

发票号(INVOICE NO.)　88YX100129	保单号次
合同号(CONTRACT NO.)　YX20090908	POLICY NO.　PYCA201022011801058732
信用证号(L/C NO.)　517-211-900975	

被保险人:INSURED:　ZHEJIANG YONGXING IMPORT AND EXPORT CO., LTD.

中国人民保险股份公司(以下简称本公司)根据被保险人的要求,由被保险人向本公司缴付约定的保险费,按照本保险单承保险别和背面所载条款与下列特款承保下述货物运输保险,特立本保险单。

THIS POLICY OF INSURANCE WITNESSES THAT THE PEOPLE'S INSURANCE COMPANY OF CHINA (HEREINAFTER CALLED "THE COMPANY") AT THE REQUEST OF THE INSURED AND IN CONSIDERATION OF THE AGREED PREMIUM PAID TO THE COMPANY BY THE INSURED, UNDERTAKES TO INSURE THE UNDERMENTIONED GOODS IN TRANSPORTATION SUBJECT TO THE CONDITIONS OF THIS OF THIS POLICY AS PER THE CLAUSES PRINTED OVERLEAF AND OTHER SPECIAL CLAUSES ATTACHED HEREON.

标记 MARKS&NOS	包装及数量 QUANTITY	保险货物项目 DESCRIPTION OF GOODS	保险金额 AMOUNT INSURED
AS PER INVOICE NO. 88YX100129	190CTNS	SOCKS	USD14029.40

总保险金额
TOTAL AMOUNT INSURED:U.S. DOLLARS TWELVE THOUSAND EIGHT HUNDRED SIXTY SIX ONLY

保费: PERMIUM:AS ARRANGED	启运日期 DATE OF COMMENCEMENT:AS PER B/L	装载运输工具: PER CONVEYANCE:HONNIS V.007E
自 FROM:SHANGHAI	经 VIA　＊＊＊	至 TO　OSAKA

承保险别:

CONDITIONS:

COVERING ALL RISKS INCL. W/W AS PER OMCC. & OMCWRC 1/1/1981 OF THE PICC(CIC).

所保货物,如发生保险单项下可能引起索赔的损失或损坏,应立即通知本公司下述代理人查勘。如有索赔,应向本公司提交保单正本(本保险单共有2份正本)及有关文件。如一份正本已用于索赔,其余正本自动失效。

IN THE EVENT OF LOSS OR DAMAGE WITCH MAY RESULT IN A CLAIM UNDER THIS POLICY, IMMEDIATE NOTICE MUST BE GIVEN TO THE COMPANY'S AGENT AS MENTIONED HEREUNDER. CLAIMS, IF ANY, ONE OF THE ORIGINAL POLICY WHICH HAS BEEN ISSUED IN TWO ORIGINAL(S) TOGETHER WITH THE RELEVANT DOCUMENTS SHALL BE SURRENDERED TO THE COMPANY. IF ONE OF THE ORIGINAL POLICY HAS BEEN ACCOMPLISHED. THE OTHERS TO BE VOID.

中国人民保险公司杭州分公司
The People's Insurance Company of China, Hangzhou Branch

柴元春

赔款偿付地点
CLAIM PAYABLE AT　OSAKA IN USD

出单日期
ISSUING DATE　2010.03.24

(Authorized Signature)

注:背面空白。

9. 受益人证明

BENEFICIARY'S CERTIFICATE

DATE: MAR. 25, 2010

TO: WHOM IT MAY CONCERN:

RE: INVOICE NO. 88YX100128

WE HEREBY CERTIFY THAT ONE NON-NEGOTIABLE SHIPPING DOCUMENTS AND 1/3 O-RIGINAL B/L HAVE BEEN SENT TO LIKA CO., LTD. BY EMS AFTER SHIPMENT.

ZHEJIANG YONGXING IMPORT AND EXPORT CO., LTD.

陈永兴

10. 交单联系单

第一联　交寄单行（一）

招商银行杭州市分行
客户交单联系单

致：招商银行杭州市分行

兹随附下列信用证项下出口单据一套，请按国际商会第 600 号出版物《跟单信用证统一惯例》办理寄单索汇。

开证行：SUMITOMO MITSUI BANKING CORPORATION, OSAKA JP	信用证号：517-211-900975
通知行：CHINA MERCHANTS BANK, HANGZHOU BRANCH	通知行编号：AD0128100000780
最迟装期：100411	
汇票付款期限：AT 30 DAYS AFTER B/L DATE	交单期限：15 天
发票编号：88YX100129	汇票金额：USD12754.00
效期：090807	发票金额：USD12754.00

| 单据 | 名称 | 汇票 | 海关发票 | 海运提单正本 | 海运提单副本 | 航空运单 | 货物收据 | 保险单 | 装箱单/重量单 | 数量/质量证/重量证 | 产地证 | GSP FORM A | 检验/分析证 | 受益人证明 | 船公司证明 | 电抄 | 装运通知 |
| | 份数 | 2 | 3 | 1 | 1 | | | | 2/2 | 2 | | | | 1 | | | |

委办事项：打"×"者

☒附信用证及修改书共 4 页。

☐单据中有下列不符点：

☐请向开证行寄单，我公司承担一切责任。
☐寄单方式：☒特快专递　☐航空挂号
核销单编号：33865803
联系电话：0512009870
公司联系人：田传　　　联系电话：05120098070

☐请电提不符点，待开证行证实后再寄单。
☐索汇方式：☐电索　☐信索　（☐特快专递　☐航空挂号）

公司签章：浙江永信进出口有限公司

银行接单日期：	寄单日期：
汇票/发票金额：	BP No：
银行费用	通知/保兑：	银行经办：
	议/承/付：	
	修改费：	
	邮费：	
	电传：	银行复核：
	小计：	
费用由		承担

银行审单记录：

退单记录：

任务 1　审核结汇单据

招商银行杭州市分行国际业务部职员应永根据信用证 517-211-900975、UCP600 和 ISBP,审核浙江永信进出口有限公司提交的全套结汇单据,列出不符点。

任务 2　处理不符点

招商银行杭州市分行国际业务部职员应永对审出的单据不符点作出妥善处理。

实训项目 7-2　关于数量增减和证明类单据签字的不符点处理

　　山东利方进出口有限公司对意大利 CARA 公司出口 100 公吨货物,单价为 1000 美元/公吨,总金额为 10 万美元,收到的 SWIFT 信用证规定有效期为 2010 年 6 月 2 日,不允许分批装运,没有规定禁止数量增减,交单地为中国银行山东省分行,没有规定交单期,最迟装运日期为 2010 年 5 月 12 日。由于各种原因,山东利方进出口有限公司在 5 月 10 日只装运了 98 公吨货物。山东利方进出口有限公司在规定的交单期内向中国银行山东省分行交单,汇票金额为 9.8 万美元。5 月 25 日,中国银行山东省分行收到开证行的拒付电,不符点如下:(1)数量与信用证不符;(2)受益人证明缺少受益人盖章签字。请问开证行的拒付理由是否成立? 作为中国银行山东省分行国际业务部的职员,该如何处理这个问题?

实训项目 7-3 关于发票、提单和保险单的不符点处理

广东历程进出口有限公司以 CIF 术语向日本 SK 商社出口一批货物,日本东京银行开来的 SWIFT 信用证中规定:"发票一式两份;全套清洁已装船提单注明'运费预付',做成空白指示和空白背书,通知开证申请人;保险单一式两份,根据 CIC 投保一切险和战争险。本信用证受 UCP600 约束。"神太进出口公司在信用证规定的装运期限内将货物装运,并于交单期内向议付行交单议付,议付行中国建设银行广东省分行随即向日本东京银行寄单索偿。日本东京银行收到单据后回电表示拒绝付款,其理由是单证有下列不符点:(1)发票上没有受益人的签字;(2)正本提单背面没有进行背书;(3)保险单上的保险金额与发票金额相等,投保金额不足。试分析日本东京银行提出的拒付理由是否成立,并说明理由。

学习情境八

托收业务操作

8

📑 学习目标

[能力目标]

能以委托人（出口商）的身份根据合同制作跟单托收申请书和跟单汇票；能以托收行的身份根据跟单托收申请书制作跟单托收指示；能以代收行的身份根据跟单托收指示制作进口代收单据通知书、制作 MT400 或 MT412 报文。

[知识目标]

掌握各种跟单托收方式的操作流程，熟悉托收概念、MT400 和 MT412 报文内容、URC522 相关规定，了解托收风险及其防范、托收业务的资金融通。

📑 工作项目

2010 年 4 月 20 日，浙江万蒂进出口有限公司与美国 Kevin Trading Inc. 签订了一份盖被的出口销售合同，双方决定采用托收方式付款。合同内容如下：

SALES CONFIRMATION

NO. WD/20100097

Date：Apr. 20,2010

The Sellers：Zhejiang Wandi Import and Export Co. , Ltd.

39 Gucui Road，Hangzhou, China

The Buyers：Kevin Trading Inc.

No. 1 Cat Rd. , NJ08817, U. S. A.

This Contract is made by and between the Buyer and Seller，whereby the Buyer agrees to buy and the Seller agrees to sell the under-mentioned commodity according to the terms and conditions stipulated below：

1. Commodity & specification	2. Quantity	3. Unit price	4. Amount
20pc comforter set Fabric：100% polyester		CFR New York, U. S. A.	
Queen	399sets	USD25. 00/set	USD9975. 00
King	390sets	USD28. 00/set	USD10920. 00
TOTAL	789sets		USD20895. 00
Total Contract Value：Say U. S. Dollars Twenty Thousand Eight Hundred And Ninety Five Only.			

5. **Packing**：Packed in 3 sets/carton.

6. **Port of Loading and Destination**：From Shanghai, China to New York, U. S. A.

7. **Time of Shipment** ：Not later than June 30, 2010.

8. **Insurance**：covered by the buyer.

9. **Terms of Payment** ：D/P at sight. All banking charges are borne by the Seller.

   Collecting Bank：HSBC Bank, U. S. A.

   2 Handon Place 14th Floor Brooklyn, NY 11217, U. S. A.

   A/C No. B8902983932

10. **Documents**：

＋Signed Invoice in quadruplicate.

＋Full set of clean on board ocean Bill of Lading marked "freight prepaid" made out to order of issuing bank blank endorsed notifying the applicant.

＋Packing List in quadruplicate.

＋Certificate of Origin in duplicate

＋Shipping advice showing the name of the carrying vessel, date of shipment, marks, quantity, net weight and gross weight of the shipment to applicant within 1 day after the date of Bill of Lading

11. **Other Terms**：Omitted.

In witness thereof, this S/C is signed by both parties in two original copies, each party holds one copy.

THE SELLERS：　　　　　　　　　THE BUYERS：

　　Zhejiang Wandi Import and Export Co., Ltd.　　　　　Kevin Trading Inc.

　　　　　　　郑万蒂　　　　　　　　　　　　　　　　**KEVIN SMITH**

任务 1 　委托人制作跟单托收申请书和托收汇票,办理托收申请

2010 年 6 月 13 日,浙江万蒂进出口有限公司按照合同的要求装运了货物。6 月 17 日,外贸单证员刘常根据发票和合同制作托收汇票,其中发票号码为 2010WD0039;然后制作跟单托收申请书,携合同规定的全套单据到中国农业银行浙江省分行办理托收手续。

任务 2 　托收行制作跟单托收指示,办理托收

6 月 17 日,中国农业银行浙江省分行国际业务部职员蔡艺根据浙江万蒂进出口有限公司递交的全套单据和跟单托收申请书,审单无误后,制作跟单托收指示,办理托收。

任务 3 　代收行制作进口代收单据通知书、MT400 或 MT412 报文,办理代收

6 月 24 日,汇丰银行国际业务部职员 Jackson 根据中国农业银行浙江省分行的跟单托收指示制作进口代收单据通知书。6 月 25 日,Kevin Trading Inc. 付款后,Jackson 把全套单据交给 Kevin Trading Inc. ,然后制作 MT400,发给中国农业银行浙江省分行。

☞ 操作示范

任务1　委托人制作跟单托收申请书和托收汇票,办理托收申请

第一步:浙江万蒂进出口有限公司外贸单证员刘常根据发票和合同制作托收汇票。

(1)汇票号码:填写发票号码 2010WD0039。

(2)大、小写金额:根据合同,小写金额是 USD20895.00,大写金额 U. S. DOLLARS TWENTY THOUSAND EIGHT HUNDRED AND NINETY FIVE ONLY。

(3)出票地点、时间:出票地点为 HANGZHOU,时间一般为托收办理日,即 JUN. 17,2010。

(4)付款期限:在 AT 和 SIGHT 之间打上"＊＊＊"。

(5)收款人:可以是出票人或托收行或代收行,实务中以托收行为收款人最常见。本业务填写 AGRICULTURAL BANK OF CHINA, ZHEJIANG BRANCH。

(6)对价条款:填写 789 SETS OF COMFORTER。

(7)出票条款:DRAWN UNDER 后填写 DOCUMENTS AGAINST PAYMENT 或 D/P,以及合同号码和日期 WD/20100097,APR. 20,2010。

(8)付款人:填写进口商名称和地址 Kevin Trading Inc. ,No. 1 Cat Rd. , NJ08817,U. S. A. 。

(9)出票人名称:出口商盖章并签名。

制作好的托收汇票如下:

BILL OF EXCHANGE

No. _____2010WD0039_____

For _____USD20895.00_____ 　　　　HANGZHOU，JUN. 17，2010_____

　　　(amount in figure) 　　　　　　　(place and date of issue)

At _____＊＊＊_____ sight of this FIRST Bill of exchange (SECOND being unpaid)

pay to ___AGRICULTURAL BANK OF CHINA, ZHEJIANG BRANCH___ or order the sum of

U. S. DOLLARS TWENTY THOUSAND EIGHT HUNDRED AND NINETY FIVE ONLY.

　　　　　　　　　(amount in words)

Value received for _____789SETS_____ of _____COMFORTER_____

　　　　　(quantity) 　　　　　　　　(name of commodity)

Drawn under _____DOCUMENTS AGAINST PAYMEN_____

S/C No. ___WD/20100097___ dated ___APR. 20,2010___

To：　KEVIN TRADING INC. 　　　For and on behalf of

　　NO. 1 CAT RD. , NJ08817，U. S. A.　　ZHEJIANG WANDI IMPORT AND EXPORT CO. , LTD.

　　　　　　　　　　　　　　　　　　郑万蒂

　　　　　　　　　　　　　　　　　(Signature)

第二步:浙江万蒂进出口有限公司外贸单证员刘常根据合同和全套单据制作如下跟单托收指示。

其中,Principal 填写出口商名称和地址,Drawee 填写进口商名称和地址。

中国农业银行

Agricultural Bank of China

Documentary Collection Instruction

Office：Agricultural Bank of China，Zhejiang Branch

Address：30 Qingchun，Hangzhou，China

Date：JUN. 17，2010．

We enclose the following draft(s)/documents as specified hereunder which please collect in accordance with the instructions indicated herein. This collection is subject to URC522.	To：Collecting Bank (Full name & address) HSBC BANK, U. S. A. 2 HANDON PLACE 14TH FLOOR BROOKLYN, NY 11217，U. S. A.
Principal (Full name & address) ZHEJIANG WANDI IMPORT AND EXPORT CO.，LTD. 39 GUCUI ROAD, HANGZHOU, CHINA	Drawee (Full name & address) KEVIN TRADING INC. NO. 1 CAT RD.，NJ08817，U. S. A.
Tenor：AT SIGHT	Draft/Invoice No. ：2010WD0039	Amount：USD20895. 00

DOCUMENTS：

Draft	Com. Inv.	Packing List	B/L	N/N B/L	Awb	C/O	Ins. Pol.	Insp. Cert.	Cert.	Shipping Advice
2	4	4	3/3			2				1

Special Instructions (marked "×")

☒ Please deliver documents against ☒ payment at sight/☐payment after _____ sight/☐acceptance.

☒ All your charges are to be borne by☐ the drawee/☒us.

☐ In case of a time bill，please advise us of acceptance giving maturity date.

☒ In case of dishonor，please do not protest but advise us of non-payment/ non-acceptance giving reasons.

☐ Please instruct the Collecting Bank to deliver documents only upon receipt of all their banking charges.

Disposal of proceeds upon collection

联系人：刘常　　　　电话：0571-89090987

浙江万蒂进出口有限公司

郑万蒂

AUTHORIZED SIGNATURE(S)

然后携跟单托收申请书、合同、全套单据到中国农业银行浙江省分行办理托收手续。

任务2　托收行制作托收指示，办理托收

中国农业银行浙江省分行国际业务部职员蔡艺根据浙江万蒂进出口有限公司递交的全套单据和跟单托收申请书，审单无误后，制作如下托收指示，办理托收。

中国农业银行
Agricultural Bank of China
Documentary Collection Instruction

Office：Agricultural Bank of China，Zhejiang Branch

Address：30 Qingchun，Hangzhou，China

SWIFT：ABOCCNBJ110

Date：JUN. 17，2010.

Dear Sirs，	Please always quoted our Ref. No.	111OC00135

We enclose the following draft(s)/documents which please collect in accordance with the instructions indicated herein.

To：Collecting Bank

HSBC BANK，U. S. A.

Principal (Full name & address)	Drawee (Full name & address)
ZHEJIANG WANDI IMPORT AND EXPORT CO.，LTD. 39 GUCUI ROAD，HANGZHOU，CHINA	KEVIN TRADING INC. NO. 1 CAT RD.，NJ08817，U. S. A.

Draft/Invoice No.	Tenor/ Due Date	Amount	Charges	Total Amount
2010WD0039	AT SIGHT	USD20895.00	/	USD20895.00

The relative documents are disposed as follows：

Draft	Com. Inv.	Packing List	B/L	N/N B/L	Awb	C/O	Ins. Pol.	Insp. Cert.	Cert.	Shipping Advice
2	4	4	3/3			2				1

Special Instructions (marked "×")

☒ Please deliver documents against ☒payment at sight/☐payment after _____ sight/☐acceptance.

☒ All your charges are to be borne by☐ the drawee/☒us.

☐ In case of a time bill，please advise us of acceptance giving maturity date.

☒ In case of dishonor，please do not protest but advise us of non-payment/ non-acceptance giving reasons.

☒

Please remit the proceeds to Wachovia Bank N. A. New York (SWIFT：PNBPUS3NNYC) for credit to Agricultural Bank of China，Zhejiang Branch (SWIFT：ABOCCNBJ110)，quoting our OC No. under your advice to us.

This collection is subject to Uniform Rules for Collections，1995 revision，ICC Publication No. 522	For：Agricultural Bank of China Zhejiang Branch 朱金昌

任务3 代收行制作进口代收单据通知书、MT400 或 MT412 报文,办理代收

第一步: 汇丰银行国际业务部职员 Jackson 根据中国农业银行浙江省分行的托收指示制作如下进口代收单据通知书。

INWARD DOCUMENTS FOR COLLECTION

To: KEVIN TRADING INC.

Date   JUN. 24, 2010

Documents received as follows, please examine.   Ref.   356IC0095

Drawee (Full name & address) KEVIN TRADING INC. NO. 1 CAT RD., NJ08817, U.S.A.	Remitting Bank AGRICULTURAL BANK OF CHINA, ZHEJIANG BRANCH
Principal (Full name & address) ZHEJIANG WANDI IMPORT AND EXPORT CO., LTD. 39 GUCUI ROAD, HANGZHOU, CHINA	Amount USD20895.00
Contract No. WD/20100097	Tenor AT SIGHT
Invoice No. 2010WD0039	Due on

Doc.	Draft	Com. Inv.	Packing List	B/L	N/N B/L	AWB	C/O	Ins. Pol.	Insp. Cert.	Cert.	Shipping Advice
	2	4	4	3/3			2				1

☒ Documents against payment

☐ Documents against acceptance

☒ Please process for payment/acceptance or dishonor within 3 working days.

☐ Our banking charges are for your account.

☐ Banking charges outside our bank are for your account.

☐

For   HSBC BANK, U.S.A.

第二步:Kevin Trading Inc. 付款后,**Jackson** 把全套单据交给 **Kevin Trading Inc.**,然后制作 **MT400**(项目内容见表 8-1),发给中国农业银行浙江省分行。

1. 20:Sending Bank's TRN

本项目是代收行编制的发报行编号,本业务是 356IC0095。

2. 21:Related Reference

本项目是有关业务编号,一般是托收行的业务参考号。本业务是 111OC00135。

3. 32K:Date, Currency, Amount Collected

本项目是代收金额。当项目代号为"32A"时,表示到期日已经确定,如 32A:100809GBP30000.00,即表示代收金额 30000.00 英镑,到期日为 2010 年 8 月 9 日;当项目

代号为"32B"时,表示还无法确定到期日,如 32B:EUR8790.00;当项目代号为"32K"时,表示到期日在某一段时期后,如 32K:D090STUSD90000.00,即表示代收金额为 90000.00,到期日为见票后 60 天。其中 D 表示天,M 表示月;ST 表示见票后,BE 表示开出汇票后,CC 表示在货物清关后,FD 表示在货物经食品、药物检验后,FP 表示在第一次提示后,GA 表示货物到达后,ID 表示发票日期后,TD 表示签发运输单据后,×× 表示见项目 72 的说明。

本业务选择栏目代号 32K,内容为 D000STUSD20895.00。

4.33A:Date,Currency,Proceeds Remitted

本栏目列明汇出款项的起息日、货币和金额。该金额通常为项目"32a"中的金额加上项目"73"中的金额,减去项目"71B"中的金额。

本业务因为要扣除本行的费用 15 美元,本栏目填写 100625USD20880.00。

5.53A:Sender's Correspondent

本栏目是发报行的代理行,发报行通过该银行向托收行支付托收款项。

本业务中托收行的代理行 Wachovia Bank N. A. New York 也是代收行的代理行,因此本项目填写:PNBPUS3NNYC /Wachovia Bank N. A. New York。

6.54A:Receiver's Correspondent

本栏目是收报行的代理行。本业务填写:PNBPUS3NNYC /Wachovia Bank N. A. New York。

7.58A:Beneficiary Bank

本项目是收款行,列明收报行的分行,即托收行。

本业务填写 ABOCCNBJ110/ Agricultural Bank Of China, Zhejiang Branch。

8.71B:Details of Charges

本项目是费用明细,列明已从代收金额(见项目"32a")中扣除的费用。该项目只有在该费用货币与托收金额一致时使用。如果不一致,报文将使用项目"72"列明这些费用。可能会出现以下代码:AGENT 表示代理商佣金,TELECHAR 表示电讯费用,COMM 表示我行费用,CORCOM 表示我代理行费用,DISC 表示商业折扣,INSUR 表示保险费,POST 表示邮费,STAMP 表示印花税,WAREHOUS 表示码头费及仓储费。

本业务填写 COMMUSD15.00。

制作好的 MT400 报文如下:

MT400   ADVICE OF PAYMENT
20 :Sending Bank's TRN
356IC0095
21 :Related Reference
111OC00135
32K :Date,Currency,Amount Collected
D000STUSD20895.00
33A :Date,Currency,Proceeds Remitted
100625USD20895.00
53A :Sender's Correspondent
PNBPUS3NNYC
Wachovia Bank N. A. New York

54A :	Receiver's Correspondent
	PNBPUS3NNYC
	Wachovia Bank N. A. New York
58A :	Beneficiary Bank
	ABOCCNBJ110
	Agricultural Bank Of China，Zhejiang Branch
71B :	Details of Charges
	COMMUSD15. 00

▷ 知识链接

一、托收的含义和基本当事人

1.托收的含义

托收(Collection)是出口商委托其所在地银行通过进口地银行向进口商收取货款的结算方式。在托收中,银行只提供结算服务,出口商能否安全收汇取决于进口商的信用,因而汇款业务的信用基础也是商业信用。

国际商会《托收统一规则》(URC522)对托收下的定义是:托收是指银行根据托收委托的指示,将所收到的金融单据和商业单据向进口商(付款人)提示,以取得付款或承兑或其他条件交付单据的一种结算方式。

2.托收的基本当事人

托收方式中通常包括委托人、托收行、代收行和付款人等四个当事人。除此之外,有时还会涉及提示行和需要时代理两个当事人。

(1)委托人(Principal)。是指委托银行办理托收业务的一方,通常是出口商。

(2)托收行(Remitting Bank)。是指受委托人委托办理托收的出口地银行。

(3)代收行(Collecting Bank)。是指接受委托银行的委托,向付款人(进口商)收取货款的银行,代收行通常是进口商所在地银行。

(4)付款人(Drawee)。指承担付款责任的人,通常是进口商。

(5)提示行(Presenting Bank)。当付款人在指定代收行没有开立账户时,代收行就委托一家与收款人有账户关系银行向收款人提示汇票和/或单据并收取款项,该银行叫提示行。

(6)需要时的代理(Case-of-Need)。如果发生拒付的情况,委托人就可能需要有一个代理人为其办理在货物运出目的港时所有有关货物存仓、保险、重新议价、转售或运回等事宜。这个代理人必须由委托人在托收委托书中写明,叫需要时的代理。

二、托收的种类

在 URC522 中,国际商会把"单据"分为资金单据(Financial Documents)和商业单据(Commercial Documents)。资金单据是指汇票、本票、支票或其他类似用于获取付款的单据。商业单据是指发票、运输单据、货权单据或其他类似单据,或其他一切非金融单据。在此基础上,国际商会将托收分为光票托收和跟单托收。

1.光票托收(Clean Collection)

光票托收是指不附有商业单据,仅有金融单据的托收。在实际业务中,用于光票托收的金融单据有银行汇票、本票、个人支票和商业汇票等。因为不涉及货权及商业单据,其业务的处理较为简单,银行根据票据的付款条件收款。光票托收一般用于收取货款尾数、代垫费用、佣金、样品费等从属费用。

2.跟单托收(Documentary Collection)

跟单托收是指附有商业票据的托收。跟单托收可以带有金融单据托收,也可不带有金融单据托收(主要是欧洲部分国家为逃避使用汇票带来的印花税,而要求即期托收不开汇票)。国际贸易中货款的托收大多采用跟单托收,因此本书中没有特别说明时,托收就是指跟单托收。根据交单条件的不同,跟单托收可分为付款交单、承兑交单和凭其他条件交单三种:

(1)付款交单(Delivered Documents against Payment,D/P)。付款交单是指代收行必须在进口商付款之后方能将单据交予进口商的方式。

付款交单根据付款时间的不同又可分为即期付款交单和远期付款交单:

①即期付款交单(D/P at Sight)时,代收行向进口商提示汇票和单据,只要单据合格,进口商必须立即付款,并取得单据。

②远期付款交单(D/P at ××× Days After Sight)时,代收行向进口商提示远期汇票和单据,进口商审核单据无误后立即在汇票上承兑,然后等到汇票到期日再向银行付款赎单。

(2)承兑交单(Delivered Documents against Acceptance,D/A)。承兑交单是指代收行向进口商提示汇票和单据,进口商在汇票上承兑后即可取得全套单据用于提货,付款人在汇票到期时再履行付款义务的一种托收方式。

(3)凭其他条件交单(Deliver Documents on Other Terms and Conditions)。在实践中,也有凭第三者担保交单,如凭代收行或其他银行担保,代收行就可以交单给进口商。

由于出口商能否安全收汇取决于进口商的信用,因而托收业务的信用基础也是商业信用。在承兑交单中,进口商只要承兑了汇票即可得到单据,至于付款则要等到期后才进行。在实务中,有一些进口商通过承兑取货后,可能面临破产或无力支付贷款,或无理拒付,延迟付款,出口商将承担较大的风险。另外,在某些国家把远期付款交单按承兑交单处理,国际商会不鼓励采用这种交单方式。所以,在托收业务操作中,对出口商最理想的是即期付款交单。

三、各种跟单托收的业务流程

1.即期付款交单的业务流程(见图8-1)

①委托人向托收行提出托收申请,并提交跟单汇票和有关单据。

②托收行向代收行寄托收指示和汇票、单据。

③代收行向付款人提示汇票要求付款。

④付款人付款。

⑤代收行把单据交付款人。

⑥代收行向托收行汇交收妥的货款。

⑦托收行贷记委托人账户。

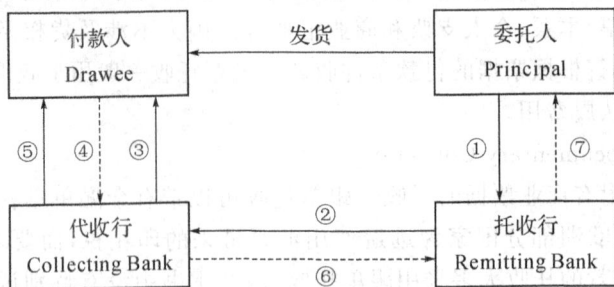

图 8-1 即期付款交单业务流程图

2.远期付款交单的业务流程(见图 8-2)

①委托人向托收行提出托收申请,并提交跟单远期汇票和有关单据。

②托收行向代收行寄托收指示和汇票、单据。

③代收行向付款人提示汇票要求承兑。

④付款人在远期汇票上承兑。

⑤付款人在汇票到期后付款。

⑥代收行把单据交付款人。

⑦代收行向托收行汇交收妥的货款。

⑧托收行贷记委托人账户。

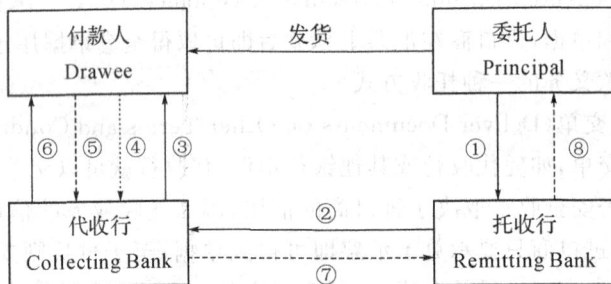

图 8-2 远期付款交单流程图

3.承兑交单方式的业务流程(见图 8-3)

①委托人向托收行提出托收申请,并提交跟单远期汇票和有关单据。

②托收行向代收行寄托收指示和汇票、单据。

③代收行向付款人提示汇票要求承兑。

④付款人在远期汇票上承兑。

⑤代收行把单据交付款人。

⑥付款人在汇票到期后付款。

⑦代收行向托收行汇交收妥的货款。

⑧托收行贷记委托人账户。

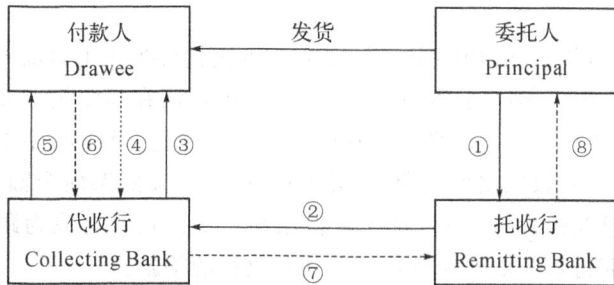

图 8-3 承兑交单流程图

四、托收风险及其防范

1.托收风险

从信用角度看,托收是出口商凭进口商的信用收款,属于商业信用。不同的托收种类其风险和损失的程度是不同的。

从跟单托收看,承兑交单风险最大,因为承兑交单对于出口商来说在收到货款之前已经失去了对货物所有权的控制,将完全要依靠进口商的信用来收取货款了。即期付款交单风险较小,因为即期付款交单条件下,只要进口商未付款,物权凭证仍掌握在代收行手中,仍属于出口商所有。但是,这并不等于没有风险损失。如果进口商不来付款赎单,则出口商将要产生以下损失:出口商的卖方贷款利息(如果有);双程运输费用(如果将货物运回本国处理);在进口国港口存仓、保险、支付代理人的费用(如果货物寻求当地处理)以及货物临时处理而带来的价格损失、银行费用等。远期付款交单在某些国家或地区是按照承兑交单处理,因此风险如同承兑交单。

托收风险主要来源于以下三方面:

(1)市场风险。出口商在跟单托收中,可能承担如下风险:发货后进口地的货价下跌,进口商不愿付款赎单或承兑取单,就借口货物规格不符,或包装不良等原因而要求减价。

(2)进口国环境变化的风险。因政治或经济原因,进口国家改变进口政策,进口商没有领到进口许可证,或是申请不到进口所需的外汇,以致货物抵达进口地而无法进口,或不能付款。

(3)进口商经营能力的风险。进口商因破产或倒闭而无力支付货款等。

2.托收风险的防范

(1)了解进口国有关政策规定。这些政策与托收业务关系交密切的主要是进口国家的银行(代收行)是否做远期付款交单业务以及如何处理这类业务的;进口国海关方面在进口手续、港口管理等方面的有关规定;进口国外汇管制方面的有关规定。

(2)加强对进口商的调查。包括进口商的资信情况、经营规模等。

五、托收业务中的资金融通

在托收结算方式下,银行对出口商、进口商可以采取以下几种方式进行资金融通。

1. 托收出口押汇

托收出口押汇(Collection Bills Purchased)是指托收行买入出口商开立的跟单汇票及/或装运单据。出口押汇也称议付(Negotiation)。当出口商在提示汇票及/或单据委托银行办理托收时,可以要求托收行叙做押汇。托收行如认为这笔交易的销售情况良好,进出口商的资信都很可靠,即可叙做托收出口押汇,买入跟单汇票,按照票面金额扣减从付款日到估计收到票款日的利息及银行手续费,将净款付给出口商。托收行成为跟单汇票的持票人。等代收行收到进口商付款并汇回托收行以归还托收行的垫款。

由于托收出口押汇是凭进出口商的资信,特别是进口商的商业信用好坏而确定是否给予资金融通的,银行负担的风险很大,它将原来由出口商承担的风险转移到托收行,因此托收行要考虑到货物是否畅销,进口商是否会拒付,拒付后能否向出口商追索垫款等问题,故鉴于托收出口押汇风险大、利率高,一般银行都不愿做。

2. 贷款

托收项下贷款(Advance Against Collection)相当于部分货款作押汇,但与押汇有不同。出口商在流动资金不足的情况下可以要求托收行发放少于托收金额的贷款,待其到期时还贷。

3. 使用融通汇票贴现融资

使用融通汇票贴现融资(Acommodation Bills for Discount)有以下两种情况。

(1)对出口商的融资。带有质押的融通汇票适用于对出口商的融资。出口商可事先与托收银行或其他银行订立承兑信用额度协议(Acceptance Credit Agreement),货物出运后,出口商开出一张远期融通汇票,以订立协议的银行(一般为托收行)作为受票人,以出口商作为出票人和收款人,金额略低于托收汇票,期限略长于托收汇票,并以托收跟单汇票作为融通汇票的质押品,一起交给托收行。托收行在融通汇票上承兑后,送交贴现公司贴现,出口商立即得到托收行的净款融资。托收行将跟单汇票寄代收行,收取货款汇交托收行后,托收行向贴现公司付融通汇票到期日应付的票款。

(2)对进口商的融资。不带质押融通汇票适用于对进口商的融资。进口商可事先与代收行或其他银行订立承兑信用额度协议,当进口商收到代收行的通知书要求其付款时,他可开出一张远期融通汇票,以订立协议的银行(一般为代收行)作为受票人,以进口商为出票人和收款人,要求代收行承兑后,送交贴现公司贴现。进口商立即得到净款用来支付给代收行。待融通汇票到期日,进口商把提取进口货物销售取得的货款用来归还融通汇票到期的票款。

4. 信托收据

信托收据(Trust Receipt,T/R)是进口人借单时提供的一种书面信用担保文件,愿以代收行的受托人身份提货、报关、存仓、保险、出售,并承认货物所有权仍属银行,货物售出后所得到的货款,应于汇票到期时交银行,此为代收行自己向进口人提供的信用便利,与出口人无关。银行对进口商的资金融通允许进口商在付款前开立信托收据交给代收行,凭以借出货运单据先行提货,以便出售货物。待售出货物后,用货款偿还代收行,换回信托收据。这种做法是 D/P 托收的变通,又称为"远期付款交单·凭信托收据借单"(D/P at ×× days after sight to issue trust receipt in exchange for documents,D/P·T/R)。

凭信托收据提取的货物其产权仍属银行,进口商处于代为保管货物的地位,称为被信托人(Trustee)或代保管人(Bailee)。他的义务是:

（1）将信托收据项下货物和其他货物分开保管。

（2）售得的货款应交付银行，或暂代银行保管，但在账目上须与自有资金分别开来。

（3）不得把该项下的货物抵押给他人。

代收银行则是信托人（Truster），他的权利是：

（1）可以随时取消信托，收回借出的商品。

（2）如商品已被出售，可随时向进口商收回货款。

（3）如进口商倒闭清理，对该项下的货物或货款有优先债权。

如果出口商主动提出"凭信托收据借货"以对进口商融通资金，并在托收指示上写明"付款交单"、"凭信托收据借单"（D/P · T/R）字样，代收行可以按照托收指示中的交单条件办理，但一切后果应由出口商负责。如果出口商未曾主动提出，而是代收银行同意进口商的"凭信托收据借单"要求的话，则一切后果应由代收行负责。

六、《跟单托收统一规则》的主要规定

（1）凡在托收指示书中注明按 URC522 操作，除非另有明示同意，或与一国、一州或地方所不得违反的法律条例的规定相抵触，URC522 规则对所有当事人都具有约束力。

（2）银行将本着诚信的原则、尽合理的谨慎态度来办理业务。

（3）银行必须确定它所收到的单据与托收指示中所列内容表面相符，如果发现任何单据有短缺或非托收指示所列，银行必须以电讯方式（如电讯不可能时，以其他快捷的方式），通知发出指示的一方，不得延误。银行对此没有其他更多的责任。

（4）未经银行事先同意，货物不得直接发送到该银行地址，或者以该行作为收货人或者以该行为抬头人。

（5）如果托收包含有远期付款的汇票，则其指示不应要求付款才交付商业单据。

（6）跟单托收时，只有在托收指示有特别授权的情况下，才能接受部分付款。然而，除非另有指示，提示行只能在全部货款已收妥后才能将单据交付款人，并对由此引起的延迟交单所产生的后果不承担责任。

（7）如果委托人指定一名代表作为拒绝付款及/或拒绝承兑时的代理人，托收指示中应清楚、详尽地指明该代理人的权限。如无此项指示，银行对需要时的代理人的指示可以不受理。

（8）银行对单据的有效性免责。

（9）银行对单据延误、在传送中的丢失以及对翻译的免责。

（10）提示行（代收行）应毫无延误地将拒绝付款及/或拒绝承兑的通知发送给向其发出托收指示的银行。收到该通知后，托收行必须就进一步处理单据发出适当的指示。如在发出拒绝付款及/或拒绝承兑通知后 60 天内，提示行未收到该项指示，可将单据退回向其发出托收指示的银行，而提示行方面不承担任何其他责任。

七、MT400 和 MT412

在跟单托收业务操作中，银行用得最多的是 MT400 和 MT412，因此下面重点介绍这两

种 SWIFT 报文的情况。

1. MT400

MT103 的报文名称是付款通知（Advice of Payment），包括的项目情况如表 8-1，表中 M 是指 Manddatory Field（必选项目），O 是指 Optional Field（可选项目）。在拟写报文时，必选项目必须要写，可选项目视实际情况而定。

表 8-1　MT400　Advice of Payment

M/O	Tag 项目编号	Field Name 项目名称	解　释
M	20	Sending Bank's TRN	发报行的编号
M	21	Related Reference	有关业务编号
M	32a	Amount Collected	代收金额
M	33A	Proceeds Remitted	汇出金额
O	52a	Ordering Bank	代收行。如果代收行不是发报行，而是发报行的分行时，报文使用该项目列明代收行名
O	53a	Sender's Correspondent	发报行的代理行
O	54a	Receiver's Correspondent	收报行的代理行
O	57a	Account With Bank	账户行。如果收报行将在项目"54a"列明的银行以外的银行收到项目"33A"中列明的款项，只有在这种情况下，报文使用该项目
O	58a	Beneficiary Bank	收款行
O	71B	Details of Charges（Deductions）	费用明细
O	72	Sender to Receiver Information	附言。该栏目可能出现的代码：/BNF/表示下列附言给收费行，/REC/表示下列附言给收报行，/TELEBEN/表示请用快捷的有效电讯方式通知收款行，/PHONBEN/表示请用电话通知收款行（后跟电话号码），/ALCHAREF/表示付款人拒付所有费用，/OUCHAREF/表示付款人拒付我方费用，/UCHAREF/表示付款人拒付你方费用
O	73	Details of Amount Added	附加金额明细。该项目可能出现的代码：/INTEREST/表示代收金额的利息，/RETCOMM/表示代收行支付的手续费，/YOURCHAR/表示托收行委托代收收取的费用

2. MT412

MT412 的报文名称是承兑通知（Advice of Acceptance），当进口商对远期汇票承兑后，代收行给托收行发 MT412，通知承兑情况。MT412 包括的项目情况如表 8-2。

表 8-2　MT412　**Advice of Acceptance**

M/O	Tag 项目编号	Field Name 项目名称	解　释
M	20	Sending Bank's TRN	发报行的编号
M	21	Related Reference	有关业务编号
M	32A	Maturity Date，Currency Code，Amount Accepted	已承兑托收款项的到期日、货币和金额
O	72	Sender to Receiver Information	附言。该栏目可能出现的代码:/BNF/表示下列附言给收费行,/REC/表示下列附言给收报行,/ALCHAREF/表示付款人拒付所有费用,/DOMICIL/表示该托收业务已由×××银行处理,/HOLDING/表示已承兑汇票现由我们保管,到期将根据你行要求提示并要求付款,/OUCHAREF/表示付款人拒付我方费用,/SENDING/表示承兑汇票已航邮你行,/UCHAREF/表示付款人拒付你方费用

项目"20"、项目"21"和项目"32A"在并笔时可循环重复使用,最多不能超过十次。

实训项目

实训项目 8-1　承兑交单业务操作

2010 年 6 月 3 日,山东力山有限公司(Shandong Lishan Co.，Ltd.)与西班牙 DLH Nordik A/S 就出口汽车灯泡签订如下出口合同。

Shandong Lishan Co.，Ltd.

No.18 Yuhai Road，Qingdao，China

S/C No.：20100197 　　　　　　　　　　　　　　　　　　　Date：Jun.3，2010

SALES CONTRACT

TO：DLH Nordik A/S

Adva，trabajadores，28 46098 Horno De Alcedo，Valencia，Spain

Dear sirs，

We hereby confirm having sold to you the following goods on terms and conditions as specified below：

1. Commodity & Specification	2. Quantity	3. Unit Price	4. Amount
Automobile Bulbs Art. No. P09	12000pcs	FOB Qingdao USD1.80/ pc	USD21600.00
Total	12000pcs		USD21600.00
Total Contract Value：U.S. DOLLARS TWENTY ONE THOUSAND SIX HUNDRED ONLY.			

5. Packing：packed in 48pieces/carton.

6. Marks：DLH/20100197/VALENCIA/C-NO.：1-UP.

7. **Shipment**: Shipped from Qingdao, China to Valencia, Spain not later than Aug. 31, 2010; Partial shipment is prohited and transshipment is allowed.

8. **Payment**: D/A at 60 days after sight. All banking charges outside China are borne by the Buyer.

   Collecting Bank: Banco Vizcaya Argentaria

   Centro De Empresas, Pintor Sorolia, 1 46002 Valencia, Spain.

9. **Documents**:

   ＋Signed Invoice in triplicate.

   ＋Full set of clean on board ocean Bill of Lading marked "freight prepaid" made out to order blank endorsed notifying the applicant.

   ＋Packing List in triplicate.

   ＋GSP Certificate of Origin Form A certified by authorized organization.

THE BUYER:	THE SELLER:
DLH Nordik A/S	Shandong Lishan Co., Ltd.
JACK	谈健

任务 1　委托人制作跟单托收申请书和托收汇票，办理托收申请

2010 年 8 月 1 日，山东力山有限公司按照合同要求装运了货物。8 月 5 日，外贸单证员林丽根据发票和合同制作托收汇票，其中发票号码为 LS1000101，海运提单 3 份正本和 1 份副本；然后制作跟单托收申请书，携合同规定的全套单据到中国银行山东省分行办理托收手续。

1. 托收汇票

BILL OF EXCHANGE

No. _____

For _____   _____

      (amount in figure)   (place and date of issue)

At _____ sight of this FIRST Bill of exchange (SECOND being unpaid)

pay to _____ or order the sum of

_____

           (amount in words)

Value received for _____ of _____

        (quantity)   (name of commodity)

Drawn under _____

S/C No. _____ dated _____

To: For and on behalf of

                                   _____

                                     (Signature)

2. 跟单托收申请书

中国银行
Bank of China
Documentary Collection Instruction

Office：Bank of China，Shandong Branch

Address：37 6 Xianggang Zhong Lu，Qingdao 266071，Shandong Prov.，China   Date：_____.

We enclose the following draft(s)/documents as specified hereunder which please collect in accordance with the instructions indicated herein. This collection is subject to URC522.	To：Collecting Bank（Full name & address）
Principal（Full name & address）	Drawee（Full name & address）

Tenor：	Draft/Invoice No.：	Amount：

DOCUMENTS：

Draft	Com. Inv.	Packing List	B/L	N/N B/L	Awb	C/O	GSP Form A	Insp. Cert.	Cert.	

Special Instructions（marked "×"）

☐ Please deliver documents against ☐payment at sight/☐payment after _____ sight/☐acceptance.

☐ All your charges are to be borne by☐ the drawee/☐us.

☐ In case of a time bill，please advise us of acceptance giving maturity date.

☐ In case of dishonor，please do not protest but advise us of non-payment/ non-acceptance giving reasons.

☐ Please instruct the Collecting Bank to deliver documents only upon receipt of all their banking charges.

Disposal of proceeds upon collection

联系人：   电话：0532-46097032

AUTHORIZED SIGNATURE(S)

任务 2 托收行制作跟单托收指示，办理托收

2010 年 8 月 5 日，中国银行山东省分行国际业务部职员毛芳芳根据山东力山有限公司递交的全套单据和跟单托收申请书，审单无误后，制作跟单托收指示，办理托收。中国银行山东省分行与代收行 Banco Vizcaya Argentaria 共同的代理行是中国银行纽约分行（SWIFT No. BKCHUS33）。

中国银行

Bank of China

Documentary Collection Instruction

Office: Bank of China, Shandong Branch

Address: 37 6 Xianggang Zhong Lu, Qingdao 266071, Shandong Prov., China   Date: _____.

SWIFT: BKCHCNBJ500

	Please always quo-ted our Ref. No.	66OC00790
Dear Sirs,		

We enclose the following draft (s)/documents which please collect in accordance with the instructions indicated herein.	To: Collecting Bank
Principal (Full name & address)	Drawee (Full name & address)

Draft/Invoice No.	Tenor/ Due Date	Amount	Charges	Total Amount

The relative documents are disposed as follows:

Draft	Com. Inv.	Packing List	B/L	N/N B/L	Awb	C/O	Ins. Pol.	Insp. Cert.	Cert.	Shipping Advice

Special Instructions (marked "×")

☐ Please deliver documents against ☐payment at sight/☐payment after _____ sight/☐acceptance.

☐ All your charges are to be borne by☐ the drawee/☐us.

☐ In case of a time bill, please advise us of acceptance giving maturity date.

☐ In case of dishonor, please do not protest but advise us of non-payment/ non-acceptance giving reasons.

☐

This collection is subject to Uniform Rules for Collections, 1995 revision, ICC Publication No. 522	For: Bank of China Shandong Branch 刘大方

任务 3　代收行制作进口代收单据通知书、MT400 或 MT412 报文,办理代收

　　(1)8 月 6 日,代收行 Banco Vizcaya Argentaria 国际业务部职员 Lima 根据中国银行山东省分行的跟单托收指示制作进口代收单据通知书,向 DLH Nordik A/S 提示承兑。

INWARD DOCUMENTS FOR COLLECTION

To：

Documents received as follows，please examine.

Date _____

Ref. ___IC008877___

Drawee (Full name & address)	Remitting Bank
Principal (Full name & address)	Amount
Contract No.	Tenor
Invoice No.	Due on

Doc.	Draft	Com. Inv.	Packing List	B/L N/N B/L	AWB	C/O	Ins. Pol.	Insp. Cert.	Cert.	Shipping Advice

☐ Documents against payment

☐ Documents against acceptance

☐ Please process for payment/acceptance or dishonor within 3 working days.

☐ Our banking charges are for your account.

☐ Banking charges outside our bank are for your account.

☐

For　Banco Vizcaya Argentaria

___J. K. BLACK___

(2)8 月 9 日,DLH Nordik A/S 在出口商的汇票正面作以下承兑。

(3)8 月 9 日,DLH Nordik A/S 承兑后,Lima 把全套单据交给 DLH Nordik A/S,然后制作如下 MT412,发给中国银行山东省分行。

```
┌─────────────────────────────────────────────────────────────────┐
│              MT400    ADVICE OF PAYMENT                            │
│  20    :Sending Bank's TRN                                        │
│                                                                   │
│  21    :Related Reference                                         │
│                                                                   │
│  32A  :Maturity Date，Currency Code，Amount Accepted              │
│                                                                   │
│  72  ： Sender to Receiver Information                            │
│                                                                   │
└─────────────────────────────────────────────────────────────────┘
```

4.DLH Nordik A/S 到期付款后，Lima 制作如下 MT412，发给中国银行山东省分行。

```
┌─────────────────────────────────────────────────────────────────┐
│              MT400    ADVICE OF PAYMENT                           │
│  20    ：  Sending Bank's TRN                                     │
│                                                                   │
│  21    ：  Related Reference                                      │
│                                                                   │
│  32K  ：  Date，Currency，Amount Collected                        │
│                                                                   │
│  33A  ：  Date，Currency，Proceeds Remitted                       │
│                                                                   │
│  53A  ：  Sender's Correspondent                                  │
│                                                                   │
│                                                                   │
│  54A  ：  Receiver's Correspondent                                │
│                                                                   │
│                                                                   │
│  58A  ：  Beneficiary Bank                                        │
│                                                                   │
└─────────────────────────────────────────────────────────────────┘
```

9

学习情境九
银行保函业务操作

☞ 学习目标

[能力目标]

作为银行保函申请人,能根据对外合同填制开立银行保函申请书并办理申请开立银行保函;作为担保行,能根据开立银行保函申请书,制作银行保函和办理银行保函的受理、履约和注销操作;作为银行保函受益人,能读懂银行保函条款。

[知识目标]

掌握银行保函的含义、当事人和业务流程,熟悉银行保函的种类、MT760 报文的内容,了解银行保函与跟单信用证的异同点。

☞ 工作项目

2010 年 3 月 29 日,福建镕木进出口有限公司与加拿大 LK Chamit Inc. 签订了一份防弹轮胎(Bullet Proofing Tires)的销售合同,具体内容如下:

SALES CONTRACT

No. RM100027

Date: Mar. 29, 2010

Signed in: Xuzhou, China

The Seller: Fujian Rongmu I/E Co., Ltd.

No. 22 Yan'an Rd., Fuzhou, China

The Buyer: LK Chamit Inc.

No. 876 Walk Rd., Vancouver, Canada

This Contract is made by and between the Buyer and the Seller, whereby the Buyer agrees to buy and the Seller agrees to sell the under-mentioned commodity according to the terms and conditions stipulated below:

1. Commodity & Specification	2. Quantity	3. Unit Price	4. Amount
Bullet Proofing Tires		CFR Vancouver, Canada	
Art. No. 205/55R16	2000pcs	EUR50.00/pc	EUR100000.00
Art. No. 205/60R15	2000pcs	EUR50.00/pc	EUR100000.00
Total	4000pcs		EUR200000.00
Total Contract Value：EURO DOLLARS TWO HUNDRED THOUSAND ONLY.			

5. **Packing**：8 pieces per wooden cases.

6. **Time of Shipment**：within 90 days after receiving the 30% of contract value by T/T In advance.

　　　　　　　　　　Transshipment is allowed and partial shipment is allowed.

7. **Port of Loading and Discharge**：From Xiamen, China to Vancouver, Canada.

8. **Insurance**：Covered by the Buyer.

9. **Terms of Payment**：30% of proceeds payable by T/T after the buyer received the advance payment guarantee issued by the seller's bank for 30% of proceeds, 70% of proceeds payable by T/T against the fax copy of B/L.

Seller's Accounting Bank：Bank of China, Fujian Branch

SWIFT CODE：BKCHCNBJ720

A/C NO：80020002700605302

Buyer's Accounting Bank：Bank of China (Canada), Vancouver Branch

SWIFT CODE：BKCHCATTVAN

A/C NO：80020009904890675

10. **Other Terms**：Omitted

This contract is made in two original copies and becomes valid after both parties' signature, one copy to be held by each party.

Signed by：

THE SELLER：　　　　　　　　　　　　　　**THE BUYER**：

　　Fujian Rongmu I/E Co., Ltd.　　　　　　　　　LK Chamit Inc.

　　　　朱红　　　　　　　　　　　　　　　　**JASON LEE**

任务1　申请人根据销售合同填制开立银行保函申请书，并办理申请开立银行保函

2010年3月30日，福建镕木进出口有限公司外贸单证员郑芳根据销售合同和以下信息填制开立银行保函申请书，并准备相关申请材料到开户行中国银行福建省分行申请开立银行保函。

(1)银行保函的开立方式为信开、直开。

(2)保函索偿条件：①受益人出具的申请人违约的书面索款书；②中国银行温哥华分行对受益人签字真实性的书面声明。

(3)保函的有效期：自申请人在担保行账户收到受益人60000欧元预付款之日起3个月内有效，在担保行向受益人兑付保函金额之日起失效。

(4)银行保函采用银行授信为反担保形式，申请的银行保函金额在授信额度内。

任务 2　担保行受理银行保函申请，并根据开立银行保函申请书制作银行保函

2010 年 3 月 31 日，中国银行福建省分行通过审核，同意福建镕木进出口有限公司开立银行保函申请。该行职员唐琴根据福建镕木进出口有限公司的开立银行保函申请书制作银行保函。

⇨ 操作示范

任务 1　申请人根据销售合同填制开立银行保函申请书，并办理申请开立银行保函。

第一步：根据销售合同填制开立银行保函申请书。

福建镕木进出口有限公司外贸单证员郑芳根据中国银行福建省分行提供的开立银行保函申请书的空白表格，按以下步骤填写：首先，列明合同签订日期、地点、号码、商品名称、数量、金额等销售合同基本信息；然后，填制银行保函的基本条款内容要求。

1. 申请人（英文名称、地址）

该栏目填写银行保函申请人的公司名称和地址。本业务填写 Fujian Rongmu I/E Co., Ltd., No. 22 Yan'an Rd., Fuzhou, China。

2. 受益人（英文名称、地址）

该栏目填写银行保函受益人的公司名称和地址。本业务填写 LK Chamit Inc., No. 876 Walk Rd., Vancouver, Canada。

3. 保函种类

该栏目填写银行保函的种类。本业务填写预付款保函。

4. 担保币种及保函金额（大写）

该栏目填写申请银行保函的币种及大写金额。根据销售合同的支付条款规定，保函金额为合同金额的 30%，因此本业务填写 EURO DOLLARS SIXTY THOUSAND ONLY。

5. 保函开立方式

该栏目填写保函的开立方式，包括电开和信开，以及直开和转开等方式。本业务选择信开和直开。

6. 保函传递方式

该栏目填写保函的传递方式，包括直交和传交，直交又分为担保行直接邮寄给受益人和通过申请人送达受益人。本业务选择担保行直接邮寄给受益人。

7. 保函索偿条件

该栏目填写保函索偿的条件，本业务填写：①受益人出具的申请人违约的书面索款书；②中国银行温哥华分行的受益人签字真实性的书面声明。

8. 保函的有效期

该栏目填写保函的有效期，本业务填写：自申请人担保账户收到受益人 EUR60000.00 预付款之日起 3 个月内有效，在担保行向受益人兑付保函金额之日起失效。

9.反担保措施

该栏目填写反担保措施,反担保措施包括银行授信、保证金、抵押、质押和信用反担保等五种形式。本业务选择银行授信,填写本次占用额度 EUR60000.00。

最后,福建镕木进出口有限公司盖章签名。制作好的开立对外保函申请书如下:

开立对外保函申请书

中国银行福建省分行:

我公司于<u>2010</u>年<u>3</u>月<u>29</u>日在<u>中国徐州</u>与<u>LK Chamit Inc.</u>公司签订了<u>防弹轮胎出口</u>合同(编号:<u>RM100027</u>),数量为<u>4000pcs</u>,总金额为<u>EUR200000.00</u>。根据该合同第<u>9</u>条约定,我公司需向对方提供一份由银行出具的保函。为此,特请求贵行为我公司出具保函。保函的基本条款是:

1. 申请人(英文名称、地址):<u>Fujian Rongmu I/E Co., Ltd.</u>
   <u>No. 22 Yan'an Rd., Fuzhou, China</u>
2. 受益人(英文名称、地址):<u>LK Chamit Inc.</u>
   <u>No. 876 Walk Rd., Vancouver, Canada</u>
3. 保函种类:<u>预付款保函</u>
4. 担保币种及保函金额(大写):<u>EURO DOLLARS SIXTY THOUSAND ONLY.</u>
5. 保函开立方式:□电开
   ☒信开
   ☒直开
   □转开,转开行名称 _____
6. 保函传递方式:☒直交　☒由贵行邮寄给受益人
   □由我公司送达受益人
   □转交,转递行名称 _____
7. 保函索偿条件:(1)受益人出具的申请人违约的书面索款书;
   (2)中国银行温哥华分行对受益人签字真实性的书面声明。
8. 保函的有效期:自申请人在担保行账户收到受益人 60000 欧元预付款之日起 3 个月内有效,或在担保行向受益人兑付保函金额之日起失效。 _____
9. 反担保措施:☒授信额度,本次占用额度 <u>EUR60000.00</u> ;
   □保证金,币种和金额 _____ ;
   □抵押,抵押物名称 _____ ;
   □质押,质押物名称 _____ ;
   □信用反担保,反担保人名称 _____ 。

作为保函申请人,我公司愿承担贵行因出具上述保函所产生的一切责任,并承诺如下:

一、在保函有效期内,如受益人按保函约定要求贵行履行担保义务对外偿付时,贵行无须事先征得我公司的同意即可对受益人付款,同时借记我公司在贵行开立的账户,或通知我公司,我公司在接到贵行付款通知书后立即偿付贵行的垫款及相关费用。

二、如我公司因故未能及时偿付上述款项,贵行可对本担保项下反担保方或抵押的财产主张权利,用以对外偿付或清偿贵行的垫款及相关费用。

三、贵行只处理单据或证明,对其所涉及的基础合同纠纷不负任何责任。贵行在处理单据或证明时,对其真伪及邮寄过程之延误、遗失不负任何责任。

申请人(公章)

福建镕木进出口有限公司

法定代表人　　　　　　　　　　　朱红

或授权代理人

2010 年 3 月30 日

第二步:办理申请开立银行保函手续。

外贸单证员郑芳携开立银行保函申请书、销售合同及其他相关申请材料到开户行中国银行福建省分行申请开立银行保函。

任务2 担保行受理银行保函申请,并根据开立银行保函申请书制作银行保函

第一步:担保行受理开立银行保函的申请。

银行开立保函后,在申请人不履约的情况下,要承担付款等合同责任。出于对自身利益的保护,银行在签发保函前,必须对申请人的资信情况、保函申请书及与担保有关的合约内容等进行审查。主要是审查申请人的资信情况和保函申请书的内容。中国银行福建省分行职员唐琴主要从以下几个方面进行审查:申请人的资信情况,特别是财务状况;申请书有关内容的填写是否正确;申请书的责任划分是否合理;申请人的偿付承诺是否肯定和清楚;抵押物品及反担保措施;担保项目的可行性;合同商品的市场行情和价格走势;所采取的结算工具和结算方式;等等。通过审核,同意江苏镕木有限公司开立银行保函的申请。

第二步:担保行根据开立银行保函申请书制作银行保函。

2010 年 3 月 31 日,中国银行福建省分行职员唐琴根据江苏镕木有限公司的开立银行保函申请书和销售合同制作银行保函。

1.银行保函的开立日期、号码

银行保函的开立日期为:Mar. 31, 2010。银行保函的号码系统自动生成为 20100091。

2.银行保函的受益人

根据开立银行保函申请书,填写 LK Chamit Inc., No. 876 Walk Rd., Vancouver, Canada。

3.银行保函对应合同的基本信息

We have been informed that Fujian Rongmu I/E Co., Ltd. (hereinafter called "the Principal") has entered into the contract No. RM100027 dated Mar. 29, 2010 with you, for the supply of Bullet Proofing Tires.

Furthermore, we understand that, according to the conditions of the contract, you are required to make an advance payment to the Principal of amount EUR60000.00, being 30% of the total price against an advance payment guarantee.

4.银行保函的金额、担保行的承诺及索偿条件

This being stated, we, Bank of China, Fujian Branch (address: No. 136 Wusi Road, Fuzhou, 350003, China), hereby irrevocably undertake to pay you, upon your first demand, any sum not exceeding EUR60000.00 (In words: EURO DOLLARS SIXTY THOUSAND ONLY.), upon our receipt of your duly signed demand for payment in writing stating that the Principal is in breach of his obligation(s) under the contract.

For the purpose of identification, your written request for payment has to be presented through Bank of China (Canada), Vancouver Branch, (SWIFT CODE: BKCHCATTVAN) confirming that the signatures thereon are legally binding upon you.

5.银行保函的生效

This Guarantee shall only become effective and operative once the above-mentioned advance payment is received by the Principal into their account No. 80020002700605302 held with us.

6. 银行保函的效期

This guarantee is valid until the 3rd month after the effective date of this guarantee. The guarantee shall automatically become null and void if your written request for payment together with a bank confirmation of your signatures is not in our possession at our above address on or before that date.

7. 银行保函适用的国际惯例

This Guarantee is subject to the Uniform Rules for Demand Guarantees, ICC Publication No. 758.

8. 银行保函的法律管辖

This Guarantee shall be governed by the law of China and all parties are hereto subject to the jurisdiction of the courts of China.

9. 银行保函的签署

对银行保函内容审核无误后，担保行盖章签字。制作好的银行保函如下：

LETTER OF GUARANTEE

To: LK Chamit Inc.　　　　　　　　　　　　　Date of Issue: Mar. 31, 2010

　　No. 876 Walk Rd. , Vancouver, Canada

Dear Sirs,

　　　　　　　　Re: Our Irrevocable Guarantee No. 20100091

We have been informed that Fujian Rongmu I/E Co. , Ltd. (hereinafter called "the Principal") has entered into the contract No. RM100027 dated Mar. 29, 2010 with you, for the supply of Bullet Proofing Tires.

Furthermore, we understand that, according to the conditions of the contract, you are required to make an advance payment to the Principal of amount EUR60000.00, being 30% of the total price against an advance payment guarantee.

This being stated, we, Bank of China, Fujian Branch (address: No. 136 Wusi Road, Fuzhou, 350003, China), hereby irrevocably undertake to pay you, upon your first demand, any sum not exceeding EUR60000.00 (In words: EURO DOLLARS SIXTY THOUSAND ONLY.), upon our receipt of your duly signed demand for payment in writing stating that the Principal is in breach of his obligation(s) under the contract.

For the purpose of identification, your written request for payment has to be presented through Bank of China (Canada), Vancouver Branch, (SWIFT CODE: BKCHCATTVAN) confirming that the signatures thereon are legally binding upon you.

This Guarantee shall only become effective and operative once the above-mentioned advance payment is received by the Principal into their account No. 80020002700605302 held with us.

This guarantee is valid until the 3rd month after the effective date of this guarantee. The guarantee shall automatically become null and void if your written request for payment together with a bank confirmation of your signatures is not in our possession at our above address on or before that date.

This Guarantee is subject to the Uniform Rules for Demand Guarantees, ICC Publication No. 758.

This Guarantee shall be governed by the law of China and all parties are hereto subject to the jurisdiction of the courts of China.

For and on Behalf of

BANK OF CHINA, FUJIAN BRANCH

刘鼎盛
_____
Authorized Signature(s)

⇨ **知识链接**

一、银行保函的概念

银行保函(Letter of Guarantee，L/G)是银行应申请人的要求，以自己的资信向受益人开立的担保文件，保证该申请人将正常履行合同项下的义务，若申请人未尽其义务或违约时，则由担保人向受益人承担付款或赔偿责任。为有别于其他金融机构所出的担保，由商业银行开立的保函又称为银行保函或保证书。

二、银行保函的当事人

(1)申请人(Applicant)或委托人(Principal)，即向担保行申请开立保函的人。

(2)受益人(Beneficiary)，即有权按保函规定出具索款通知或连同其他单据，向担保行索取款项或提出索赔的人。

(3)担保行(Guarantor Bank)，即接受申请人委托，向受益人出具保函的银行。

(4)通知行(Advising Bank)，又称转递行(Transmitting Bank)，即受担保行委托，将保函通知或转递给受益人的银行。通知行除了审核保函真伪并按要求将保函通知受益人外，不承担任何支付保函款项的责任。通常为受益人所在地的银行。

(5)转开行(Reissuing Bank)，即根据担保行的请求，向受益人开出保函的银行。通常是受益人所在地的银行。转开保函通常在受益人要求下而进行，其目的是将境外担保变为国内担保，一旦产生争议和纠纷，受益人可在国内向转开行索赔，不仅迅速，而且可利用本国法律进行仲裁。

(6)保兑行(Confirming Bank)，即应担保行的要求为保函加具保兑的银行，或称第二担保人。担保行和保兑行具有同等的付款责任。受益人无论向其中哪一个提出索赔，都必须履行其已承诺的付款义务。保兑行付款后，即可向担保行追偿。保兑行通常是受益人所在地的一家大银行。

(7)反担保人(Counter-Guarantor)，即因申请人要求，向担保行开出书面反担保的人。反担保人要保证申请人履行合同义务，并向担保行承诺，付款后及时对担保行进行补偿，或在申请人不能向担保行作出补偿时，负责向担保行赔偿损失。在我国，反担保人通常是申请人的上级主管部门、其他银行或非银行金融机构。

三、银行保函的业务流程

银行保函根据开立方式不同,分为直开银行保函业务和转开银行保函业务。

1.直开银行保函业务

直开银行保函业务是指担保行应申请人的请求,径直向受益人开立的保函,对受益人直接承担担保责任。直接担保是保函最基本的开立方式,它具有时间迅速和手续费低的优点。其业务流程(见图9-1)如下:

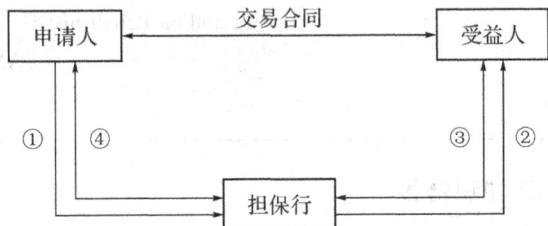

①申请人向担保行提出开立银行保函的申请。

②担保行出具银行保函给受益人。

③受益人在申请人违约时向担保行索偿,担保行偿付。

④担保行偿付后,向申请人索偿,申请人赔付。

图 9-1　直开银行保函业务流程图

2.转开银行保函业务

转开银行保函业务是指银行应申请人请求,以提供反担保方式来委托受益人所在地银行代其向受益人出具保函,并在申请人违约时,由后者向受益人承担付款责任。在转开银行保函业务中,与受益人构成担保合同关系的是转开行,而反担保行只是与担保行构成委托担保关系。如日后一旦发生申请人违约,或在受益人已完成某种合约义务而使其取得保函项下求索权时,受益人只能向转开行提起索赔,而无权越过转开行直接向反担保行要求索赔。反担保行只对转开行负责,而不向真正受益人承担任何直接责任。其业务流程(见图9-2)如下:

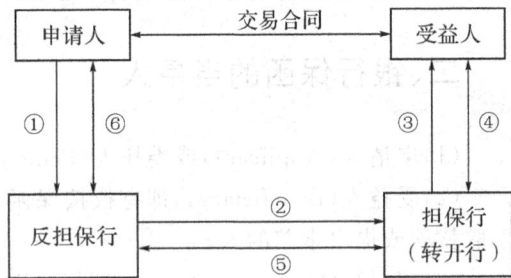

图 9-2　转开银行保函业务流程图

①申请人向反担保行提出开立银行保函的申请。

②反担保行开立保函委托指示/反担保函给其在受益人所在地的往来银行(担保行),并向其提供反担保。

③担保行出具银行保函给受益人。

④受益人在申请人违约时向担保行索偿,担保行偿付。

⑤担保行赔付后,向反担保行索偿,反担保行偿付。

⑥反担保行偿付后,向申请人索偿,申请人赔付。

四、银行保函的种类

银行保函按不同的贸易标的物和贸易方式主要分为以下几种类型。

1. 预付款保函

预付款保函(Advance Payment Guarantee)是担保银行应工程承包方或商品供货方的申请,向业主或买方出具的书面文件,保证承包方或供货方在业主或买方支付预付款后履行合同义务。预付款保函又称还款保函(Repayment Guarantee),在贸易合同中还可称为订金保函(Down Payment Guarantee)。

2. 付款保函

付款保函(Payment Guarantee)是担保行向国外出口商开立的,担保当货物到达时或经检验无误时,进口商一定付款,否则由担保行承担赔付责任的保函。付款保函的标的是合同项下的付款责任,目的是要保证出口商履行其付款责任。

3. 投标保函

投标保函(Tender Guarantee)是银行应投标人的申请向招标人发出的保证书,保证投标人在开标前不中途撤标或修改投标条件,中标后必定签约,否则由担保行负责赔偿招标人的损失。投标保函的目的是要保证投标人在中标后能忠实履行投标书上的各项规定。

4. 履约保函

履约保函(Performance Guarantee)是指银行应中标人的申请,向招标人开出的银行保函,保证中标人在签订合同后一定履行合同义务,否则由担保行赔付。保函金额一般为合同金额的 10%～15%。履约保函还可用于各类加工贸易、补偿贸易等业务。

5. 预留金保函

预留金保函(Retention Money Guarantee)是担保银行应工程承包方、供货方的申请而向业主或买方出具的、保证承包方、供货方在提前支取合同价款中的尾款部分后履行合同义务的书面文件。预留金保函也称为"留置金保函"、"尾款保函"等。

6. 补偿贸易保函

补偿贸易保函(Compensation Guarantee)是指在签订补偿贸易合同时,设备、技术的出口商常常要求进口商提供银行担保,保证进口方在收到与合同相符的设备、技术后,按合同规定将产品交付给原来的供应方或其指定的第三方,或用现汇偿付,否则由银行按保函金额加利息代为赔付。

7. 来料加工保函及来件装配保函

来料加工保函(Processing Guarantee)及来件装配保函(Assembly Guarantee)是指在来料加工或来件装配业务中,银行应进料方或进件方的申请,向供料方或供件方保证进料方或进件方在收到与合同相符的原料或元件(有时还包括加工或装配所需之小型设备及工具)后,将用该原料或元件加工或装配,并按合同规定将成品交付供料方或供件方,或由其指定的第三者,否则由担保行按保函金额加利息进行赔付。

8. 借款保函

借款保函(Loan Guarantee)是指在国际借贷活动时,银行应借款方的要求向贷款方出具的还款担保,保证借款人按规定按时还本付息,否则由担保行代借款人偿还借款,并支付利息。借款保函的金额仅限于本金和利息,不包括其他任何费用,但有些借款保函把因借款人违约,贷款人为追索贷款而发生的费用包括在保函金额内。

9. 租赁保函

租赁保函(Leasing Guarantee)是银行应承租人的要求,向出租人出具的一种银行保函,保证承租人按期向出租人支付租金,否则由担保行赔付。租赁保函的目的是担保租金的偿付。当承租人未能按租赁协议的规定按期支付租金时,出租人可以凭租赁保函要求担保银行代付拖欠的租金及产生的利息。租赁保函的金额一般为租金的全部数额,也有要求包括附加利息的情况发生,并根据承租人或担保银行的每一期支付而自动扣减。

10.关税保付保函

关税保付保函(Duty-Free Guarantee)是担保银行应进口商(含加工贸易企业)的申请而向海关出具的、保证进口商履行缴纳关税义务的书面文件。

五、银行保函与跟单信用证的比较

1.相似之处

(1)都是银行向受益人开出的有条件的支付承诺,都是用银行信用代替或补充商业信用,使受益人避免或减少因申请人不履约而遭受的损失。

(2)都是独立于基础合约的法律文件。

(3)银行的付款条件都是受益人提交的单据,且银行对单据的真伪和有效性不承担责任。

2.不同之处

(1)银行付款责任不同,在信用证业务中,开证行承担第一性付款责任,而银行保函的担保行可能承担第一性付款责任,也可能承担第二性付款责任。

(2)银行付款依据不同,在信用证业务中,开证行凭受益人递交的符合信用证条款的单据付款,在银行保函业务中,担保行凭受益人递交的违约声明和索赔书付款。

(3)使用范围不同,信用证主要用于国际贸易,而银行保函使用范围远大于信用证。

六、MT760

当担保行要用电开方式开立银行保函时,需使用 MT760 报文。MT760 的报文名称是保函(Guarantee),包括的项目情况见表 9-1。

表 9-1　MT760　Guarantee

M/O	Tag 项目编号	Field Name 项目名称	解　释
M	27	Sequence of Total	页序
M	20	Transaction Reference Number	发报行的编号。如果报文系开出保函,该项目则列明保函号码;如果报文系要求开立保函,该项目则列明该要求(即:该反担保)的编号
M	23	Further Idenfification	报文性质。该项目内容为以下某一代码,表示报文性质:ISSUE 表示报文系开出保函;REQUEST 表示报文系要求开立保函
O	30	Date	日期。如果报文系开出保函,该项目则列明保函开立日期;如果报文系要求开立保函,该项目则列明该要求日期;如果报文未用此项目,那么开立保函的日期或要求开立保函的日期即为报文发送日期

续表

M/O	Tag 项目编号	Field Name 项目名称	解　释
M	77C	Details of Guarantee	保函详细内容
O	72	Sender to Receiver Information	附言。可能出现的代码:/TELEBEN/表示请用快捷的有效电讯方式通知收款行,/PHONBEN/表示请用电话通知收款行(后跟电话号码),/BENCON/表示要求收报行答复该保函条款是否被受益人接受

实训项目

实训项目 9-1　尾款保函业务操作

2010 年 7 月 5 日,杭州幸福电子科技有限公司与印度的 KIL India Limited 签订如下数控冲床出口合同:

CONTRACT

Contract No.：10HHET0808　　　　　　　Date：Jul. 5，2010

　　　　　　　　　　　　　　　　Signed in：Hangzhou，China

The Buyer：KIL India Limited

Address：48 Faiz-e-edroos 288/289 Narsi Natha Street Mumbai India

The Seller：Hangzhou Happyness Electronic Technology Co.，Ltd.

Address：98 Xueyuan Street，Hangzhou，China.

This contract is made by and between the Buyer and the Seller，whereby the Buyer agrees to buy and the Seller agrees to sell the under-mentioned commodity according to the terms and conditions as stipulated below：

1. Commodity & Specification

Commodity & Specification	Quantity	Unit Price	Amount
Mate-3（GX-80B）AAA's Precision High Speed Automatic Press Mate-3 with Gripper Feeder GX-80B and Standard ACC. & Optional ACC	1 SET	FOB Shanghai，China USD200000.00/ SET	USD200000.00
Anex-30（GX-40B）AAA's Precision High Speed Automatic Press ANEX-30 with Gripper Feeder GX-40B and Standard ACC. & Optional ACC	1 SET	USD250000.00/ SET	USD250000.00
Total	2 SETS		USD450000.00

Total Value：U. S. DOLLARS FOUR HUNDRED FIFTY THOUSAND ONLY.

2. Country of Origin：China.

3. Time of Shipment：Before Aug. 30，2010，Transshipment and partial shipment are not allowed.

4. Port of Shipment：Shanghai，China

---

5. **Port of Destination**：Nhava Sheva，India

6. **Insurance**：Insurance shall be covered by the Buyer.

7. **Package**：Export standard packing suitable for sea transportation and well protected against dampness，moisture，shock，rust and rough handling. The Seller shall be liable for any damage to the goods on account of improper packing and for any rust damage attributable to inadequate or improper protective measures taken by the seller，and in such case or cases all expenses incurred in consequence thereof shall be borne by the Seller.

8. Shipping Mark：

10HHET0808

NHAVA SHEVA，INDIA

MADE IN CHINA

On the surface of each package，the package number，measurements，gross weight，net weight，the lifting positions warnings such as "THIS SIDE UP"，"HANDLE WITH CARE"，"KEEP AWAY FROM MOISTURE" and the following shipping mark shall be stenciled obviously in fadeless paint：

9. **Terms of Payment**：

1) The Buyer shall establish 100% irrevocable L/C at sight in favor of Hangzhou Happyness Electronic Technology Co.，Ltd.

2) The Seller shall submit Letter of Guarantee issued by authorized Chinese bank in favor of Buyer at the time of shipment. Letter of Guarantee shall cover 10% of contract amount being USD45000.00 and expired at 2 months after the time of shipment. Letter of Guarantee shall be returned to the Seller within one week after the completion of installation at Buyer's factory.

3) The Seller's Accounting Bank：Bank of China，Zhejiang Branch

Add：321 fengqi Road，Hangzhou 310006，Zhejiang Prov.，China

SWIFT No.：BKCH CN BJ 910

The Buyer's Accounting Bank：Ing Vysya Bank Limited

Add：Patel Chambers，Sandhrust Bridge，Opera House，Mumbai，India.

SWIFT No.：VYSAINBBOSB

10. **Other Terms**：**Omitted**

This contract is made in three original copies and becomes valid after three parties' signature，one copy to be held by each party.

The Buyer：KIL India Limited

Abdul Najeeb

The Seller：Hangzhou Happyness Electronic Technology Co.，Ltd.

孙幸福

任务 1 申请人根据销售合同填制开立银行保函申请书，并办理申请开立银行保函。

2010 年 8 月 16 日，杭州幸福电子科技有限公司根据出口合同要求装运货物后，外贸单证员屠彩根据销售合同和以下信息填制开立银行保函申请书，并准备相关申请材料到开户行中国银行浙江省分行申请开立银行保函。

(1)银行保函的开立方式为电开、直开；转递方式为转交。

（2）保函索偿条件：①受益人出具的申请人违约的书面索款书；②Ing Vysya Bank Limited 对受益人签字真实性的书面声明。

（3）银行保函采用保证金为反担保形式，保证金比例为银行保函金额的80%。

开立对外保函申请书

中国银行浙江省分行：

我公司于 ＿＿＿ 年 ＿＿ 月 ＿＿ 日在 ＿＿＿＿ 与 ＿＿＿＿＿ 公司签订了 ＿＿＿＿＿ 合同（编号：＿＿＿＿），数量为 ＿＿＿＿，总金额为 ＿＿＿＿。根据该合同第 ＿＿ 条约定，我公司需向对方提供一份由银行出具的保函。为此，特请求贵行为我公司出具保函。保函的基本条款是：

1. 申请人（英文名称、地址）：＿＿＿＿＿＿＿＿＿＿＿＿＿＿＿＿＿

＿＿＿＿＿＿＿＿＿＿＿＿＿＿＿＿＿

2. 受益人（英文名称、地址）：＿＿＿＿＿＿＿＿＿＿＿＿＿＿＿＿＿

＿＿＿＿＿＿＿＿＿＿＿＿＿＿＿＿＿

3. 保函种类：＿＿＿＿＿＿＿＿＿＿＿＿＿＿＿＿＿

4. 担保币种及保函金额（大写）：＿＿＿＿＿＿＿＿＿＿＿＿＿＿＿

5. 保函开立方式：□电开
　　　　　　　□信开
　　　　　　　□直开
　　　　　　　□转开，转开行名称＿＿＿＿＿＿＿＿＿＿＿

6. 保函传递方式：□直交　　□由贵行邮寄给受益人
　　　　　　　　　□由我公司送达受益人
　　　　　　　　□转交，转递行名称＿＿＿＿＿＿＿＿＿＿＿

7. 保函索偿条件：＿＿＿＿＿＿＿＿＿＿＿＿＿＿＿＿＿

＿＿＿＿＿＿＿＿＿＿＿＿＿＿＿＿＿

8. 保函的有效期：＿＿＿＿＿＿＿＿＿＿＿＿＿＿＿＿＿

9. 反担保措施：□授信额度，本次占用额度＿＿＿＿＿＿＿＿＿＿＿
　　　　　　□保证金，币种和金额＿＿＿＿＿＿＿＿＿＿＿
　　　　　　□抵押，抵押物名称＿＿＿＿＿＿＿＿＿＿＿
　　　　　　□质押，质押物名称＿＿＿＿＿＿＿＿＿＿＿
　　　　　　□信用反担保，反担保人名称＿＿＿＿＿＿＿＿＿＿＿

作为保函申请人，我公司愿承担贵行因出具上述保函所产生的一切责任，并承诺如下：

一、在保函有效期内，如受益人按保函约定要求贵行履行担保义务对外偿付时，贵行无须事先征得我公司的同意即可对受益人付款，同时借记我公司在贵行开立的账户，或通知我公司，我公司在接到贵行付款通知书后立即偿付贵行的垫款及相关费用。

二、如我公司因故未能及时偿付上述款项，贵行可对本担保项下反担保方或抵押的财产主张权利，用以对外偿付或清偿贵行的垫款及相关费用。

三、贵行只处理单据或证明，对其所涉及的基础合同纠纷不负任何责任。贵行在处理单据或证明时，对其真伪及邮寄过程之延误、遗失不负任何责任。

申请人（公章）

法定代表人
或授权代理人

＿＿＿＿年＿＿月＿＿日

任务 2　担保行受理银行保函申请,并根据开立银行保函申请书制作银行保函

2010 年 8 月 18 日,中国银行浙江省分行通过审核,同意杭州幸福电子科技有限公司开立银行保函的申请。该行职员范萍根据杭州幸福电子科技有限公司的开立银行保函申请书制作银行保函 MT760。其中银行保函的业务编号为 G20109060,要求收报行答复该保函条款是否被受益人接受。

	MT760 GUARANTEE
27	Sequence of Total
20	Transaction Reference Number
23	Further Idenfification
30	Date
77C	Details of Guarantee
72	Sender to Receiver Information

实训项目 9-2　履约保函业务操作

2010 年 4 月 12 日,浙江东南进出口有限公司与日本的 Japan RTA Corporation 签订数控多工位转塔式冲床的进口合同,其中支付条款为"卖方银行应在合同签订后 1 个月内向买方开出合同总额 10% 的银行履约保函,其效期是 1 年;买方应在收到银行履约保函后 15 天内通过其银行按合同金额 100% 开立即期信用证"。4 月 30 日,浙江东南进出口有限公司收到 Japan RTA Corporation 通过其银行开立的如下银行保函:

THE BANK OF TOKYO-MITSUBISHI UFJ, LTD.

7-1, Marunouchi 2-Chome, Chiyoda-ku, Tokyo 100-8388 Japan

L/G No. G-501-8976589

Date: Apr. 28, 2010

TO: Zhejiang Dongnan Import and Export Co., Ltd.

800 Tiyuchang Road, Hangzhou, China

Dear Sirs,

We hereby guarantee to pay you up to an aggregate amount of USD12800(Say U. S. DOLLARS Twelve Thousand Eight Hundred only)for account of Japan RTA Corporation, being 10% of Contract Amount as per Contract No. CE0897 dated Apr. 12, 2010 for the supply of one set Punch Press MOM-908.

TERMS AND CONDITIONS:

Payment under this Guarantee is available against your statement certifying that the accountee has failed to comply with the contract terms and the following documents:

(i) if the accountee has failed to ship the goods of the contract, they are:

your bank's statement certifying that it has issued L/C in favor of Japan RTA Corporation as per Contract No. CE0897 and that Japan RTA Corporation didn't present the documents to the nominated bank, and the copy of the above-mentioned L/C.

(ii) if the quality and/or quantity of goods the accountee shipped are not the same as whose of the contract, it is the certificate of inspection issued by the SGS.

Payment shall not be effected when such failure is caused by force majeure.

This Guarantee expires on Apr. 28, 2011 or issuance of the Installation Certificate stipulated in the contract whichever earlier.

All claims hereunder must be submitted to us not later than the above mentioned expiry date, after which this Guarantee automatically becomes null and void.

Yours faithfully

The Bank of Tokyo-Mitsubishi UFJ, Ltd.

KAORU DOKA

....

Authorized Signature

Please note:

This Guarantee must be returned to us for cancellation as soon as it expires.

作为浙江东南进出口有限公司的外贸单证员方敏,完成以下工作任务:

任务 1 写出该银行保函涉及的三个基本当事人的名称

任务 2 请分析担保行只有在银行保函的受益人提供哪些证明材料之后,才给予偿付?但在什么特殊情况下,即使受益人提供这些证明材料,担保行也可拒付?

任务 3 请分析该银行保函在什么情况下失效?

附录

附录 1　报关国别代码表

代码	中文	英文	代码	中文	英文
101	阿富汗	Afghanistan	102	巴林	Bahrian
103	孟加拉国	Bangladesh	104	不丹	Bhutan
105	文莱	Brunei	106	缅甸	Myanmar
107	柬埔寨	Cambodia	108	塞浦路斯	Cyprus
109	朝鲜	Korea,DPR	110	中国香港	Hong Kong
111	印度	India	112	印度尼西亚	Indonesia
113	伊朗	Iran	114	伊拉克	Iraq
115	以色列	Israel	116	日本	Japan
117	约旦	Jordan	118	科威特	Kuwait
119	老挝	Laos,PDR	120	黎巴嫩	Lebanon
121	中国澳门	Macau	122	马来西亚	Malaysia
123	马尔代夫	Maldives	124	蒙古	Mongolia
125	尼泊尔	Nepal	126	阿曼	Oman
127	巴基斯坦	Pakistan	128	巴勒斯坦	Palestine
129	菲律宾	Philippines	130	卡塔尔	Qatar
131	沙特阿拉伯	Saudi Arabia	132	新加坡	Singapore
133	韩国	Korea Rep.	134	斯里兰卡	Sri Lanka
135	叙利亚	Syrian	136	泰国	Thailand

代码	中文	英文	代码	中文	英文
137	土耳其	Turkey	138	阿联酋	United Arab Emirates
139	也门共和国	Republic of Yemen	141	越南	Vietnam
142	中国	China	143	台澎金马关税区	Taiwan prov.
144	东帝汶	East Timor	145	哈萨克斯坦	Kazakhstan
146	吉尔吉斯斯坦	Kirghizia	147	塔吉克斯坦	Tadzhikistan
148	土库曼斯坦	Turkmenistan	149	乌兹别克斯坦	Uzbekstan
199	亚洲其他国家（地区）	Oth. Asia nes	200	非洲	Africa
201	阿尔及利亚	Algeria	202	安哥拉	Angora
203	贝宁	Benin	204	博茨瓦那	Botswana
205	布隆迪	Burundi	206	喀麦隆	Cameroon
207	加那利群岛	Canary Is	208	佛得角	Cape Vrde
209	中非共和国	Central African Rep.	210	塞卜泰	Ceuta
211	乍得	Chad	212	科摩罗	Comoros
213	刚果	Congo	214	吉布提	Djibouti
215	埃及	Egypt	216	赤道几内亚	Eq. Guinea
217	埃塞俄比亚	Ethiopia	218	加蓬	Gabon
219	冈比亚	Gambia	220	加纳	Ghana
221	几内亚	Guinea	222	几内亚（比绍）	Guinea Bissau
223	科特迪瓦	Cote d'lvoir	224	肯尼亚	Kenya
225	利比里亚	Liberia	226	利比亚	Libyan Arab Jm
227	马达加斯加	Madagascar	228	马拉维	Malawi
229	马里	Mali	230	毛里塔尼亚	Mauritania
231	毛里求斯	Mauritius	232	摩洛哥	Morocco
233	莫桑比克	Mozambique	234	纳米比亚	Namibia
235	尼日尔	Niger	236	尼日利亚	Nigeria
237	留尼汪	Reunion	238	卢旺达	Rwanda
239	圣多美和普林西比	Sao Tome & Principe	240	塞内加尔	Senegal
241	塞舌尔	Seychelles	242	塞拉利昂	Sierra Leone
243	索马里	Somalia	244	南非	S. Africa
245	西撒哈拉	Western Sahara	246	苏丹	Sudan
247	坦桑尼亚	Tanzania	248	多哥	Togo
249	突尼斯	Tunisia	250	乌干达	Uganda

代码	中文	英文	代码	中文	英文
251	布基纳法索	Burkina Faso	252	民主刚果	Congo,DR
253	赞比亚	Zambia	254	津巴布韦	Zimbabwe
255	莱索托	Lesotho	256	梅利利亚	Melilla
257	斯威士兰	Swaziland	258	厄立特里亚	Eritrea
259	马约特岛	Mayotte	299	非洲其他国家（地区）	Oth. Afr. nes
300	欧洲	Europe	301	比利时	Belgium
302	丹麦	Denmark	303	英国	United Kingdom
304	德国	Germany	305	法国	France
306	爱尔兰	Ireland	307	意大利	Italy
308	卢森堡	Luxembourg	309	荷兰	Netherlands
310	希腊	Greece	311	葡萄牙	Portugal
312	西班牙	Spain	313	阿尔巴尼亚	Albania
314	安道尔	Andorra	315	奥地利	Austria
316	保加利亚	Bulgaria	318	芬兰	Finland
320	直布罗陀	Gibraltar	321	匈牙利	Hungary
322	冰岛	Iceland	323	列支敦士登	Liechtenstein
324	马尔他	Malta	325	摩纳哥	Monaco
326	挪威	Norway	327	波兰	Poland
328	罗马尼亚	Romania	329	圣马力诺	San Marino
330	瑞典	Sweden	331	瑞士	Switzerland
334	爱沙尼亚	Estonia	335	拉脱维亚	Latvia
336	立陶宛	Lithuania	337	格鲁吉亚	Georgia
338	亚美尼亚	Armenia	339	阿塞拜疆	Azerbaijan
340	白俄罗斯	Byelorussia	341	哈萨克斯坦	Kazakhstan
342	吉尔吉斯斯坦	Kirghizia	343	摩尔多瓦	Moldavia
344	俄罗斯联邦	Russia	345	塔吉克斯坦	Tadzhikistan
346	土库曼斯坦	Turkmenistan	347	乌克兰	Ukraine
348	乌兹别克斯坦	Uzbekstan	349	南斯拉夫	Yugoslavia FR
350	斯洛文尼亚	Slovenia Rep	351	克罗地亚	Croatia Rep
352	捷克共和国	Czech Rep	353	斯洛伐克	Slovak Rep
354	马其顿	Macedonia Rep	355	波斯尼亚-黑塞哥维那共和	Bosnia&Hercegovina

代码	中文	英文	代码	中文	英文
356	梵蒂冈城国	Vatican City State	399	欧洲其他国家（地区）	Oth. Eur. nes
400	拉丁美洲	Latin America	401	安提瓜和巴布达	Antigua & Barbuda
402	阿根廷	Argentina	403	阿鲁巴岛	Aruba
404	巴哈马	Bahamas	405	巴巴多斯	Barbados
406	伯利兹	Belize	408	玻利维亚	Bolivia
409	博内尔	Bonaire	410	巴西	Brazil
411	开曼群岛	Cayman Is	412	智利	Chile
413	哥伦比亚	Colombia	414	多米尼亚共和国	Dominica
415	哥斯达黎加	Costa Rica	416	古巴	Cuba
417	库腊索岛	Curacao	418	多米尼加共和国	Dominican Rep.
419	厄瓜多尔	Ecuador	420	法属圭亚那	French Guyana
421	格林纳达	Grenada	422	瓜德罗普	Guadeloupe
423	危地马拉	Guatemala	424	圭亚那	Guyana
425	海地	Haiti	426	洪都拉斯	Honduras
427	牙买加	Jamaica	428	马提尼克	Martinique
429	墨西哥	Mexico	430	蒙特塞拉特	Montserrat
431	尼加拉瓜	Nicaragua	432	巴拿马	Panama
433	巴拉圭	Paraguay	434	秘鲁	Peru
435	波多黎各	Puerto Rico	436	萨巴	Saba
437	圣卢西亚	Saint Lucia	438	圣马丁岛	Saint Martin Is
439	圣文森特和格林纳丁斯	Saint Vincent & Grenadines	440	萨尔瓦多	El Salvador
441	苏里南	Suriname	442	特立尼达和多巴哥	Trinidad & Tobago
443	特克斯和凯科斯群岛	Turks & Caicos Is	444	乌拉圭	Uruguay
445	委内瑞拉	Venezuela	446	英属维尔京群岛	Br. Virgin Is
447	圣其茨-尼维斯	St. Kitts-Nevis	448	圣皮埃尔和密克隆	St. Pierre and Miquelon
449	荷属安地列斯群岛	the Netherlands Antilles	499	拉丁美洲其他国家（地区）	Oth. L. Amer. nes
500	北美洲	North America	501	加拿大	Canada
502	美国	United States	503	格陵兰	Greenland
504	百慕大	Bermuda	599	北美洲其他国家（地区）	Oth. N. Amer. nes
600	大洋洲	Oceania	601	澳大利亚	Australia
602	库克群岛	Cook Is	603	斐济	Fiji

代码	中文	英文	代码	中文	英文
604	盖比群岛	Gambier Is	605	马克萨斯群岛	Marquesas Is
606	瑙鲁	Nauru	607	新喀里多尼亚	New Caledonia
608	瓦努阿图	Vanuatu	609	新西兰	New Zealand
610	诺福克岛	Norfolk Is	611	巴布亚新几内亚	Papua New Guinea
612	社会群岛	Society Is	613	所罗门群岛	Solomon Is
614	汤加	Tonga	615	土阿莫土群岛	Tuamotu Is
616	土布艾群岛	Tubai Is	617	萨摩亚	Samoa
618	基里巴斯	Kiribati	619	图瓦卢	Tuvalu
620	密克罗尼西亚联邦	Micronesia Fs	621	马绍尔群岛	Marshall Is Rep
622	帕劳共和国	Palau	623	法属波利尼西亚	French Polynesia
624	新喀里多尼亚	New Caledonia	625	瓦利斯和浮图纳	Wallis and Futuna
699	大洋洲其他国家（地区）	Oth. Ocean. nes	701	国（地）别不详的	Countries(reg.) unknown
702	联合国及机构和国际组织	UN and other interational	999	中性包装原产国别	
100	亚洲	Asia			

附录2 国际收支部分交易编码对照表

国际收支交易编码表（对私）		国际收支交易编码表（对公）	
编码	项目名称	编码	项目名称
	A. 货物贸易		A. 货物贸易
	一般货物		一般货物
101010	一般贸易支出	101010	一般贸易支出
101020	补偿贸易支出	101020	补偿贸易支出
101030	寄售代销贸易支出	101030	寄售代销贸易支出
101040	边境贸易支出	101040	边境贸易支出
101070	免税商品进口	101070	免税商品进口
101080	水,电,煤气、天然气等进口	101080	水,电,煤气、天然气等进口
101090	购买运输工具、天然气石油井架、工作台和其他活动设备	101090	购买运输工具、天然气石油井架、工作台和其他活动设备
101130	外商投资企业作为投资进口设备、物品的支出	101130	外商投资企业作为投资进口设备、物品的支出
	用于加工的货物		用于加工的货物
102020	加工贸易进口的设备	102020	加工贸易进口的设备
102030	进料加工贸易项下的料件进口	102030	进料加工贸易项下的料件进口
102040	出料加工贸易进口	102040	出料加工贸易进口
103010	在国外修理所需货物的支出	103010	在国外修理所需货物的支出
104010	运输工具在港口消费货物支出	104010	运输工具在港口消费货物支出
105010	非货币黄金进口支出	105010	非货币黄金进口支出
109000	其他支出	109000	其他支出
	B. 服务		B. 服务
	1. 与运输有关的服务支出		1. 与运输有关的服务支出
	海运支出		海运支出
201011	客运支出	201011	客运支出
201012	为货物出口支付的运输费用	201012	为货物出口支付的运输费用
201013	为货物进口支付的运输费用	201013	为货物进口支付的运输费用
201014	港口服务支出	201014	港口服务支出
201019	其他支出	201019	其他支出

国际收支交易编码表(对私)		国际收支交易编码表(对公)	
编码	项目名称	编码	项目名称
	空运支出		空运支出
201021	客运支出	201021	客运支出
201022	为货物出口支付的运输费用	201022	为货物出口支付的运输费用
201023	为货物进口支付的运输费用	201023	为货物进口支付的运输费用
201024	港口服务支出	201024	港口服务支出
201029	其他支出	201029	其他支出
	其他运输支出		其他运输支出
201031	客运支出	201031	客运支出
201032	为货物出口支付的运输费用	201032	为货物出口支付的运输费用
201033	为货物进口支付的运输费用	201033	为货物进口支付的运输费用
201034	港口服务支出	201034	港口服务支出
201039	其他支出	201039	其他支出
201040	运输佣金、代理费支出	201040	运输佣金、代理费支出
	5.保险		5.保险
	财产险支出		财产险支出
205011	责任险支出	205011	责任险支出
205012	信用保证险支出	205012	信用保证险支出
205013	进出口货运险支出	205013	进出口货运险支出
205019	其他险支出	205019	其他险支出
205020	人身险支出	205020	人身险支出
205030	再保险支出	205030	再保险支出
205040	保险中介服务	205040	保险中介服务
205090	其他保险支出	205090	其他保险支出
	11.其他商业服务		11.其他商业服务
	转口贸易及贸易佣金		转口贸易及贸易佣金
211011	转口贸易支出	211011	转口贸易支出
211012	转口贸易价差支出	211012	转口贸易价差支出
211013	进出口佣金支出	211013	进出口佣金支出
211014	带料加工贸易加工费支出	211014	带料加工贸易加工费支出

参考书目

[1] 章安平.国际结算.杭州:浙江大学出版社,2006

[2] 章安平.外贸业务理论与实务.北京:中国商务出版社,2007

[3] 章安平.外贸单证操作.北京:高等教育出版社,2008

[4] 章安平.进口业务操作.北京:高等教育出版社,2009

[5] 王婧.国际结算操作.北京:高等教育出版社,2008

[6] 国际商会中国国家委员会.ICC 跟单信用证统一惯例:UCP600.北京:中国民主法制出版社,2006